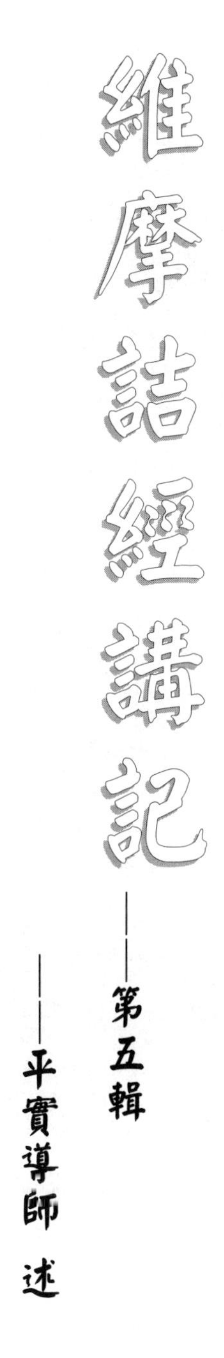

ISBN:978-986-83908-6-7

執著離念靈知心爲實相心而不肯捨棄者，即是畏懼解脫境界者，即是畏懼無我境界者，即是凡夫之人。謂離念靈知心正是意識心故，若離**俱有依**（意根、法塵、五色根），即不能現起故；若離**因緣**（如來藏所執持之覺知心種子），即不能現起故；復於眠熟位、滅盡定位、無想定位（含無想天中）、正死位、悶絕位等五位中，必定斷滅故。夜夜眠熟斷滅已，必須依於**因緣**、**俱有依緣**等法，方能再於次晨重新現起故；夜夜斷滅後，已無離念靈知心存在，成爲無法，無法則不能再自己現起故；由是故言**離念靈知心是緣起法、是生滅法**。不能現觀離念靈知心是緣起法者，即是未斷我見之凡夫；不願斷除**離念靈知心常住不壞之見解**者，即是恐懼解脫無我境界者，當知即是凡夫。

—平實導師—

一切誤計**意識心為常**者，皆是佛門中之常見外道，皆是凡夫之屬。意識心境界，依層次高低，可略分爲十：一、處於欲界中，常與五欲相觸之離念靈知；二、未到初禪地之未到地定中，暗無覺知而不與欲界五塵相觸之離念靈知，常處於不明白一切境界之暗昧狀態中之離念靈知；三、住於初禪等至定境中，不與香塵、味塵相觸之離念靈知；四、住於二禪等至定境中，不與五塵相觸之離念靈知；五、住於三禪等至定境中，不與五塵相觸之離念靈知；六、住於四禪等至定境中，不與五塵相觸之離念靈知；七、住於空無邊處等至定境中，不與五塵相觸之離念靈知；八、住於識無邊處等至定境中，不與五塵相觸之離念靈知；九、住於無所有處等至定境中，不與五塵相觸之離念靈知；十、住於非想非非想處等至定境中，不與五塵相觸之離念靈知。如是十種境界相中之覺知心，皆是意識心，計此爲常者，皆屬常見外道所知所見，名爲佛門中之常見外道，不因出家、在家而有不同。

——平實導師——

如聖教所言，成佛之道以親證阿賴耶識心體（如來藏）為因，《華嚴經》亦說**證得阿賴耶識者獲得本覺智**，則可證實：證得阿賴耶識者方是大乘宗門之開悟者，方是大乘佛菩提之眞見道者。經中、論中又說：證得阿賴耶識而轉依**識上所顯真實性**、**如如性**，能安忍而不退失者即是**證真如**、即是大乘賢聖，在二乘法解脱道中至少為初果聖人。由此聖教，當知親證阿賴耶識而確認不疑時即是開悟眞見道也；除此以外，別無大乘宗門之眞見道。若別以他法作為大乘見道者，或堅執**離念靈知**亦是實相心者（堅持意識覺知心離念時亦可作為明心見道者），則成為實相般若之見道內涵有多種，則成為實相有多種，則違實相絕待之聖教也！故知宗門之悟唯有一種：親證第八識如來藏而轉依如來藏所顯眞如性，除此別無悟處。此理正眞，放諸往世、後世亦皆準，無人能否定之，則堅持離念靈知意識心是眞心者，其言誠屬妄語也。

——**平實導師**——

目次

第三輯：

第四輯：

第五輯：

第六輯：

自序

大乘法之證悟，不許外於教門；若外於經典聖教開示，而言「所悟雖異於教門，然亦是宗門之悟」，當知即是錯悟，其所悟必定已經異於宗門之悟，所說法義正是說明宗門所悟內涵故。《維摩詰經》是佛門照妖鏡，一切錯悟之師，都不敢援引此經來印證自己之所悟。一切六識論之邪見者，譬如應成派中觀見者及自續派中觀見者，都迴避此經的檢驗；或曲解此經，使經義偏離原意而符合其六識論邪見：故意以意識境界來解釋此經正理，取代爲六識論之法義。

他們之所以會有如是行爲，都因所悟錯誤而無法以此經義來爲自己印證所致。此經中言：「不會是菩提，諸入不會故。」又言：「知是菩提，了眾生心行故。」同一眞心，竟言無知無覺而不會六入，復言其實有知，能了知眾生七識心之心行，則使墜於意識境界之自續派中觀見者及應成派中觀見者，都無所適從；亦使墜於離念靈知意識心境界之禪門錯悟者，不知所從，是故心中每每排斥之，或故意以曲解之手段，扭曲經義來印證自己之所「悟」。然而意識心不論修至如何微細，都不能超過非想非非想定中之意識；三界中一切最細意識心，無過於此，過此境界即無意識存在；而意識心不能通過此經如是法義之驗證，故錯悟之說法者只能以意識心的不同方向來解說此部經文。然而如是經文中之眞正意涵，其實都是說第八識如來藏之本來清淨性與功德性，證明其非無而有眞實性，亦證明其常住本來涅槃之中；若以意識解之者，都無法免於曲解經義之大過；卻異口同聲主張其**曲解後之經義是佛說**，即成爲謗佛者，佛陀所說從來不是他們曲解後之義理故。由是故說，此經是禪宗證悟者自我印證之極重要經典，亦是錯悟者亟思加以曲解之重要經典；由此可以證明此經法義之熏習，對於禪門求悟般若禪者之重要性了！今以如是緣由，加以詳實宣講後，整理爲文字，以口語化之易懂言語出版，藉以助益禪門大師與一切學人，使能建立正知正見而趨向正確方向求悟，庶能眞實悟入般若正理。然求悟禪宗般若禪之人，仍必須先詳讀《識蘊眞義》及《阿含正義》，確實斷除我見以後，方能藉此詳解而眞實悟入法界實相心如來藏，方能發起實相般若智慧，實階第七住位不退，成爲位不退菩薩，轉入內門廣修菩薩六度萬行；不斷我見而參禪者，終無眞悟之可能，當代一切禪宗大師與學人，於此皆應注意。

佛子　**平實**　謹序

公元二〇〇六年仲冬　於竹桂山居

第五輯：

《維摩詰菩薩所說不可思議解脫經》卷中

〈佛道品〉第八（上承第四輯〈佛道品〉未完部分）

【爾時會中有菩薩名普現色身，問維摩詰言：「居士！父母妻子、親戚眷屬、吏民知識悉爲是誰？奴婢僮僕、象馬車乘皆何所在？」於是維摩詰以偈答曰：

智度菩薩母　方便以爲父　一切衆導師　無不由是生
法喜以爲妻　慈悲心爲女　善心誠實男　畢竟空寂舍
弟子衆塵勞　隨意之所轉　道品善知識　由是成正覺
諸度法等侶　四攝爲伎女　歌詠誦法言　以此爲音樂
總持之園苑　無漏法林樹　覺意淨妙華　解脫智慧果
八解之浴池　定水湛然滿　布以七淨華　浴此無垢人
象馬五通馳　大乘以爲車　調御以一心　遊於八正路
相具以嚴容　衆好飾其姿　慚愧之上服　深心爲華鬘
富有七財寶　教授以滋息　如所說修行　迴向爲大利

四禪爲床座　從於淨命生　多聞增智慧　以爲自覺音
甘露法之食　解脫味爲漿　淨心以澡浴　戒品爲塗香
摧滅煩惱賊　勇健無能踰　降伏四種魔　勝幡建道場
雖知無起滅　示彼故有生　悉現諸國土　如日無不見
供養於十方　無量億如來　諸佛及己身　無有分別想
雖知諸佛國　及與衆生空　而常修淨土　教化於群生
諸有衆生類　形聲及威儀　無畏力菩薩　一時能盡現
覺知衆魔事　而示隨其行　以善方便智　隨意皆能現
或示老病死　成就諸群生　了知如幻化　通達無有礙
或現劫盡燒　天地皆洞然　衆人有常想　照令知無常
無數億衆生　俱來請菩薩　一時到其舍　化令向佛道
經書禁咒術　工巧諸伎藝　盡現行此事　饒益諸群生
世間衆道法　悉於中出家　因以解人惑　而不墮邪見
或作日月天　梵王世界主　或時作地水　或復作風火
劫中有疾疫　現作諸藥草　若有服之者　除病消衆毒

劫中有飢饉　現身作飲食　先救彼飢渴　卻以法語人
劫中有刀兵　爲之起慈心　化彼諸衆生　令住無諍地
若有大戰陣　立之以等力　菩薩現威勢　降伏使和安
一切國土中　諸有地獄處　輒往到于彼　勉濟其苦惱
一切國土中　畜生相食噉　皆現生於彼　爲之作利益
示受於五欲　亦復現行禪　令魔心憒亂　不能得其便
火中生蓮華　是可謂希有　在欲而行禪　希有亦如是
或現作婬女　引諸好色者　先以欲鉤牽　後令入佛道
或爲邑中主　或作商人導　國師及大臣　以祐利衆生
諸有貧窮者　現作無盡藏　因以勸導之　令發菩提心
我心憍慢者　爲現大力士　消伏諸貢高　令住無上道
其有恐懼衆　居前而慰安　先施以無畏　後令發道心
或現離婬欲　爲五通仙人　開導諸群生　令住戒忍慈
見須供事者　現爲作僮僕　既悅可其意　乃發以道心
隨彼之所須　得入於佛道　以善方便力　皆能給足之

如是道無量　所行無有涯　智慧無邊際　度脫無數眾
假令一切佛　於無量億劫　讚歎其功德　猶尚不能盡
誰聞如是法　不發菩提心　除彼不肖人　癡冥無智者】

講記：這一品進行到這裡時已經快結束了，當機菩薩就出來講話。菩薩要有法眼，知道什麼時候是自己當機，該出來說話。大迦葉尊者讚歎了菩薩們以後，會中有一位菩薩稱爲普現色身，就出來問話，讓維摩詰菩薩有機會再說妙法，作爲這一品的總結。問的是說：什麼是眞實的佛法？眞實成佛之法應該怎麼修行？可是到底什麼是眞實的佛法呢？眞實的成佛之法是應該普現色身。而這個普現色身又是應該怎麼普現？這得要請維摩詰居士來開示，不然，跟隨文殊師利等人而來的這些菩薩與聲聞們，又能夠聽到什麼更勝妙的佛法呢？所以這時普現色身菩薩就出面故意請問：「居士啊！你的父母妻子、親戚眷屬以及爲你做事的人，乃至爲你提供意見的人，到底都是哪些人？」因爲進到他這個房間來，一直都無人來服侍，只是一個空房間。所以接著又問：「你的奴婢僮僕以及你的象馬車乘，又都到哪裡去了呢？」一般人剛聽到時可能以爲普現色身菩薩也許眞的在問他：出門時是否沒有馬車可以坐？是不是都要自己走路？爲什麼都沒看見車乘僮僕？但他這是特地提出來問，要讓維摩詰菩薩詳細說明成佛之道：**佛道是應該如何普現色身**？**不是一念不生什麼都不做而能成佛的**。所以他故意這樣問。

維摩詰菩薩當然也知道這是幫他做個引子，讓他有機會可以詳細說明：**佛道是要怎麼樣進入修行過程中來成佛**。所以他就說：「**智度菩薩母，方便以爲父，一切衆導師，無不由是生。**」以智慧而度彼岸，所以智慧是菩薩的母親。你問我的母親何在，我就告訴你：**我的母親就是智慧，讓我能到彼岸**。智慧到彼岸即是般若波羅蜜，般若就是智慧，波羅蜜多就是到彼岸，所以智度就是般若波羅蜜，般若波羅蜜就是菩薩的母親。然而光有般若波羅蜜也無法成佛，得要有種種方便，運用善巧才能明心、才能見性乃至得一切種智，所以說方便是菩薩的父親。換句話說，菩薩在世間法中的父親、母親不足道哉，父母親是提供菩薩一個色身及成長的環境。但是成佛不是靠父母親，是靠般若波羅蜜，也就是智慧到彼岸；也靠種種方便，如果沒有種種方便，不能夠發起般若智慧，就沒有究竟的波羅蜜。所以一切諸佛、十方三世諸佛，都要從智度菩薩母及方便父才能夠出生；假使沒有智度母、沒有方便父，就沒有一切已成的諸佛。

這裡照例要提點一下：智母或者叫作度母，不是西藏密宗講的明妃、佛母，也不是他們的綠度母、紅度母，因爲那是他們妄想所施設的；方便父也不是他們講的：「男性的金剛乘行者，因爲有下體金剛杵堅硬不壞而稱爲金剛行者；又因爲在雙身法中有種種方便善巧，能使明妃及自己到達最高的樂觸，由方便善巧而叫作方便父。」那都是他們的邪淫妄想，把佛法胡亂改變，不是眞實佛法。他們把雙身法中與男人行淫的明妃叫作佛母、度母，是因爲明妃能夠幫助男性證得樂空雙運的淫樂境界，把那個行淫的樂觸境界當作報身佛的快樂果報，所以說她叫作智慧母、佛母，她能「度」男人到「報」身佛的樂觸境界中，所以名爲度母。佛法可以被他們妄想到這個地步，眞是難以想像吧？而他們確實是這樣做的，一千多年來的天竺坦特羅（譚崔）「佛教」——後來的西藏密宗，一直都是如此的荒唐。

智度指的是般若波羅蜜，菩薩以般若波羅蜜爲母。在二轉法輪般若經中也說「般若是菩薩母」。可是般若的證悟不是在雙身法上修的，般若的證悟是從親證如來藏之後而發起的，未證如來藏就沒有實義般若可說，最多只是意識理解上的相似般若。而藏密的譚崔（坦特羅）雙身法所得的第四喜（最強烈的淫樂遍身觸覺）都與佛法的般若無關，因爲般若是法界萬法本源的智慧，無任何六塵中的觸覺，所以西藏密宗的淫樂法可眞是荒唐！如果諸位有詳細讀過《狂密與眞密》五十六萬字的詳細解說，你只能夠感歎：原來所謂的藏傳佛教，只是古今天下的第一大騙局！根本不是佛教。實際上他們眞的是千餘年來天下第一大騙局，自古以來所有的騙局，沒有比它更大的。既是空前的！也將是絕後的！以後不會再有人能編出另一個規模這麼大的騙局，再騙眾生千餘年。所以菩薩母只有般若，菩薩父只有學法時的方便善巧，也就是如何方便善巧教導眾生親證如來藏、眼見佛性乃至修證一切種智，這些方便善巧才是菩薩之父：一切眾導師，無不由是生。

「法喜以爲妻，慈悲心爲女，善心誠實男，畢竟空寂舍」：菩薩不但有妻子，而且都有兩個妻子——女菩薩們也都有兩個丈夫。換句話說，男眾菩薩們說：「我既然當在家菩薩，我家裡當然有個妻子，可是在佛法中我另外有個妻子叫作法喜。」女眾菩薩們也一樣：「我家裡有個先生，可是佛法中我另外有個先生叫作法喜。」可是問題來了，到底什麼叫作法喜？很多人到處去寺院裡做義工，或是哪裡有勸募就去幫忙，一天下來身體很累了，可是回到家時還是很歡喜，家人問說：「你爲什麼這麼快樂？」他說：「因爲我法喜充滿。」然而法喜充滿，是什麼法讓他歡喜到充滿身心？可就說不上來了！難道可以說「我去那邊做義工，做義工的法使我法喜充滿」嗎？或者說：「我去勸募，今天勸募到一百萬，好歡喜喔！所以法喜充滿。」然而那是什麼法？是世間法。可是世間法的歡喜，不是佛法中的法喜，那他去做義工還眞白做了，去勸募還是白勸募了，因爲眞實佛法的歡喜並沒有得到，得到的是世間法的歡喜，所以今天法喜充滿四個字已經被濫用了。

眞實的法喜有兩種：第一種、我聽到聞所未聞法，而那個法沒有可以懷疑的地方，不能推翻它，是眞實佛法，所以我很歡喜；我終於知道佛法的道要怎麼修、成佛的路該怎麼走，終於知道了所以法喜充滿。所以外面常常有人打電話來感謝說：「我學佛學了十幾年，不知道什麼是眞正的佛法，正覺同修會、正智出版社的書，我才讀兩年，終於知道佛法是什麼了，雖然還沒有悟，但至少我已經知道該怎麼走成佛的路了，所以很歡喜，謝謝您！」那才叫作法喜。從此以後不讀天下糟粕書，因爲大師們的著作讀後感覺：「哎呀！這都是講世間法嘛！」他讀不下去了，他已經知道什麼是眞正的佛法了，這是第一種法喜。第二種、就像諸位去禪三道場證得如來藏回來以後：《心經》原來是這麼一回事！都是自家心裡的物事。從此不必背誦了。因爲《心經》的意思就在你心裡面，你已經都知道了：那般若經原來是這樣。乃至更深的方廣經典請出來，有許多也能讀懂，在法上非常的歡喜，沒有更歡喜的東西了，這才是法喜充滿。如今有哪些菩薩能有這種法喜之妻、法喜之夫呢？還眞找不到幾個人。所以菩薩以法喜爲妻（爲夫），才是眞實義菩薩。

然後以慈悲心爲女，菩薩的慈悲心就從這裡來：因爲有眞實法的親證，滿心歡喜之後回頭看看眾生，一個一個跟著大師們走入岔路去了；又深入冉去看，這些藏傳「佛教」的法中，每一個法都是教人走入外道法中；你看到之後不會發起慈悲心嗎？一定會發起。菩薩的女兒就是這種女兒——以慈悲心爲女。所以菩薩要說法度眾生，把眾生救護回來，不要讓他們繼續走入岔路，要遠離外道法。

可是菩薩所說的法是從純善之心來說，而且是誠實說法，不籠罩眾生：**對就對，不對就不對；有就有，沒有就說沒有**。從來不打誑語。菩薩所養的兒子就是這樣子，他叫作**善心誠實男**，所以善心誠實就是菩薩的兒子。可是，菩薩雖然有法喜妻、有慈悲女、有善心誠實男，他心中對這些卻沒有執著，一天到晚都很平靜。他心中不會想：「**我好歡喜，好歡喜！**」歡喜是在心中很深沉、很深沉的地方永遠存在而不退失，那才是極喜；極喜不會浮現在表面上，是深藏著的，所以也是不可能被影響而退失的。這樣來救護眾生，他心中沒有貪著，這叫作畢竟空寂舍。

菩薩的心境是這樣住的，不會向外攀緣：「**今天我該去找誰，跟他說說話，他才不會離我而去，就會永遠當我的眷屬；今天誰需要幫什麼忙，我不斷的去爲他**

幫忙，他就逃不開我，他會被我的情綁住了。」但這樣就不是空寂舍，不是畢竟空寂，而是攀緣了。我們以前有位親教師會一天到晚打電話找她的學生說話，有的會一天到晚去找學生泡茶，結果都變成在搞眷屬了，後來就一個一個結夥退失於正法了。可是爲什麼會這樣？就是因爲心沒有住於畢竟空寂的境界當中，沒有轉依成功。如果能夠轉依如來藏成功了，他會常常住於空寂境界中，沒有任何的所求；如果有所求，就只是爲眾生求，不爲自己求。所以菩薩雖然有法喜妻伴隨，養了慈悲女，也有善心誠實男，這樣在利益眾生，可是他的心境仍然畢竟空寂。如果問他：「你住在哪裡？」「我住在畢竟空寂舍。」這才是眞正的菩薩，他不會去攀緣：「我要找誰聊聊，要跟他套交情。」不會的，有事就聯絡，沒事就拉倒，不會故意去打電話聊天，這就是眞正住於畢竟空寂舍的菩薩。

「**弟子眾塵勞，隨意之所轉，道品善知識，由是成正覺**」：菩薩有哪些弟子？菩薩的弟子多得不得了，每天都有弟子在服侍他。難道你們沒有弟子嗎？有！你們都有弟子，每天在塵勞中忙碌的，就是你的弟子。禪門中也講侍者，有一天，兩個禪師遇見了，其中一位禪師說：「你怎麼沒有帶侍者來？」他說：「有啊！我有侍者。」不過今天不講那個密意，只在這裡跟你說塵勞也是侍者，眾弟子就是眾塵勞。塵勞弟子隨意所轉，你要怎麼運作他，都隨你的意；所以 維摩詰居士看來好像沒有弟子，但他其實每天都有弟子服侍。至於他的善知識又是誰呢？他又沒有師父，怎麼能夠成爲大菩薩？總得有個師父，他的師父就叫作三十七道品。不過這不是二乘法中的三十七道品，而是大乘法的三十七道品，這就是 維摩詰菩薩的善知識。由於有塵勞弟子能夠隨意所轉，加上了三十七道品的善知識以後，他就可以成正覺，菩薩就是這樣成就等正覺的。

「諸度法等侶，四攝爲伎女，歌詠誦法言，以此爲音樂」：他的房間裡面空無一人、空無一物，但 維摩詰菩薩其實有伴侶。菩薩的法伴，一般都說只有六度，但那是在遠波羅蜜多的階段所修的，可是從近波羅蜜多及大波羅蜜多開始，也就是進入第二大無量數劫開始，就講十度波羅蜜了，也就是六度波羅蜜再加上七地的方便波羅蜜、八地的願波羅蜜、九地的力波羅蜜、十地的智波羅蜜，合稱爲十度波羅蜜。諸菩薩以這十度法等萬法作爲他的伴侶，因爲只有這十度法才能夠伴隨著他成就佛道，所以諸地菩薩永遠都要以十度波羅蜜作爲伴侶。

菩薩當然有伎女，要這伎女來娛樂他，那麼誰來當菩薩的伎女而娛樂菩薩呢？是以什麼法來娛樂？以四攝法。菩薩是以布施、愛語、利行、同事當伎女，這四攝法伎女時時刻刻伴隨著娛樂他。伎女伴隨著他，當然得要有音樂；用什麼當音樂？是歌詠及唱誦種種法的語言。歌詠是編成偈來唱，種種法言都可以用唱的，就像誦經一樣誦出來，這就是菩薩享受的音樂。所以菩薩永遠不會覺得無聊，無聊的是世俗人，或是學佛以後還在凡夫位中，不知道要做什麼而無聊。菩薩悟了以後不會無聊，如果悟了以後還會無聊，表示他的悟一定有問題。悟了以後常常會有法冒出來：這個法如何、如何……然後就深入去整理。都沒有人在旁邊陪著，一個人獨處終日也不會無聊，因為法無量無邊，一個法出現去思惟整理以後，又觸及到另一個法，就這樣無止境的延續下去，次第增上。所以如果誰悟了以後跟我說：「老師啊！我昨天好無聊！」我就一棒打過去，那表示他的悟有問題，得要重新再勘驗、再整理。悟得不眞，才會無聊。菩薩有諸法伴侶、有四攝伎女、也有歌詠法言的音樂，怎麼會無聊呢？所以他獨處終日都不會無聊，只有後來突然覺得說：「肚子怎麼突然餓起來？」一看鐘錶，原來用齋的時間過去了。

「**總持之園苑，無漏法林樹，覺意淨妙華，解脫智慧果**」：菩薩假使買了房子安住下來，只是一層公寓，也許你會問他：「你怎麼住得這麼小？這麼簡陋？」菩薩其實住得不簡陋，因為他有總持之園苑。你若是遇見他了，故意問：「你的園苑在哪裡？」他就把〈正覺總持咒〉唸給你聽，你說：「這算什麼園苑？」「對啊！就是佛法的園苑。」然後就一一爲你解釋：爲什麼是一切最勝故。接著開始爲你講五蘊十八界等等，都不必稿子。你聽下來：「你這個佛法總持園苑還眞的是廣大，原來不是這麼小小的三十坪公寓。」（編案：三十坪約爲一百平方米）這時候對蝸居小公寓的菩薩就得要刮目相看了，因爲以前所知道的他是不太懂佛法的，現在重新遇見了，卻不能再用以前的眼光來看他，要把眼睛刮亮一點來看，因爲他出口時與以前不同，因爲他有了總持之園苑——他搬家了，搬到總持園苑裡面住了。

他這個園苑爲什麼廣大？因爲他的總持園苑中有無漏法林樹。本來不知道，跟他談話以後才知道他以這個總持園苑，函蓋了有漏法及無漏法的無漏林樹。在總持園苑中不會重視世間的樹，當然每一棵樹都是無漏法樹。這些樹——無漏法樹——也會開花，開什麼花呢？綻開了覺意淨妙華。因爲這是證悟之後，從始覺位而進入漸覺位，背塵合覺而發起的眞實心境，所以心境不會在世間法上去貪染。

一般人都是背覺合塵，乃至很多自稱開悟的人也說是背塵合覺，其實都正好是背覺合塵。你說這句話，他們還不信，還罵你：「你毀謗賢聖！死後要下地獄。」可是等到菩薩用覺意淨妙華的心境爲他宣講，他才會知道自己錯了，保證他要嚇出一身冷汗。因為眞正的覺悟是要離塵的，離塵才是眞覺。可是現在大師們或居士們所謂的覺悟，都是一念不生、離念靈知。一念不生是注重打坐，離念靈知就是平常保持無念；現在要請問他們：「一念不生或者平常離念，有沒有跟六塵相合？」有啊！離念靈知也是跟六塵相合，一念不生也是跟六塵相合，都是必須依賴六塵才能存在的，不能離六塵而獨存，那叫作合塵，合塵就是背捨眞覺而與妄覺相合，那表示他們落在妄知妄覺中；只有一向離塵的心才是眞覺，因此說，所悟錯的心若是在六塵中的覺知心，就是合塵背覺，合塵背覺的心境就不是覺意淨妙華的境界。所以當你說：「你這個離念靈知是妄心。」他一定會生氣，因為他不是覺意淨妙華，時時與聲塵、法塵相應而生氣。他沒有覺意淨妙華，他的華是世間的薔薇花、木瓜花，那不是覺意淨妙華，因為無法住於六塵外或定境法塵外。

覺意淨妙華所結出來的果實才可能是解脫智慧果。一般大師們都想要用這個離念靈知進入無餘涅槃，那正是輪迴愚癡果。因為意識心不能進入無餘涅槃境界中，得要把意識心滅了，再進一步把意根也滅了，才是無餘涅槃。結果他們不知道什麼是解脫，都要把意根、意識去進入無餘涅槃境界中，那是不能解脫的，因為那個境界是三界中的境界；只要意識與意根存在就是三界中的境界，就不是解脫；

以這種三界中的境界當作解脫境界的人就是愚癡，不離輪迴，所以說他是**輪迴愚癡果**。菩薩卻知道無餘涅槃中是什麼，也知道怎麼樣進入涅槃，所以了然分明、無所不知，絕對不落於六塵中，心不與塵合。對涅槃完全知道以後，有了解脫的智慧果實，所以他的園苑、林樹、妙華、果實，都不是世間人、不是那些悟錯的大師們所能知道，因此說佛菩提道眞實而勝妙，非諸凡愚所知（愚是指阿羅漢）。

「八解之浴池，定水湛然滿，布以七淨華，浴此無垢人」：菩薩在人間總得要沐浴，除非他沒有色身；既然在人間要沐浴，當然有沐浴之法。可是菩薩另外還有一種沐浴，是以八解脫做浴池。八解脫，今天沒時間來說明，八解脫就是解脫於七種識陰的住處，超越過識陰七種住處便成就八解脫。識陰的七種住處在以後《阿含正義》書中會詳細解說，這裡就省略，免得重複。八解脫已經親證了，所以菩薩有八解脫的浴池；換句話說，他已經四禪八定具足，並且超越四禪八定而證得滅盡定了，所以他就有正定的定水充滿於八解脫池，在這八解脫池之中散布了七淨華（以七種清淨財來裝飾八解脫池的定水），就用這樣的浴池、定水、七淨華，來沐浴沒有汙垢的菩薩行者身。無垢人每天都如此沐浴，證悟以後如此，沒有證悟的人也是每天有這個八解脫之浴池、定水湛然滿，加上七淨華在沐浴，只是自己不知道而已。可是當你悟了以後，你發覺：其實眞我不需要八解之浴池，也不需定水湛然滿，眞我也不需要在定水裡面布以七淨華，因爲眞實我本來就是個無垢人；可是這個人卻又無妨由祂所生的意識心來擁有八解之浴池、擁有定水湛然滿；水中的七種淨蓮華，無妨全部仍舊擁有，每一世都富有資財而邁向成佛之道，這就是菩薩的境界。

「**象馬五通馳，大乘以爲車，調御以一心，遊於八正路**」：菩薩的象馬車乘就是五神通，因爲菩薩到三地滿心前一定要修五神通，不管他怎麼厭惡神通，都一定要修。菩薩是懶於修神通的，凡夫修神通很精進，一心一意要修神通；聽到誰有神通就趕快去學，學了以後發覺被騙了：原來他是籠罩人。又聽到第二個有神通的人，又去學、又被騙，這就是凡夫；結果學到老、學到死了只有一通，就是有吃便有通，沒吃就沒通。菩薩對神通沒有好樂之心，覺得有神通也很好，不會去厭惡它，可是也沒有好樂之心，菩薩重視的是無生法忍；可是拖延到三地快滿心時，不修就無法再前進了，終於被逼著去修，否則無法圓滿三地心，所以三地滿心以上一定都有五神通。這時他的五通就是他的車乘，他就以這五通示現在十方世界到處去度人，所以五通是他的象馬。

菩薩以什麼爲車呢？以大乘法爲車。《法華經》講三車：聲聞乘是羊車，只能度自己；緣覺乘是鹿車，可以附帶搭載一個人；菩薩乘就是佛乘，叫作大白牛車；那大白牛所拉的車可以載上二、三十個人，表示菩薩的不同與超勝。換句話說，菩薩有象馬五通，然後以大乘法作爲他的車，就可以載很多人到生死彼岸去。然後他用什麼來調御這個象馬之車呢？用一心，沒有二心。菩薩走這一條路時絕無二心，不會說：「哎呀！**太辛苦了，度眾生還要被眾生捅幾刀，受不了！乾脆算了，回老家吃老米吧！**」再也不肯出來度眾了，變成自了漢；那是聲聞人剛迴心過來大乘法中，受不了又退回去當自了漢。可是菩薩不會，菩薩以一心（決定心）來調御自己，絕對不會離開菩薩道。菩薩有了象馬、大車、調御者一心，這三個具足了，總得要有一條路吧！否則要怎麼走？所以菩薩遊於八正之路。菩薩不會違背八正道，所以菩薩所遊八正道之路不會在世間法上取巧，不想得到不正當的利益，這才是眞正的菩薩。所以菩薩不會進到道場中，卻利用道場的關係搞自己的勢力。如果這樣做，就不是眞正的菩薩，因爲他違背了八正路。

行住坐臥中的菩薩行，如此就講完了；人間說行住坐臥，行要怎麼行？我坐馬車，我開汽車，我搭飛機，這是世間人的行；菩薩的行則是象馬五通、大乘車、調御心，行於八正路。

「相具以嚴容，衆好飾其姿，慚愧之上服，深心爲華鬘」：菩薩越是到達上地，法相就越圓滿，菩薩以相好來莊嚴他的容貌，以種種的眾好來裝飾他的姿色，可是還得要有上妙的服飾來穿著。他以什麼法相來莊嚴容貌？以什麼眾好裝飾他的姿色？穿什麼樣的上服呢？答案是七聖財。菩薩以信、戒、慚、愧、聞、施、慧，七個聖財來莊嚴他自己，菩薩不會如同世俗人去追求名牌服飾。有一位大法師說：**有名的牌子表示品質好**。他主張學佛人要依止名牌寺院。可是我《公案拈提》就寫：名牌不保證是好東西。最後送他一首詞：**名牌寺院不一定值得珍惜，你如果眞的懂得什麼是名牌，把名牌產品拿來，一把就摜碎了，那時你才知道什麼是眞正的名牌**。佛法中眞正好、眞正妙、眞正究竟的名牌，就是如來藏妙法。

佛法中沒有第二個名牌產品，如來藏義才是眞正的名牌，而且這個名牌不作廣告。還需要打廣告的就不是名牌，表示它**名不見經傳**，人家都不知道。可是你想：如來藏這個妙法，自古以來多少人在討論祂？談到如來藏，有很多人會說：這是外道法啦！這是勝妙法啦！……講個不停。自古以來，從天竺的聲聞部派佛教開始，就已經對如來藏法義產生諍論了，所以如來藏這個妙法無人不知、沒人不曉；

除非是新學菩薩才會連聽都沒聽過，那表示他屬於後進，連極有名的名牌都沒聽過，所以如來藏才是佛法中第一名牌。親證如來藏之後，才能具足七聖財；沒有證如來藏，無法具足大乘法中的七聖財，因為眞正的信要從親證如來藏不退以後才能生起**證信**，《起信論》這麼講。有眞實不退的信以後，戒法才能圓滿；戒法圓滿之後，才懂得什麼是慚，因為眞正有信、有戒時才會知道：「**原來自己所想的法都錯了。**」這才有慚；從此以後不敢復謗如來藏，永不復做，這才是眞實的愧。

他也會知道阿羅漢的解脫仍是眞實的解脫，不是虛妄法、斷滅空，這才是眞實的愧，從此不會跟著人家亂罵阿羅漢。這樣有了信、戒、慚、愧以後，才知道說：「**原來我以前所聞太少。**」終於知道要多聞了，這才有多聞之財，這是第五財。等到多聞之後，有能力布施佛法了，這時有六財；越布施佛法，自己的智慧就越增長，又有了慧財，七聖財才算圓滿。七聖財圓滿時才有深心，沒有這七聖財就不可能發起深心。這時七聖財圓滿了，有了慚愧上服，有了相具嚴容，眾好飾姿也有了，還得要有華鬘。最早期去夏威夷遊玩，一下飛機他們就馬上幫你掛上個花鬘，不過花鬘是戴在頭上、掛在胸前；菩薩卻以深心做華鬘，表示他在佛菩提道上面有深厚紮實的願心，不會退失，信心具足圓滿，這樣就是菩薩的莊嚴具。

「富有七財寶，教授以滋息，如所說修行，迴向爲大利」：菩薩的富有，從他的穿著上面就看出來了，有這七聖財加上深心的華鬘，人家一見就說這菩薩富有七聖財；這七種寶貝，世間人求不到。這七種寶貝會生生世世跟著菩薩，世間的財寶帶不到未來世去。沙烏地阿拉伯國王法德走了，你看他有那麼多錢，也是帶不走。可是七聖財會隨著你，不會遺失；就算外教的上帝來了也搶不走，因爲他來了只能聽你說話，沒有開口的餘地，他哪有能力跟你搶？他只能向你乞討說：「我現在不想作上帝了，拜託你度我。」因爲你說出來的法，他聽不懂。所以菩薩富有七財之寶，七聖財才是眞實的寶貝：性如金剛不能毀壞。菩薩有這七財之寶，總會生利息吧？生什麼利息呢？能夠爲人教授，就是利息。所以我坐在這裡說法，正是一直在生七聖財的利息。如果哪一天退休下來，哪位親教師跟著上來坐在這裡說法，他也就有極大利息收入了！錢財的利息較小，我們親教師開課爲大家教授，教授就是滋息——有聖財利息不斷滋生出來。

有了七聖財及滋息，就可以如所說而修行。菩薩一定是如所說而修的，菩薩不會努力明心之後，再把眞正的明心否定掉，自創更高的法。那不是眞的菩薩，所以菩薩會如所說來修行。而最大的利益是迴向，迴向時當然有迴向的標的，不會迴向說：「捨壽就入無餘涅槃，離開眾苦。」而是迴向無上正等正覺。

「**四禪為床座，從於淨命生；多聞增智慧，以為自覺音**」：菩薩遲早得要證四禪，在三地滿心前，隨著因緣去分證，至少要證初禪，否則是進不了初地的；但三地滿心前一定要具足四禪，甚至還要證得四空定。當然地前也無妨隨分而修，因為你不能夠刻意去排斥它，特別是初禪。初禪不是純靠打坐修來的，而是有了未到地定以後，只要離五欲的貪，就自然發起了。但是你們不必害怕說：「我太太又沒有學佛，那我得初禪以後離欲了，怎麼辦？」得初禪不會使你失掉閨房功能，不必恐懼：「會不會家庭鬧革命？」不必擔心，而是你的心離了欲貪。離欲是在心而不在身，只要有未到地定的定力，心真的離了欲貪，它就自然發起，你不必在那邊研究：「初禪怎麼生起？」心離欲了，它自然就會出現。所以菩薩在未入地前也可以隨分而得禪定，但是到了三地滿心之前，一定要具足初禪到四禪。

這時開始是以四禪為床座，不是做個特別好的椅子來坐；菩薩以四禪為床座，並且他的四禪與一般凡夫、外道的四禪不同。一般外道與凡夫的四禪，是追求四禪的境界，把它當作涅槃。但菩薩知道那不是涅槃，菩薩只是把四禪的證境所發生的功德拿來作為工具，來利益隨學的人，以及增益他自己的證境。因為到了三地以後，不證四禪、四無量心、五神通，就無法圓滿三地的功德，因爲三地滿心的猶如谷響現觀不能成就，無法轉入四地心，所以到了三地滿心前，必須具足得四禪。而他的四禪與外道不一樣，因爲他知道那只是意識心的境界，所以和外道誤把第四禪當作涅槃境界不同，所以他是淨命而生。外道則是以我見和我所執而證取第四禪，所以不同。從四禪、五神通的具足而發起意生身，就可以去十方佛國親近諸佛聽聞妙法，這樣的菩薩可以有多聞而生的智慧。那就是說，他們去十方諸佛世界、親近現在諸佛，聽聞一切種智的妙法，所以經由這樣的多聞而增加了他的智慧，就以四禪淨命而生的功德來多聞，增加智慧作爲他自覺的音樂。

「甘露法之食，解脫味爲漿，淨心以澡浴，戒品爲塗香」：藏傳「佛教」的信徒很喜歡吃甘露，可能也有人可以求得甘露。但是前幾年喜饒根登那個求甘露，可能是中國古魔術的一種，不是眞的天界甘露；中國古魔術中有一個菌類快速生長法，他可能是那種假甘露。然而，即使能求得眞的欲界天甘露，其實也沒用，因爲那只是欲界天人的食物而已，跟佛法無關。好多人學習求甘露的法，花了好多錢去跟喇嘛學，然後很努力弄個豪華的壇城，辛苦了好幾天作法，終究求不到；縱使眞的求得甘露，以爲有佛法證量了，原來只是欲界天人日常的食物而已，跟佛法無關，眞的很冤枉。可是菩薩也有甘露，菩薩吃什麼甘露？法食。所以你們今天坐在這裡就是在吃甘露，而且這個甘露才是眞實甘露，它可以讓你法身慧命永遠不死而且增長。可是西藏密宗求得甘露來吃了，色身照樣會死，法身慧命反而提早死了。所以要以甘露法爲食，不要以外道法求得的欲界天人飲食作甘露。

甘露法有兩種：第一是解脫道，第二是佛菩提道，佛說的兩大甘露法門就是講這兩個。解脫道是二乘菩提，佛菩提道是大乘菩提，菩薩以這兩種甘露法爲食。有食物了總得要有湯——漿；菩薩以解脫味爲漿，並且菩薩這個解脫味漿，比阿羅漢的解脫味漿還要勝妙；因爲菩薩只要明心以後，不必進入無餘涅槃中，也不必去斷盡思惑，就能看見無餘涅槃中的境界了；可是阿羅漢證得有餘涅槃時，他看不見無餘涅槃中的境界；等他入了無餘涅槃，自己不存在了，更不知道無餘涅槃中是什麼，所以他們對解脫的瞭解有限。但菩薩瞭解得很深入，並且還可以告訴阿羅漢無餘涅槃中的境界。阿羅漢當然會問：「我已經證得有餘涅槃了，一定可以進入無餘涅槃，卻仍然不知無餘涅槃中的事，你沒有斷盡思惑，怎麼可以知道無餘涅槃裡面是什麼？那你告訴我：無餘涅槃裡面是什麼？」菩薩當然會告訴他，因爲菩薩不吝諸法，菩薩就說：「你想要知道無餘涅槃中的境界，無餘涅槃裡面就是這樣！」好了，阿羅漢聽了說：「不懂！」可是菩薩講的涅槃又眞實無差；等到打破沙鍋要問到底時，菩薩卻提起毛巾說：「無餘涅槃裡面就是這個！」看來好像只是一條毛巾，阿羅漢又不懂其中的密意了！

所以菩薩解脫味的漿湯，是遠勝過阿羅漢的。阿羅漢要很辛苦：這個也不貪，那個也不愛，把思惑斷盡，我所及我的執著都斷盡了，終於證得有餘涅槃。可是入了無餘涅槃以後是什麼，他仍然不知道，結果菩薩只是明心就知道了，智慧超勝！若是說理，什麼叫解脫？解脫就是如來藏獨住的境界，七轉識依這個如來藏獨住的境界而安住其心，解脫於眾惑，就是解脫。如來藏怎麼是這樣子？阿羅漢聽不懂，所以他的解脫味湯喝起來不如菩薩的香甜。你別小看自己眼前的明心，你明心了就知道無餘涅槃裡面是什麼，阿羅漢就是不懂，所以解脫味比他香甜。

有甘露法之食，也喝過解脫漿湯了，那麼總該澡浴一下吧！天氣這麼熱，用什麼做澡浴？淨心，以清淨心來澡浴自己。澡浴之後總要有塗香，我們台灣不流行塗香，現在女人流行香水、保養液，但香水其實也是塗香的一種。澡浴之後怎麼塗香呢？以戒品來塗香，這個才是眞香。世間法的香只能在下風聞到，上風聞不到；可是戒品這個塗香，你擦上去以後十方世界都聞到。你只要證悟了，出來弘法了，別這樣想：「就只有這麼幾個人知道我某某人。」不是這樣的，十方世界菩薩都知道有你這麼一號人物，雖然你只是同修會中一個看來似乎不很起眼的親教師而已；但是十方世界的大菩薩們都知道，因為你的成佛之道已經邁開步伐走上去，已經在攝取淨土了（度眾生就是攝取淨土）。所以千萬不要小看自己，因為你這個塗香已經名聞十方世界。別以為我這是在說空話，我說的是真實話。

「**摧滅煩惱賊，勇健無能踰，降伏四種魔，勝幡建道場**」：菩薩摧滅了煩惱賊，這是說：菩薩不在我與我所上面生起煩惱，即是摧滅煩惱賊。如果有個菩薩一天到晚在講：「大家都看不起我，總是覺得我很差。」有的菩薩想：「明明我的智慧很好，為什麼沒有人要請我說法？」為這個事情煩惱，就是我所的煩惱。有的菩薩誤以為人家看不起自己，覺得很難過，那就是我所執的煩惱；心中若再加上一分慢，也是煩惱，所以煩惱有很多種。可是久學菩薩不計較這些事情，他沒有我所的煩惱，也不會在我執上面去增添煩惱，他認為自我的存在只是為了幫助眾生取證解脫、親證實相，但在沒有人來請法時也不會生起煩惱，就這樣摧滅煩惱賊。

煩惱是賊，因為煩惱會每天竊盜你的七聖財，使你的七聖財越來越少，所以煩惱就是賊。菩薩因為摧滅了煩惱賊，所以他很勇健，沒有人能超越他。這個勇健並不是到處去找人比氣勢、比智慧，菩薩的勇健是在法上永遠不退，是在護持正法上面無所畏懼；菩薩不顧慮惡勢力的大小，只要是對的，只要是爲了眾生該做的，他就義無反顧去做；但不是爲了比較法義的高下，而是爲了救護眾生，護持正法使不衰敗。一般人沒有辦法起這種勇健心，所以你若要求一般人寫書指正：某某大師哪裡講錯，爲何有錯。他不敢的，他會怕：三更半夜會不會派誰來把我幹掉？但菩薩不管這種威脅，菩薩這種心性不是一世、二世能夠培養起來的，是很長時間這樣修行累積下來的，只有願意爲法捨身時才能做得到。如果有煩惱執著，自我的煩惱賊就會把七聖財偷了，他就會貪生怕死，不敢出面來做這些事情。這是大事，不是小事，一般人不敢做的；不說一般人，乃至那些大法師們也不敢做，各個都想要當老好人，當老好人就表示他沒有摧滅煩惱賊，怕有後遺症而損失了名聞、利養。所以能摧滅煩惱賊的人是勇健的，沒有人能超越。

並且還要能降伏四種魔，煩惱賊滅了，第一種魔（煩惱魔）就滅了。然後是天魔，天魔也無法去影響菩薩，天魔能影響菩薩的就只有五欲之繩——用五欲繩來綁住菩薩。可是菩薩世世都發願住在五欲中，不必祂來綁：表面看來是被綁住了，可是其實卻又沒有被綁住。所以天魔很痛恨菩薩。死魔，菩薩也超越了：五陰會死，沒有關係，可是如來藏永遠不死，下一輩子照樣又生出另一個五陰來弘法，世世如此，誰都奈何不了他。至於五陰魔就更影響不了菩薩，因爲五陰的一一陰怎麼來的？如何**因**、**緣**而生？菩薩都已經知道是緣生法、一定會緣滅，所以五陰魔掌控不了菩薩，菩薩已對五陰的性質觀察得很清楚。所以四種魔已全部被菩薩降伏了。然後勝幡建道場，把殊勝的法幡給矗立起來。這殊勝的法幡如何矗立起來？是在幡上寫著：正覺同修會是正覺道場？道場建立在哪裡？建立在正覺，不是建立在硬體上，而是建立在眞正的覺悟上，當你把眞正覺悟的法提出來，那就是勝幡舉出來了，你的道場就成立了，不是建立在金碧輝煌的大寺院上。

「雖知無起滅，示彼故有生；悉現諸國土，如日無不見」：菩薩一定會示現在人間出生，但這不代表他不懂五陰生滅的道理。有一些外道會講：「你們釋迦牟尼佛既然說可以出三界，那他成佛以後爲什麼不出三界？還要在人間到處遊行？」有的人也這樣跟阿羅漢們說，那就好像有人說：「你們佛弟子不是一天到晚講布施嗎？你既然已經皈依三寶成爲佛弟子了，你所有的財物就應該全部布施出來。」表面看來，好像也有道理，可是其實眞的沒道理。如果那個道理可以講得通的話，人間就不應該有阿羅漢，也不該有佛菩薩了。他們的說法背後有一個目的：你最好把財產都送給我，一毛錢都別留下來。你做得到，他就有橫財可得；你做不到，他就說你是假的佛弟子。外道、天魔的想法也是一樣：你一成佛就該馬上入涅槃，不要再來跟我們外道爭供養；因爲你們人越來越多，我們外道就沒得供養。外道們就只是這個心態而已。可是愚癡的人聽了卻會信，還眞的有人會信。

同樣的，有的人講：「你這個菩薩既然很早就悟無生了，你爲什麼還要來生在人間？你不是已經證無生了嗎？」表面看來也有道理，但其實一點道理都沒有。所以菩薩知無生，菩薩知一切法沒有起滅（因爲一切法都是如來藏，所以沒有起滅）；既然沒有起滅，爲什麼又要示現在人間出生而有起滅？其實菩薩只是爲了讓眾生知道：凡是有生之法最後必定會滅，應該尋求解脫生死。菩薩就在人間把這個道理對眾生加以示現和解說，所以明知有生有滅，但是有生有滅的法其實都匯歸如來藏，全部成爲無生無滅，卻要示現給眾生看：菩薩一樣有生有滅。菩薩這樣示現，不是只有在這個地球；當我們大家在這裡都證悟了，末法期結束以後，我們就不在這裡了，就到別的星球弘法；因爲娑婆世界還有許多的星球，不是只有一個地球，佛在阿含裡面就講過說：娑婆世界有百億人間世界、百億四王天、百億忉利天等等。所以這邊的法滅了，在 彌勒菩薩還沒有來這地球示現成佛之前，我們難道五億七千六百萬年中都只能漫無目標的等待嗎？不！還有別的地方可去。可以去兜率天，也有別的星球仍然有佛法存在，我們還是可以去。諸位今天示現在這裡，末法最後五十二年，月光菩薩出現時，大家跟隨他；最後五十二年過完，就要到別的星球去了，那又是另外一種示現：隨處受生，隨處示現。但若是三地以上的菩薩，又不一樣，有化身隨時在諸方示現，三地滿心就做得到。如果是九地菩薩，可以開始示現在很多地方受生、出生，那不是我們能想像的。所以菩薩還是知道一切法本來無起無滅，但仍然爲眾生示現有生死、有起滅，就以這種處處示現，讓更多的眾生一一都能接觸他，所以說悉現諸國土，如日無不見。

「供養於十方，無量億如來；諸佛及己身，無有分別想」：菩薩示現於諸佛國土，不但是如此而已，同時也得要供養十方諸佛、無量數的如來。當他有能力到十方世界供養諸如來時，他見了佛，不對佛和自己起分別想；因爲他所看見的諸佛都是第八識，自己也是這個第八識；只是因爲自己的道業還沒有成就，所以應該供養十方如來，迅速增加自己的福德，但是不會去做分別想。

「雖知諸佛國，及與眾生空；而常修淨土，教化於群生」：諸佛國土和我們這個娑婆世界其實一樣都是緣生法，緣生之法最後一定緣滅，所以自己及自己所住的世界，乃至諸佛所化度的國土、所有的眾生，都是無常空，都只是在各人的如來藏中起起滅滅而已；雖然這都是生滅法，可是菩薩就在生滅性的國土和眾生之中，來修集自己未來成佛時的淨土。如何修集自己的淨土呢？那就是教化諸群生。

也許有人想：**教化群生跟修集淨土有什麼關係？**但其實這兩回事是同一件事，因為淨土的成就不是靠自己一個人來成就，而是靠所度化的有緣眾生共同來成就的。因為所有的十方虛空、無量世界、山河大地，都不是耶和華所創造的，耶和華也是由於他的業力而住在世界中，他屬於世界中的一部分，所以他沒有能力創造世界。山河大地、十方世界的成就，都是由共業眾生的如來藏中業種的感應而成就的；既然如此，將來你成佛時，你的佛國淨土是廣大或是狹小？是清淨還是污垢？就看你的願力，以及願意跟你共同成就淨業的有情，他們的數量多寡及他們的淨垢程度差別而有所不同。所以你如果攝受了許多的眾生，這些有緣眾生和你有這個共同的淨業（就是修學佛道的淨業），當你成佛的時間到了，其實只是這些眾生得度的因緣成熟了。所以你什麼時候成佛呢？就看你所度眾生得度的緣成熟了沒有。如果那些眾生得度的因緣還沒有成熟，你是不可能成佛的，因為你沒有佛國可以成，你的佛國要靠你所度眾生的如來藏，跟你的如來藏共同來成就。

所以，能夠努力去利樂眾生，努力把正法傳給眾生，你的淨土才能成就，不是自己在那邊觀想而可以成就淨土，那是藏密喇嘛們的妄想。也不是自己努力去修很大的福德，單憑己力而能成就淨土。所以淨土的成就都是靠攝取眾生，那你要攝取眾生時該怎麼攝取？就是要多方面的利益他們，讓他們的道業可以迅速成就。當你所度的有緣眾生道業應該成就時，就是你的佛國淨土該成就了，這時就是你成佛的時間到了。所以淨土的成就，不在於自己努力修福德，你努力修福德只是其中的一小部分。所以你將來成佛時淨土的成就，主要是在因地廣爲度化眾生，這不是短時間的事，是在修學佛道的長期過程中，一面自己努力修道，另一面要把正法傳給眾生、攝受眾生，讓眾生也得到法利。眾生得到佛法上的利益，他就願意不斷的跟隨著你，因爲他跟隨你就會有法利可得，跟隨別人就沒有法利可得，你的淨土就這樣漸漸成就。因此常修淨土的唯一法門就是教化群生，離開教化眾生就沒有佛國淨土可以修成。菩薩當然知道諸佛國土及眾生都是無常，終究會毀壞，可是菩薩就從無常的佛國、無常的眾生上面，來修成自己的常寂光淨土；所以，在這上面來度化眾生，才是眞正的修淨土。

「諸有衆生類，形聲及威儀，無畏力菩薩，一時能盡現」：十方虛空無量世界中有種種的眾生類，不同的眾生類則有不同的形色、音聲以及威儀，都不會相同。同樣是一個人，又譬如同樣是土生土長的台灣長大的人，兩個人的形色、音聲、威儀就不一樣了。如果推到不同種類，那差異當然就會更大；但是不管什麼樣的眾生類，什麼樣的形色、音聲、威儀，九地菩薩都能一時顯現；因爲他可以化現無量無數種類的眾生身相而示現出生，這是九地菩薩的力波羅蜜多。九地菩薩有第三種的意生身，才能這樣化現。他除了有這個能力以外，會被稱爲無畏力菩薩的原因，是他還有另外一個功德，叫作四無礙。他遇到所有的菩薩，就以這個四無礙的功德來示現。由於有四無礙所以有力波羅蜜多，因爲他總持無礙、義無礙、詞無礙、樂說無礙，所以擁有力波羅蜜多。這個四無礙是從初地的入地心開始發起的，但是只有極少分，然後次第累積到達第九地的入地心，以後專修四無礙，所以能通達一切總持、一切義、一切言詞，並且一切樂說無礙，因此他有力波羅蜜多。到四無礙具足圓滿時，他就有第三種的意生身出現，這時一切眾生類，一切形色、音聲、威儀，都能一時盡現，這是九地菩薩的大功德。

「覺知衆魔事，而示隨其行；以善方便智，隨意皆能現」：菩薩修到了八地、九地了，眾魔之事沒有不知的，但是他卻又能夠示現如同眾魔一樣來做事情。可是他示現魔的形象以及行爲時，其實只是他的方便善巧，這樣在魔眾之中度化了魔的眷屬。這是天魔最厭惡的事情，但是對菩薩又無可奈何。前面也有講過無盡燈，一萬二千他化自在天的天女都是天魔波旬的徒眾，結果被 維摩詰居士度了以後，她們回到魔宮去，又把 維摩詰菩薩的法轉傳出去，可是天魔一樣是無可奈何，這就是菩薩以種種方便善巧來度化眾生。修證很高的菩薩，有時也許示現成一條狗或凡夫的模樣，你可是看不出來的，跟一般眾生好像沒什麼兩樣；有時則示現爲一個很有威德的大天，都只是他們的方便善巧的示現而已；凡夫眾生無法測度，二乘聖人也不能想像，所以才說他們是菩薩。假使凡夫眾生能夠測度他們的境界，二乘聖人能想像他們的境界，他們就不能被稱爲菩薩，只是新學而尚未實證的凡夫菩薩；所以菩薩有時候示現**隨眾魔事而行**，那只是他的方便示現而已。

「**或示老病死，成就諸群生，了知如幻化，通達無有礙**」：菩薩有時會示現老病死，其實菩薩自己是不需要這樣示現的。菩薩是可以進入無餘涅槃中的，沒有老病死可說；但如果這樣的話，就會有兩個過失：第一、他不能成佛了，第二、對眾生無所復利。所以菩薩不可以入無餘涅槃，一定要繼續在三界中示現生老病死，在這種過程當中來利樂種種的有緣眾生。可是雖然他一世又一世以無量世來示現老病死，來成就群生，但是菩薩其實很清楚知道自己以及群生都是猶如幻化一般而不眞實，而且對於這種境界的現觀是通達而沒有障礙的。

這一種通達，如果要廣義的來講，明心就算是了。如果要從狹義來講，那就得要初地的入地心；因爲初地的入地心菩薩就稱爲通達位，無生法忍初分生起了，所以稱爲見道位的通達。但是明心的人如果悟得眞，有確實加以觀行，也可以看得出來：其實自己的老病死、眾生的老病死，都是如來藏幻化出來的，都只是在如來藏的表層生起以後不斷的變異，然後消失，一世又一世不斷的重複這種過程。所以如果有確實的觀行，明心的菩薩也可以這樣通達而沒有障礙。

「或現劫盡燒，天地皆洞然；眾生有常想，照令知無常」：有時菩薩示現在劫末，劫末是壞劫即將開始，住劫快要完了，這時整個大地就會全部被燒光。也許有人說：「這個經文說連天也燒光了：天也洞然了，天能燒嗎？」可以啊！怎麼不能燒？因爲天空是依土地而相對施設的言說。如果沒有土地就沒有天空可說，天空是依大地而施設天空，所以大地燒光了，天空也就不見了，因此說劫盡燒時，天地皆洞然，洞然就是沒有一物存在了。換句話說，一個三千大千世界已經進入劫末時，就是壞劫的開始，最後燒光而變成空劫，空劫時沒有任何一物存在，就稱爲洞然。眾生不瞭解世界虛妄，執著爲眞實常住的不壞法，所以把山河大地當作是常住不壞法，所以人們去爲老人家祝壽時才會說：「祝賀您老，壽比南山！」因爲大眾都認爲南山是常：不曉得已死過幾代人了，南山卻還在那裡。可是到了劫盡時，南山照樣被燒光了。因此眾生錯把虛妄法當作常不壞想，菩薩卻得用世界悉檀來告訴他們：一切都是無常。

「**無數億衆生，俱來請菩薩；一時到其舍，化令向佛道**」：九地菩薩、等覺菩薩都可以這樣做得到。不說九地、十地，單說八地菩薩有兩種意生身，也可以做得到，才能夠稱爲於相於土自在。無量數億的眾生一時來乞請菩薩，菩薩就同時間化現去到所有請求他去開示、或者請他去受供的眾生家宅中，爲他們開示說法，度化他們進入佛門之中修學佛道。

「**經書禁咒術，工巧諸伎藝，盡現行此事，饒益諸群生**」：經，世間法的書也有被稱爲經的，譬如外道的經典也稱爲經，譬如道教也有許多書本被稱爲經，我們佛法中也有許多文字記錄被叫作經典。經，主要的意思就是把某一種義理前後貫串令不散失，這就稱爲經。經，一般是說宗教裡的書籍；那麼儒家算不算宗教？儒家可以算，因爲古時儒生家裡也要安牌位，不管他家裡信不信佛、信不信道教，他們家裡也有牌位，只是沒有雕像而已；那個牌位上寫著：天地君親師。所以儒家每天也要上香、供茶，眞正的儒生是這樣的。既然每天有個牌位——天地君親師——要供奉，那當然也要算是宗教了。不過孔子當年沒有這樣，是後來發展結果而勉強算是一個宗教。信奉的是什麼？是儒學；要敬天、愛地、忠於君王——忠於皇帝，還要奉侍親長，最後要奉侍的就是老師。

所以儒家在官場有門生的規矩，比如說這主考官選誰當狀元乃至榜眼，這些人被他點選了以後就成爲他的門生，這關係是一生不改的。假使這個狀元是被皇帝欽點的，他就成爲皇帝的門生，一生效忠於他；但其實這是一個統治之術，被欽點者一生都會效忠於他，願意爲他而死，皇帝也願意優先照顧被他欽點的人。當然，正因爲有這一層師生關係而不只是君臣關係，這個門生有時候貪一點錢，皇帝也就睜一隻眼、閉一隻眼，所以這裡面關係也是很錯綜複雜的。因此儒家演變到後來也成爲教了，而且也有經：四書、五經。其實四書反而比五經重要。

禁、咒、術是三個東西，儒家也有儒家的門禁：你成爲我的門生，要遵守我的約束。咒，就屬於道家，因爲儒家不談咒。術，那就有很多的方法，比如怎麼樣修練，如何辦事，都是屬於術的部分，這一些東西多是屬於修行層次的。可是接下來的工巧諸伎藝也是術，屬於世間謀生技術的傳承。**工巧諸伎藝**，以前人家拜師學道要三年六個月，然後說你可以出師了，出師就是出去當師傅了，當師傅就可以把所學的伎藝去另立門戶，他也去開店，也賺錢去了，但是終生繼續保持著血脈傳承。這種學徒制，現在的人做不來，很辛苦的；但是雖然很辛苦，師徒之情是一輩子不改變的。在武術上面也一樣，其他種種工巧伎藝也是同樣的，這是屬於世間工巧伎藝的拜師學道。但是在外道的經、書、禁、咒、術上面，或者世間的工巧諸伎藝上面，菩薩在人間也同樣示現有這些事情；而菩薩是藉這些事情來與眾生結緣，只要結了緣，這些眾生將來就是你成佛時的座下弟子了。

也許有人想：「**我在世間謀生跟眾生接觸是沒錯啦！可是我也沒有跟他們說什麼法，怎麼將來會成為我的弟子？**」就是會！如果是跟你學法的，將來就是你座下的出家弟子、在家弟子；如果沒有跟你學法，只是世間法上的接觸，他們將來在你成佛時，也會來到你的法會中，見到了你，或者合掌就坐下聽法，或者跟你點個頭就坐下聽法，因為他在你成佛時不會成為你的徒弟，但他會來結緣而沒有完全進入佛門，要再經過很多世熏習以後才會成為你門下菩薩的弟子。所以眾生有很多類，菩薩也得要有種種的示現。總之一句話，就是不能跟眾生斷了緣，緣必須不斷的保持著，要生生世世一直有接觸，即使他沒有跟你學法，將來你成佛時也會來到你的法會上遠遠的跟你點個頭就坐下聽法了，等到緣熟時才會成爲你的徒弟。所以菩薩要有種種的示現，不斷與人間有情接觸，就在這種世間法及出世間法示現的過程當中來饒益一切有情。

「世間衆道法，悉於中出家；因以解人惑，而不墮邪見」：在娑婆世界如果不是人壽八萬四千歲時，很難示現像彌勒菩薩這樣成佛的。彌勒菩薩是今天晚上出家，明天一大清早就成佛了。可是衆生能信受，因爲那時的衆生智慧高，各個都活了八萬四千歲，他們學了很多知識，有智慧去判斷：這眞的是成佛了。如果是現在，你今天出家，明年成佛，衆生就不信了。如果說來到正覺同修會兩年半有可能明心開悟，衆生也不信，只有你們信，因爲現在的人智慧不夠，又大多已被誤導，很難相信。現代人的壽算不過百歲，少出多減：大部分人沒有超過百歲，只有極少數人超過百歲，所以智慧不太夠。因此菩薩在這個年代，如果要來示現成佛，就得要示現所有外道的法都去學過，把外道的法都證得了，也證明都是錯誤的，然後才可示現成佛。因此在這一種年代，當菩薩或者當佛，都得要示現學過外道許多的東西，然後把外道的法理錯誤之處爲衆生說明，衆生才能信受。

所以這裡講的**世間眾道法**，世間二字表示外道的種種法是不可能讓人出離世間的，所以他們的法都是世間法。其實外道法有很多層次，天竺坦特羅（譚崔）藏傳「佛教」的法，現在台灣其實還有不少人在暗中傳授，外國卻是公開宣講、傳授的，這就是西藏密宗，它其實就是天竺最晚期的坦特羅「佛教」，但那個其實是層次最低的、欲界中最粗重的煩惱貪著。然後層次拉高一點，你可以看得到的就是一神教；一神教制定了十誡，類似儒家的修身齊家，已離開藏密的淫穢**亂倫**了！回教跟基督教，他們的誡律其實差不多；而他們所能夠達到的最高境界是什麼？只是欲界天。他們無法超過欲界天，但比西藏密宗的層次高一點，因爲至少不邪淫、不亂倫。可是一神教，你如果拿來跟道家相比，那又差遠了，因爲道家已經知道人間欲界的層次其實是不夠高的（當然道家也分成好多派，道家有一派是練仙術，他們叫作洞玄術，練的是素女經——房中術，說穿了是跟西藏密宗的雙身法差不多，是採陰補陽，修成即是精行仙。至於練內丹，那是另一派），但是道家也有層次比較高的，想要超脫於色界，雖然沒有能夠成功（因爲道家所有的經典沒看到他們有記載已證得初禪、二禪等境界的），所以道家的思想其實是超越一神教的，因爲他們在思想上是超過一神教的，但因無法到達色界，所以仍然是欲界中的有漏法。

爲什麼不能成爲無漏？因爲我見不能斷；我見斷不了，即無法成就無漏法，這個叫作世間的道。修證世間的道就是他們的法，這個法有時候稱爲術，所以叫作道術——依道而實行它的術，而道術流傳到現在已經失眞了。道與術是兩個法，有道也有術，才是被人恭敬的。道是指個人修身養性的功夫——心地上的功夫。在儒家也有講道，叫作修身、齊家；術，則是講治國、平天下。在道家裡面，有道也有術，道就是自己修身養性的功夫，術就是成就仙道、成就神道的方法。一個人如果無道而有術，他的術一定是小術，就會用他的術去做不道德的事，那叫作無道而有術。無道而有小術，就會被人罵：「術仔！」換句話說，這個人沒有道而只有術。術字加上個仔，表示說他的術很小，不値得恭敬。所以道與術在世間法上，得要具足。如果無道而有術，就讓人看不起；無道而有術，等而上之竊國，等而下之殺人越貨、詐欺，中等的就不必談，這叫作無道而有術。這樣的人即使當了皇帝也是不受臣下恭敬的。若是像唐太宗，他很聰明，竊得國家之後就開始行道，所以後來才會被稱讚。可是淸朝的雍正爲什麼會貶多於褒呢？因爲他有術而無道，爲人刻薄寡恩。

有很多人亂講：「淸朝所有的皇帝都是菩薩示現。」但淸朝的所有皇帝都在努力修習雙身法，夜夜春宵；並且大力壓制如來藏正法，怎麼可說是菩薩示現？而且雍正很嚴厲，一點雍和之氣都沒有。他不但政治上如此，還想要手掌控佛教而排除異端，只要有哪個禪師出來弘法，所說的開悟不是離念靈知，他就要打壓，所以法上也不正；不雍不正的人卻號爲雍正，蠻諷刺的。雍正落在離念靈知中，所以清朝三百年中，菩薩想要弘揚如來藏法是很困難的：**你弘揚的是如來藏，不是他的離念靈知，他就用皇帝的威權來打殺你，所以雍正是有術而無道，他不願意聽聽看證悟者怎麼說**。他寫了一部《揀魔辨異錄》（很多人聽過這個書名），他在書中打壓如來藏法，不許別人弘揚如來藏妙理。他是有術而無道，也是經由兵變去取得政權的，可是他後來不能行道。

他自以爲是在行道，其實都是在壓制正法；並且心性嚴厲，沒有雍和之氣，因此說他有術而無道。這種人能解人惑嗎？能不墮邪見嗎？很困難的。所以他的《雍正御選語錄》選出來的內容，都是悟錯的禪師講的法，都是跟離念靈知相應的錯悟禪師的意識境界；把沒有悟的禪師當作眞悟者，把眞悟的禪師排除掉，說爲「無義味語」。但菩薩不可以像這樣，菩薩要有道，也要有術。術就是怎麼樣幫人家證悟的方法，攝受眾生時要怎麼攝受，都有方法；但是自己的心地功夫、般若智慧也要夠，這樣才叫作道與術具足。否則的話，人家暗中就要罵：「這個人是術仔！」在閩南語中這是很嚴厲的評論，菩薩沒有辦法承受這麼一句話。所以在這種短壽的時節，眾生具足五濁的年代，要示現成佛，得要在世間眾道法之中出家，一一出家實證經歷，再一一破斥其錯謬，就用從外道學來的法破斥外道，解除一切人的疑惑，讓眾生不墮於邪見中，這是只有菩薩才能做得到的。如果是世間人，人家會這樣罵：「你這個人忘恩負義，跟他學了以後還否定他。」當然是忘恩負義，可是菩薩跟他學了以後，如果他的法是正確的，菩薩就會擁護他；如果他的法是誤導眾生，菩薩就會破他，才不管他是不是師父，絕對不將佛法作人情；但是破了以後卻會促使對方聞熏正確的法義，這樣才是菩薩。菩薩一定不將佛法做人情，因為師徒只是個人的情誼，可是眾生的法身慧命，不能因此而犧牲掉，這才是最重要的。所以菩薩能夠這樣解人惑而不墮邪見，並且也讓眾生同樣不墮邪見。

「**或作日月天，梵王世間主，或時作地水，或復作風火；劫中有疾疫，現作諸藥草，若有服之者，除病消衆毒**」：有時菩薩當月天，就是月神，掌管月宮。有時菩薩當日天，就是當太陽神。有時候當梵王——初禪天的天主。有時當世界主：世界主有幾種不同的說法，一般說法是忉利天的天主，因為他掌管了四王天，藉著四王天來掌管人間，所以說他是世界主；有時說四王天的四大天王才是世界主，因爲他們直接影響了人間的禍福；但有時說他化自在天主才是世界主，因爲他掌管了全部的欲界。但不管是什麼樣的示現，都只是度眾因緣及方便示現。菩薩有時作地神、水神，有時作風神、火神。當劫來臨時（在住劫當中又分成二十個小劫，每一個小劫裡面又有種種的劫，譬如刀兵劫、飢饉劫、疾疫劫等），當這些劫來臨時，如果出現有瘟疫流行，菩薩就示現作藥草：看來好像是藥草，其實是五蘊的身心。就像《法華經》中的藥王菩薩、藥上菩薩一樣；如果有人服用它，把那個藥草摘下來煎煮服用了，病就可以消除掉，瘟疫就解除了，眾毒都可以滅除。這是說，菩薩有時示現在鬼神界中，有時作其他種種示現來利樂眾生。不單是靠著讀經、打坐、思惟來成就，因爲光靠這樣，淨土則不能成就；要靠利樂眾生去攝受眾生，將來成佛時的淨土才能成就，所以要這樣不斷的作種種示現來利樂有情。

「劫中有飢饉，現身作飲食，先救彼飢渴，卻以法語人；劫中有刀兵，爲之起慈心，化彼諸眾生，令住無諍地；若有大戰陣，立之以等力，菩薩現威勢，降伏使和安」：萬一飢饉劫來了，菩薩願意現身作飲食讓眾生來吃。釋迦菩薩往世曾經示現爲一條特大號的鯨魚，因爲眾生鬧飢荒，死亡很多，所以他就故意來靠在岸邊，用神通力叫喚眾生：「來挖我的肉去吃吧！只要不斷我的命，讓我可以每天又長出一些肉來讓大家挖更多。」你想，每天來挖肉，你會好受嗎？別說挖肉，每天扎兩根針就哇哇大叫了，可是菩薩要這樣示現，這樣利樂眾生，結下極深的緣。現身作飲食，目的是先把眾生的飢渴解決了，再告訴他們佛法，讓他們知道解脫之道、成佛之道。如果遇到刀兵劫，就爲眾生生起慈心，要教導他們住於無諍之地。當然無諍之地也可以從世俗法上來解釋，但是如果要從佛法中來解釋，就是要讓他們悟入實相；實相中絕無絲毫的爭執，證悟實相之後轉依了實相境界，那就無所爭執了。如果遇到了大戰陣，那時就以等力來建立，就是要讓對方看到雙方的實力相差不多，對方看見了就會想：這一仗打下去，一定兩敗俱傷。可能就願意和解了，這就是大戰陣之時，立之以等力。

有時菩薩在戰陣中示現威勢而讓眾生消除征戰之心，這在禪宗也有現成的例子。以前有一位隱峰禪師，剛好看見兩軍對陣，即將要開戰了，他就把錫杖往空中一丟，然後飛身到錫杖上面飛過去，兩邊的士兵看見了說：「這一定是菩薩叫我們不要打仗了。」於是作亂者就退回去，消彌了一場戰爭。這樣便救了許多眾生的命。這位禪師俗家姓鄧，似乎是被叫作鄧隱峰；這也是現威勢降伏眾生，讓他們和平安靜。

「一切國土中，諸有地獄處，輒往到于彼，勉濟其苦惱」：大菩薩還真不容易當，要做這麼多事情。在一切國土裡面，乃至有地獄的地方，菩薩還要去地獄，向地獄中的苦難眾生勉勵；勉勵完了，還要救濟他們的苦惱，最著名的菩薩就是地藏王菩薩。可是地藏王菩薩也很感歎：「這些愚癡眾生！把他們救出來以後，不久又進去了；再把他救出來，不久又進去了。」所以他眞的沒辦法成佛，因爲這種眾生永遠繼續不斷的有。你不要說：「這種眾生一定是外道、凡夫。」其實佛門中也有很多，好不容易把他救上來，遇到了正法，他們不能接受，又毀謗：「如來藏是外道思想，那個法不對啦！」又再度施設種種方便來毀謗最勝妙法，又下無間地獄去了。下去以後，再把他救起來，幾十劫或一、兩百劫以後，終於又可以當人了，有緣聽到如來藏正法時，他又謗，又下去地獄；反覆的謗法而自以爲是在護法，就這樣在人間、地獄之間，不斷的在三惡道中來來去去。

你說沒有這個事情嗎？有啊！從比量就可以知道。現在一直有人在否定如來藏，否定以後，果報如何？可想而知。那是不經過中陰身的，下去以後再回人間，是很久、很久、很久以後的事；歷經三惡道痛苦，終於回來人間以後，再聽到如來藏正法時又誹謗，當然還要再下去，就這樣不斷的重複，直到他心中否定如來藏的邪見種子滅除以後，才能夠不再下墮地獄。你說地藏王菩薩辛苦不辛苦？他要不斷的救這些人，所以很不容易；可是菩薩就這樣當，要勉勵那些地獄眾生。你看：去到地獄裡面，那地獄的境界好過嗎？熱死了、冷死了、苦死了，但菩薩就得要去那邊辛苦。這就像有一些人專門喜歡度監獄裡的眾生，去到裡面看了心裡都很難過，可是他們被悲心所驅使，還是得要去。同樣的道理，小菩薩做那種事情，大菩薩就去地獄救眾生，勉勵他們，然後救濟他們。

除了如此，對畜生道眾生也一樣，所以說：「**一切國土中，畜生相食噉，皆現生於彼，為之作利益。**」釋迦牟尼佛在因地時，為了救某一些眷屬，還去當鹿王——當五色鹿，為的就是要救度他們。有時還要度那些互相吃來吃去的眾生，你可別以為說：「這些眾生跟我無關，我沒有在吃眾生。」難道沒有嗎？你學佛之前不吃肉嗎？《楞嚴經》不是講了嗎？人死為羊，羊死為人，互償業債。蓮池大師不是也有引述古人說的七筆勾嗎：人家娶媳婦，賓客在席上坐，卻是以前所養的牛羊轉生為人，坐在那邊吃魚吃肉；那案上被吃的是自己往世的父母親，你說這不是相食噉嗎？互相吃來吃去，把人家眾生的肉吃到夠了，未來世去當眾生還給人家吃，所以少吃肉是正確的。前些時候，電視報導不是說南部有個寺院爭住持之位嗎？然後又說他們吃肉。他們解釋說：「我們修南傳佛法，可以吃肉。」卻不曉得未來要還人家一樣多的肉。世間雖然如此惡劣，可是眾生照樣示現受生，互相吃來吃去，所以菩薩就要勸導他們、教化他們。如果萬一眞的沒辦法，必須去畜生道，寧可被人吃，不要去吃人家；因爲吃了人家一斤，未來世一定要還十六兩，逃不掉的。可是眾生不知這個道理，因此要爲眾生說明，要度化他們。

「示受於五欲，亦復現行禪，令魔心憒亂，不能得其便；火中生蓮華，是可謂希有，在欲而行禪，希有亦如是」：現在說到這個，是天魔波旬最痛恨的；天魔波旬有一條繩子很厲害，綁盡一切欲界眾生，叫作五欲繩。阿修羅王如果戰敗了，釋提桓因也用五欲繩綁他。現在人間的一切有情，有誰是不受五欲的？沒有一個人不受五欲。你在人間總得要吃吧！吃，不就是味塵欲了嗎？你眼睛總不能每天閉起來吧！你走路時總得要張開，看見好花，你說：「不看！」都不看時還能生存嗎？而你欣賞花，那你就有了色欲了。譬如說，我現在上座，不曉得誰用這些玉蘭花來供佛，可是我總不能把鼻子捏起來，所以也受了香塵欲了。又如觸塵，你在這裡，會希望冷氣壞掉不涼嗎？這是什麼欲？觸欲。難道香塵之欲你沒有嗎？

你若能離開香塵的話，就不必來這裡了，可能已經生在色界了；你看！五欲具足。可是菩薩示現受五欲，無妨照樣現行禪。人家修禪的人，是要離開五欲的。一般人要修禪定，得要設法離開五塵，不要去攀緣五塵，但那是二乘法才這樣修。所以二乘人修禪定，要躲到深山裡面去；他若住在都市裡，沒辦法修證禪定。菩薩可不管這個，住都市裡照樣證禪定，從禪定中出來以後，無妨電視轉開，收看新聞報導；有時聽到隔鄰在放好聽的音樂：「這音樂也不錯！」他看來是在五欲境界中，可是他不會被五欲牽著走；當他想要進入禪定中，腿一盤，等引境界過了，又進去了。天魔就因這樣而痛恨他，無可奈何！想用五欲之繩綁菩薩時，用不著綁，因爲菩薩每日已在五欲中進進出出；而五欲綁不了他，他隨時可以離開，就進去禪定中了，天魔也沒有辦法。菩薩這樣做，讓天魔波旬心裡面很煩惱，祂不知道該怎麼辦。因爲祂所能擾亂菩薩的就是五欲，可是菩薩本來就在五欲中，祂又何必去擾亂他？祂再每天去擾亂也沒有用。所以菩薩雖然還沒有離胎昧，世世在人間受生；每一世開始發起初禪時，天魔就緊張了，因爲這個人證得初禪就表示已超出祂所控制的境界，以後祂都無法影響菩薩了，該怎麼辦？菩薩重新受生後再度進入初禪，祂又派一些美女去引誘他，菩薩笑她們說：「沒有用啦！妳們引誘不了我啦！因爲妳是假的，妳也不能到人間來當我的配偶。走啦！走啦！」天魔無可奈何。再漂亮的女兒去了，都沒用啦！因爲菩薩說：「妳是假的。」菩薩明明已超出祂的境界，不在祂的掌控之中，卻又每天住在祂掌控的境界中度人離開祂掌控的欲界境界，所以天魔波旬就很惱亂，因此說令魔心憒亂，不能得其便；因爲引誘沒有用，而且也不需要引誘，因爲菩薩每天示現在五欲中。

菩薩與聲聞人不同，聲聞人出去托缽時，只能看眼前三、四尺的地上；他去到人家門口振錫，通知人家來托缽了；當人家把飲食送出來，放到他缽裡，他也不可以看人家的臉，只能看著缽裡，而且不能想：「今天的飯菜好不好？」供養完了，他祝願幾句之後轉身就走，不可以看人家的臉。特別是女主人、婢女出來布施時，更不許看，這就是聲聞。可是菩薩無妨，所以 維摩詰菩薩甚至要求說：「你把一萬二千天女送給我吧！」把天女全給要過來，天魔波旬也無可奈何。菩薩世世都在五欲中，因爲你如果離開五欲，一切種智就不好修，不能成就；但是菩薩在五欲中卻能示現行禪，不管是般若禪或是四禪八定，菩薩都能示現證得，超越於魔的境界；可是魔不能得其便，所以心情很煩亂；因此說菩薩叫作火中生蓮華，這是很希有、難得的。

蓮華一定是在水中生，怎麼會在火中生呢？可是菩薩的般若蓮華、解脫蓮華，就在五欲火中生出來，讓天魔波旬沒有任何辦法對付，所以說在家菩薩在欲而行禪，是非常希有的。如果是聲聞人，嚇都嚇死了：「**這是五欲，趕快離開。**」恐怕一點點的沾染結果就壞了道業，可是菩薩每天在五欲中卻不會壞了道業。所以來我們正覺同修會學法，你絕對不會聽到我鼓勵你說：「**你若要學佛，就趕快離婚、分房。**」沒有人聽過我說這句話，因爲學佛不必離婚。有的人學佛以後說：「**老公！我要跟你分房睡。**」如果聽到誰這樣，我就打他一棒；因爲，你想要離欲而證禪定，在心而不在身；菩薩就是在欲行禪，絲毫都無所妨礙；因爲證禪定是在心理，不是在生理。以前不是有個比丘準備拿刀自宮嗎？佛就斥責他，說他不懂佛法。自宮了以後假使心裡面還是老想著、放不下，那麼自宮了以後既失去了比丘資格，也無法證得初禪，因爲初禪是由心中離欲而得，不是由色身離欲而得。所以菩薩學法跟聲聞學法不一樣，聲聞學法要離開一切五欲；菩薩卻在眾生五欲之中成就他的道業，因此說在欲而行禪，是非常希有的，就像火中出生了清淨的蓮華一樣。

「**或現作婬女，引諸好色者；先以欲鉤牽，後令入佛道**」：《華嚴經》不是有個婆須蜜多尊者嗎？她就是一個高級妓女，但是她的證境可高了。她示現作高級婬女，招引許多貪愛美色的人；因爲她實在太漂亮了，美名遠聞，所以很多人聽到名聲而想要親近她；當然夜渡資一定很貴，但是我告訴你：絕對划得來！因爲只要去找她，最少可以明心。如果跟她睡一個晚上要一百萬、一千萬元，都划得來啦！你只要明心了，不單是大乘的七住菩薩，同時也是初果人；因爲明心的人三縛結一定會跟著斷除，所以既是七住的實證般若菩薩，也同時是聲聞初果人，供養一千萬元就開悟、證果，絕對合算。不過有的人明心時可不只是初果、七住而已，這裡面有層次差別。因爲有人花了錢去找她，一見之下就悟了，這是上上根人；有的人得要跟她拉拉手才能悟，那就次一點；有的人還要跟她擁抱才能悟，根器又差了一點。悟了就不必上床，就可以回家了！因爲你已經知道她是這樣的菩薩，你還要跟她上床，那未免太不清淨了。有的人就不行，還要跟她親嘴，然後終於悟了；有的人甚至得要跟她上床，第二天早上才能悟入，顯然這個層次是差很多的，悟後只能自救，無力度人。

所以不能要求每一個人悟了都一樣，譬如要求一棵樹長出來的蘋果要跟模子鑄出來的一樣，不可能這樣。同理，菩薩有時示現作高級妓女引誘一些好色者，還得要收取很高的價錢，那些好色者才會珍惜所悟，所以婆須蜜多的庭園很廣大、很莊嚴；既然來找她而想要求悟，她又特別漂亮，當然要收很多錢，就用這些錢來建設庭園，就有一批跟隨她的人可以有飯吃了，何樂不爲？所以她就這樣「先以欲鉤牽」。有的人本來不是來求悟的，因爲聽說她太美了，想要去見一下，結果沒想到被她所度而開悟了。她就是用這種手段：先以欲鉤牽，鉤牽進來以後令他入佛道，這可是眞正的入佛道。這也是大菩薩幹的事，想像不到吧！大菩薩還當妓女，誰能想像！但要說明的是：她幫人開悟的內容是離見聞覺知的第八識如來藏，不是藏密雙身法中受樂時一心不亂的意識覺知心。

「或爲邑中主，或作商人導，國師及大臣，以祐利衆生」：有時菩薩示現爲一邑之主，就是一個村落或一個鄉鎭的主人；古時印度國王常常會冊封土地、官位，在被封的地境中擁有課稅及生殺大權。古中國也一樣，所以有食邑千戶⋯⋯等。如果食邑千戶，那就表示他掌管範圍很大了，擁有一千戶。若是賜封一邑，就是一邑之主，名爲邑中主。有時菩薩作商人導，是作商人的導師；他知道何處可以賺什麼錢，教導跟隨他的人去賺錢，他自己也同時賺錢；古印度行商，通常是五百人爲一個團體，所以叫作五百商人導師，這就是商人導。有時又當國師，就是當皇帝的老師；有時又當皇帝的大臣。國師和大臣，在中國古時也是一樣。菩薩有時就這樣示現各種不同的身分，來護祐、利益眾生；當菩薩這樣示現時，會促成某一些因緣轉變，使得眾生冥冥之中得到保護、也得到了利益。

「諸有貧窮者，現作無盡藏，因以勸導之，令發菩提心」：假使有貧窮的人，有時菩薩會示現錢財無盡，用這種示現來布施、幫助眾生。在幫助眾生的狀況下，來勸導眾生發菩提心，也就是發起四宏誓願。

「我心憍慢者，爲現大力士，消伏諸貢高，令住無上道」：我心憍慢者，就是解脫道中說的我慢，眾生一出生以來就會執著自我而起慢。執著自己而起慢是普遍的現象，沒有一個眾生沒有。譬如眾生見到別人，會跟別人比較：「**我比你健壯，我比你漂亮。**」也許有人說：「**那這樣我慢就不普遍了。比人家不健壯、比人家不漂亮的就沒有我慢了。**」怎麼會沒有呢？當他在跟人家比較說：「**我比他醜。**」比別人醜，那就是我慢。如果不是慢，怎麼會跟人家比較？「**我個頭兒比他小，不能招惹他。**」那也就是慢，是因我而起慢；深心中希望自己繼續存在，這就是我慢。所以比較心出現的時候，其實就是慢，也是依我慢而生起慢心，所以不一定是勝過人家才叫作慢。但一般人所說的我慢都是勝過人家而起慢心，這其實是慢而不是我慢，這就是我心憍慢。遇到這種人，菩薩就示現大力士威武雄壯，對方看到了，氣焰就消了，因人我比較而起的慢心就消失了。這樣示現，消伏憍慢者種種貢高的慢心，然後再勸令他們安住於無上道之中。不是勸令他們安住於解脫道中，而是無上道，就是唯一佛乘，是大乘菩提；因爲大乘菩提是函蓋二乘菩提的，這才是無上道，因爲世、出世間一切法道不能過此，所以叫作無上道。

「其有恐懼衆，居前而慰安：先施以無畏，後令發道心」：假使有人正在恐怖的境界中有所畏懼，菩薩要爲他開示一切法無常，但在開示之前要先讓他無所恐懼，因爲他的恐懼心一直存在時，就沒心情聽你說法；所以你先得要救濟他的恐怖，讓他的恐怖心情消失掉，心安定下來才有心情來聽你說法，不然他怎麼可能聽得進去呢？因此要先施以無畏，正是布施的第二種——無畏施，就是滅除他餓死、凍死、被害死的恐懼，然後才爲他說法，讓他發起修道之心。

「或現離婬欲，爲五通仙人，開導諸群生，令住戒忍慈」：有時菩薩示現爲一個五通仙人，所以菩薩的示現是多樣化的。五通的修證，首要之務就是離開五欲的貪著，特別是講婬欲。有些人很努力在修神通，可是永遠修不成，因爲他放不下情欲，所以怎麼修都沒有用。放不下情欲時就被繫縛了，五通的種子就不能現前；所以五通仙人都是示現離婬欲的，一旦起了欲心，五通就消失了；由此可知密宗的喇嘛們說有大神通都是騙人的，都是死後才被哄抬的，所以密宗的祖師們從來沒有一個人是生前有神通的，自古即是如此。有一些眾生沒有智慧，你若硬要度他，不能用智慧法門去度他，只能示現神通；當你示現神通時，他就崇拜得要死：「**我師父好偉大喔！**」崇拜之後就對師父言聽計從，叫他往東，他就不敢往西，因此示現五通來度一般的眾生是很容易的。假使我們哪一位親教師有一天示現五通，不管誰來都看得見他現神通，那麼我們整棟大樓買下來也不夠用。但問題是：你度得來，爲他們講要斷我見，他們一定斷不了，因爲他們是爲了神通境界來的，落在我所裡面；連我所都斷不了了，何況能斷我見？所以智者大師有一句名言：**神通度俗人，智慧度學人。**很多人不服氣，只是不敢罵智者大師而已。

菩薩既要成就佛土，就要攝受眾生，因爲佛土需要很多種類的眾生。像這種眾生，當你三地滿心以後，就有時示現一下，度一些這類眾生。你總不能要求說：「**我家統統是鑽石，不要有泥巴。**」沒有泥巴的話，你的地皮哪裡來？磚塊也是泥巴，瓦也是泥巴，很多東西都是泥巴製成的，你總不能夠說：「**我家就用鑽石來蓋成。**」所以有鑽石也要有泥巴，什麼東西都要；佛淨土也是一樣，什麼樣的眾生你都得要有。所以有時爲那些俗人，你就示現一下神通，然後爲他開導人乘、天乘。人乘、天乘，就是教他要慈悲、要能安忍、要持戒行善、要修定，這就是人乘、天乘的法，這也是菩薩要做的事。看來菩薩眞不是人幹的，只能是由菩薩來幹。

「見須供事者，現爲作僮僕，既悅可其意，乃發以道心；隨彼之所須，得入於佛道，以善方便力，皆能給足之」：如果看到有可度的人，他什麼都不缺，就是需要僮僕；一般僮僕又不能讓他滿心歡喜，所以菩薩就化現作僮僕，去他家當僮僕，奉侍他，使他滿心歡喜；最後他若沒有這位菩薩僮僕，簡直沒辦法生活了，這時就能度他了！既已悅可其意，菩薩就說：「對不起！我要離開了。」他想：「那我怎麼辦？」他沒辦法過活了，就說：「那你到底要什麼條件才能留下來？」「很簡單！你若肯學佛，我就可以留下來。」學佛對他沒有壞處，又可以留住這個僮僕，他就肯學了。所以悅可其意之後，隨彼之所需，然後發以道心，讓他可以進入佛門中。接著不但在世間法上，在佛法上也一樣，用善巧方便之力，使他能夠滿足佛法。所以當菩薩，別老是想要高高在上；菩薩往往要爲眾生做很卑賤的事情，只要能度眾生就可以了，沒有高尚和卑賤可說，這就是菩薩。

眾生有個壞習慣，你示現得太親和、太隨和，就會像孔老夫子講的：「近之則不孫（不遜），遠之則怨。」所以眾生很難度，你得要看因緣：可以讓他親近的人，你就讓他近之；有人卻必須遠之，不能讓他太親近，否則就看輕你：「你還不是得要理髮？還不是得要吃飯、拉屎，那不跟我一樣？」可是菩薩這樣判定的嗎？不然！因爲佛法都是心地法，在世俗法上的示現是跟眾生一樣的，不過有個不一樣的地方就是：在菩薩來看，這些都是無漏有爲法；可是在眾生位中，這些卻都是有漏的有爲法。而且菩薩可以生到色界天去，何必生在人間與眾生辛苦同事、還被看輕或懷疑？但眾生都不知道其中的差別，所以菩薩要善於觀察。

「如是道無量，所行無有涯，智慧無邊際，度脫無數眾；假令一切佛，於無量億劫，讚歎其功德，猶尚不能盡；誰聞如是法，不發菩提心？除彼不肖人，癡冥無智者」：諸位聽到這裡，應該知道了：像這樣的佛菩提道，是無量也無邊的。很多人以爲說：「開悟後就沒事了，修行就結束了。」如果開悟就結束了，我今天可眞是沒辦法混下去了，因爲你們明心後就該走人了，所以會外有些人說：「悟了，就是成佛了，誰要是講悟後得要起修，那個人就是沒悟。」好了！現在問題來了！請問：他悟了還要不要修行？不說他還沒有悟，就算他悟了，我很多書，爲什麼他讀不懂？顯然是悟錯了！悟錯了的人卻敢批評人家：「說悟後起修的人就是沒有悟。」這種人天下還眞的不少呢！台灣就有很多這種人。

諸位！你看：你明心了，也有人明心已經十來年了，可是這十幾年下來，我們說的法越來越深，學到後來才發覺：原來開悟只是剛入門而已。等於是剛註冊完畢，還沒有開學。等到開學——開始悟後起修——終於要學種種法。你看：十幾年下來，還有很多學不完的法。所以佛菩提道無量無邊，因此菩薩行當然就沒有邊際，所以菩薩按照次第不斷的學上去以後，到後來智慧無邊無際，才能以這無邊際的智慧來度脫無量無數的眾生。所以一切種智的成就雖然可以長劫入短劫而不必一定要三大阿僧祇劫，但是諸位成佛所需的福德卻眞的需要三大阿僧祇劫來修集，因爲那個福德要很大；你的佛淨土的成就，也需要很多的眾生共同來成就，所以就是得要三大阿僧祇劫。如果需要三大阿僧祇劫，你何必急在一世呢？就安下心來，一步一步好好把它學進去就可以了。在這三大阿僧祇劫的過程當中，當然要度脫無量無數眾；像這樣的菩薩，假使讓一切諸佛用無量億劫來讚歎他的功德，也是讚歎不完的，因爲這個功德既多又廣，無法測量。有誰聽聞到這樣勝妙廣大的法以後，還不發起佛菩提心呢？只有一種人不會發起來，就是不肖的人、癡冥無智的人。不肖的佛子完全不同於佛，連想要成佛的志願都沒有，癡冥無智則是對於佛菩提沒有能力理解與實修。

〈入不二法門品〉第九

【爾時維摩詰謂眾菩薩言：「諸仁者！云何菩薩入不二法門？各隨所樂說之。」會中有菩薩名法自在，說言：「諸仁者！生滅爲二。法本不生，今則無滅；得此無生法忍，是爲入不二法門。」】

講記：聽了這麼多，現在要讓你進入不二法門之中了！不二法門，當然要讓你入，但你也先別高興太早；因爲眞正的入不二法門，得要明心了才能眞入；所以入不二法門，有它的隱密道理。雖然可以從各個層面、各個方向來說不二，可是入這個不二法門時卻只有一個證悟標的——明心，除此以外，無第二法。但是同樣入了不二法門，菩薩們說出來時卻似乎各不一樣。所入的法門既然是不二，應該都一樣，爲什麼說出來時卻各不一樣？佛菩提就是這麼奇怪。所以有時一個法，某甲親教師這樣告訴你，你再去問某乙親教師，他講的可能不一樣；但兩位親教師講的都是同一個法，只是你還沒有破參之前聽起來就是不一樣，破參了以後你聽起來可就沒有差別了。同樣的，三十二位菩薩也是這樣：人人講的各不相同，可是多數人都入了不二法門。佛菩提就這麼奇怪，所以聲聞人聽起來是越聽越迷糊，可是又挑不出毛病，因為實相的正理本來如此。

大迦葉阿羅漢讚歎過了，維摩詰居士就轉入另一個層面來講：「諸仁者啊！」因為跟隨文殊菩薩來的人很多，他就說：「諸仁者啊！什麼是菩薩入不二法門呢？各隨你們所樂來說一說吧！」會中有一位菩薩叫作法自在，他就說：「諸仁者啊！生與滅是兩個法，法本來不生，所以如今就不滅；得到這個無生法而能夠安忍，這就是入不二法門。」好了！諸位！你聽過了，請問：「你入了沒？」還是入不了，所以你得要明心了才能眞入。法自在菩薩是從某一個層面來說，為什麼要說不二？因為不二就是佛菩提的見道、佛菩提的入門，所證的心是唯一無二的，不許是另一種心。聲聞法永遠有二，只有佛菩提不二，因為佛菩提法中，一切法全都匯歸於同一個法（萬法歸一）就是如來藏。

聲聞法為什麼有二？因為聲聞法是相待法、對待法、對治法，所以永遠有二。我們來探討一下：聲聞菩提所觀行的對象，是五蘊、十二處、十八界、六入的虛妄性，他們觀行的內容不離蘊、處、界、入，所觀行的對象都是這些法。他們觀行了蘊處界及六入，觀行的結果是：蘊處界入都是有生之法，因為是有生之法所以一定有滅。有生有滅則是兩個法：生了一定會滅。他現觀蘊處界都是有生之法，然後他入了無餘涅槃，目的就是要把蘊處界入都滅掉。所以聲聞菩提證得的無餘涅槃是不是滅？（眾答：是！）是滅啊！所滅的法是什麼呢？是有生的蘊處界與六入。入了無餘涅槃就把蘊處界**出生**的法滅掉了，不再有蘊處界的出生，這樣去證無生，所以他所證的無生是依**生**與**滅**兩個法而證的。把有生的法滅掉而永遠不再生，所以叫作無生，聲聞菩提是這樣證無生的；他這個無生是相對待於蘊、處、界、入而說無生，所以它是有二：生與滅是兩個法。

可是大乘菩薩的無生，是本來就不生，不是生了蘊處界以後再把它滅掉，所以不是有生與有滅，而是本來就不生，所以不必滅——法本不生。爲什麼不生？明明蘊處界有生！然而菩薩不是在蘊處界上用心，菩薩所觀的是：**蘊處界都是如來藏性，都是從如來藏中生，也是在如來藏中滅；滅而復生，不斷在如來藏中輪迴，而如來藏從來不生也不滅，永離生滅二法**。如來藏永遠是這樣，祂不停的有蘊處界生，然後滅了又轉到下一世，又有蘊處界生，又滅了再到下一世去，就這樣一世一世修行而成就佛道。菩薩所看的是以不生滅的如來藏爲主體，蘊處界都依附於如來藏，蘊處界只是在如來藏的表層生了又滅、滅了又生；蘊處界攝屬於如來藏時，蘊處界就跟著無生無滅。菩薩所證是如來藏，以如來藏爲依歸，所以說法本不生，法就是如來藏。既然本來不生，現在及未來就沒有滅可說。如果菩薩得到這個本來無生之法而能安忍下來，就是入不二法門。請問你們之中明心的人：「是不是已經住在不二法門中呢？」（眾答：是！）是嘛！因爲法本來不生，法就是如來藏，是以不生滅的如來藏來函蓋生滅的蘊處界一切法，所以說一切法不生；因爲一切法彙歸如來藏時，一切法就是如來藏。法本不生，現在就無滅，得到這個無生法而能安忍，就是入不二法門了，所以說菩薩是不二法，聲聞是二法。

【德守菩薩曰：「我、我所爲二。因有我故便有我所，若無有我，則無我所。是爲入不二法門。」】

講記：第二位菩薩是德守菩薩，他對入不二法門的解釋是說：我與我所是兩個法，因爲有我的緣故，所以才會有我所；假使沒有我，就不會有我所。諸位之中已破參的人，從這裡來聽聽看，他說的有沒有道理？再從他所說的這一段話中，來看看他有沒有找到如來藏？他是從現象界的我與我所不二來講，或是從實相界的如來藏自身境界來講？諸位看他有沒有證到如來藏？我們來做一個民意調查好了！認爲他有證得如來藏的，請舉手！第二講堂、第三講堂請一樣舉手。好！請放下！認爲他沒有證到如來藏的，請舉手！人稍微多一點了，第二講堂呢，怎麼沒人舉手？有幾位？這麼少。好，請放下！還有很多人沒舉手，是不是認爲他既沒有證得、也有證得（大眾笑…）？其實我問的時候已經把答案先告訴你了，我已經問說：**他是不是以我、我所不二，來說入不二法門**？就已經告訴你答案了。眞悟的人，我、我所不二，德守菩薩卻說我、我所爲二。實際理地，我與我所都是如來藏，怎會有二呢？若是從聲聞法來講，我與我所當然是二法。所以從德守菩薩這個說法可以看得出來，他是大乘通教的菩薩，不屬於別教中證悟的菩薩。我們來探討一下他的所說，和不二法門能不能相契？

我，講的是五蘊的我，十二處、六入、十八界的我，因爲所有的眾生都是以蘊處界爲我。我所，顧名思義就是我所有的；「我」當然指這個色身和覺知心；至於其他的財色名食睡都叫作我所，眷屬也是我所，財產也是我所，名聲也是我所。從我與我所來看，這是兩個相對待的法，因爲「我」所以有「我所」，「我所」是與「我」相對待的，所以「我所」是依附於「我」才能存在。所以老人家如果看得開，他就先做心理建設，先告訴自己：「**假使無常來了，我不要留戀不捨，與其哭哭啼啼的走，不如灑灑脫脫的走。**」這就是說，他已經知道：「我所」都是依附於「我」而存在，「我」如果壞了，「我所」就不再是自己所有，所以他看開了。這個「我」與「我所」兩個法，在解脫道上來說，都必須要斷除掉，才能取證無餘涅槃。對大乘通教的菩薩以及對二乘聖人來講，我與我所是兩個法；假使我執和我所執都斷盡了，就沒有一法存在而空無了，成為無餘涅槃，空無一法時就叫作不二，這就是大乘通教及聲聞法中所說的不二法門，不涉及法界實相的不二。

這第一位菩薩是法自在，他能夠於法得自在，是因為他現見了生與滅為二，但是生滅法的根源如來藏，其實是從來無生而未來不滅；有生滅的我與我所二法轉依無生無滅的如來藏一法，就變成不生亦不滅的一法。由於生法滅法的根源已經證得了，也就是得到一個總持了（因為一切法都從如來藏心而起生滅，他證得如來藏以後就等於於一切法中得到總持），所以他才能叫作法自在菩薩。但是德守菩薩只能守著通教菩提的德用，他的德用就是無我、無我所，所以他所看到的是：**我是生滅的，我所也是生滅的，這二法滅盡而空無了就是不二**。因為有蘊處界的我，所以財產、名聲、眷屬都歸蘊處界我所有；如果蘊處界我滅盡了，我所也就不存在了。所以，如果把自我的執著斷盡了以後，也就不會再掛念我所，我所也就不存在了，這就是聲聞法及大乘通教菩薩在修證解脫道上面所證的入不二法門。

由此看來，上一位法自在菩薩眞的悟了，但是德守菩薩還沒有明心，只是通教菩薩而不是別教菩薩。德守菩薩雖然名在經傳中，卻是還沒有明心的人；而你明心了，卻仍可能只是名不見經傳的人，這就是潛符密證；但也有許多名見經傳的人卻多數是悟錯了的，這一點諸位要先認清楚，否則將會妄自菲薄，就會把證悟的機會喪失了；或是錯將未悟者認作已開悟者，乃至被經傳中未悟佛菩提的祖師謬說而移轉退失了。德守菩薩只能守住斷除我與我所執著的功德，所以他就稱爲德守菩薩。這就是說，大乘法與二乘法之間，或大乘別教與大乘通教之間，有極大的不同，因爲後者只是在修解脫道而已，只是在斷除我與我所的執著。可是大乘別教並不是只在這上面用心，還要進一步去證得法界萬法的眞實相：**我、我所全部不二，我與如來藏也是不二，如來藏與萬法也是不二**。這樣才是大乘別教中證悟的賢聖。如果只像德守菩薩這樣，來到正覺講堂還是沒有開口的餘地；這不是我們說大話，而是說事實上確實是如此。所以第一位跟第二位菩薩的證量之間顯然已經有天壤之別了。

【不眴菩薩曰：「受、不受爲二。若法不受，則不可得；以不可得故，無取、

無捨、無作、無行。是為入不二法門。」】

講記：再來看看這一位菩薩是有悟到如來藏沒有？再來做一次民意調查：認為他有悟到如來藏的，請舉手！很少。第二講堂有沒有人舉手？好！認為他沒有證到如來藏的，請舉手！數目顯然變很多了。第三個問題就不問了。有受與不受，是兩個法，如果你不接受，一切諸法就不存在了。這個意思可能有些人聽了容易誤會，得要說明一下：我們會覺得有諸法存在，是因為我們能領受，我們有覺受；假使我們接觸六塵的功能性中斷了，不再領受六塵相，這時對你而言，一切諸法就不存在了；這時外法無妨繼續存在，但是對你而言，諸法是不存在的。

這樣講可能還是籠統了一些，不然再舉個例子好了；譬如有一個人被打了一記悶棍，悶絕過去了！在悶絕位中，旁邊有很多事情發生，結果他醒來之後一無所知，這表示在悶絕位中，他是完全沒有一法在領受的。如果從較高的層次來講，那又不一樣，我們先講一般的層次。又譬如說小孩子睡著了，成人也一樣睡到很沉了，你在他耳邊跟他說很多的話，交代他事情；等到醒過來，你問他說：「你睡著時，我為你交代的事情記住了嗎？」他質問說：「你哪有跟我交代？」除非你入夢跟他講。這意思是：當你對六塵諸法的領受功能斷除或者暫時中斷時，你就不受了。現在有受，是因爲你有覺知心現前在運作，所以你能領受；如果你覺知心中斷了，就不再有領受了。

如果從較高的層次來講呢，這時是只剩下意根在領受極少分的法塵；所以一般人所知的能領受的心，只是覺知心。可是如果說你對諸法都不接受，那是誰不接受？還是覺知心。比如說進入二禪等至位中不觸五塵，這時只剩下一個定境法塵，對於一般人來講，他會說：「我這時一切法都不領受。」他就住在無受的境界當中，這只是依五塵來說不受。可是親證般若的人對這個無受，到底會說是有受或是沒有受？還是有受。當你進入滅盡定中，能受的心還是存在的，那是從較高的層次來說，就是意根領受極少分六塵中的法塵；但如果從一般人的層次來講，已經沒有能受之心了，因爲意識已經中斷。可是當阿羅漢出去托鉢時，你問他路上有什麼事情發生？他說：「我不知道，因爲我不受一切諸法。」他只看著眼前地上，旁邊人家吵架，他也不聽，其實他還是有領受聲塵，只是不去加以了知而已；這雖然名爲不受，其實還是有受。但是對一般人的層次來講，他算是不受的。

現在我們來看這位不眴菩薩（不眴就是不眩、不眨眼），大家來看看他：受與不受是兩個法。他所謂的不受是說把自己給滅了，滅了以後就不受了，受與不受兩個法都不存在了，說是不二了。比如入無餘涅槃或進入滅盡定中，受與不受兩個法都不存在時，就沒有一法可說了，這樣就是他的入不二法門。在滅盡定中一切法都不可得，受的心已不在，不受的心也不在，所以這時就無取、無捨、無作意、無行。請問：「他有沒有證得如來藏？」結論還是沒有。這就是在寂靜境界中安住，他只剩下意根所領受的境界相，這時沒有覺知心在運轉，所以於諸法都不動其心，所以沒有受與不受；因爲一切法不受了，入滅盡定時就不需要再去了知六塵中的諸法；所以他顯然還是沒有明心。月溪法師把這些菩薩們全盤否定：「這三十二位菩薩都沒有明心。」但其實他不懂，我們再來看看德頂菩薩怎麼說。

【德頂菩薩曰：「垢、淨爲二。見垢實性，則無淨相，順於滅相。是爲入不二法門。」】

講記：現在不問諸位的判斷了，因爲一直問下去就會浪費時間。垢與淨是兩個法，但那是對一般人來說的。一般人一定會說：「這個不清淨，這個是清淨的。」現在有個現象出現了，學佛的人說：「當我們都不分別垢淨時，就是開悟聖者的境界。」可是嬰兒拉了屎、撒了尿，他自己還在那邊抹著，還拿到嘴裡吃，顯然是不分別垢淨的，那他應該也是離開垢、淨之相了！那麼每一個人都應該禮拜嬰兒了！顯然不是。這意思是說，其實垢與淨兩個法是因爲大人教他說：這個是髒、這個是淨，從此以後他就會分別而改變行爲了。在孩提時代，看見蟑螂時伸手就抓來玩；可是等到長大了，不敢再抓了！本來該是蟑螂怕她，結果反而是她怕牠，還哇哇大叫，覺得牠好髒、好噁心而恐怖。所以垢與淨其實是覺知心所了知、所想像的。可是垢與淨的眞實性是什麼？垢與淨其實都是從覺知心來的，而覺知心也可以處在不分垢、淨的狀態下，那叫作愚癡，不是有智慧。眞正有智慧的人，是垢淨分明的現象、垢淨不二的現象同時存在。爲什麼能同時存在？因爲他看見污垢的眞實性。污垢的眞實性其實也是從如來藏來的，從如來藏來的就表示它其實也是如來藏中的許多法裡面的一部分，這才是垢的眞實相。

因爲所謂的垢是覺知心從世間法及從法界的實相所衍生出來的法，來說那個法叫作垢，而說它是煩惱。可是如果通觀法界諸法時，全盤觀察諸法時，其實不但垢是法界萬法中的一小部分，淨也一樣是從如來藏中所顯現出來的一個法而已。所以從這裡來看，既然垢、淨都屬於如來藏，但是如來藏從來無垢淨可說，所以從如來藏來看一切法，就沒有垢與淨可說。由於垢、淨都屬於如來藏，但是從如來藏自身都不分別垢淨的自性來看一切法，祂並沒有垢與淨可說，垢、淨都是意識心的施設與建立。假使弄清楚了垢淨二法的實性都是無垢淨的如來藏中的法，那就沒有清淨相與污垢相可說了，永離垢淨兩邊，就能隨順於寂滅相，這就是入不二法門，所以他才能叫作德頂菩薩。一切功德利用之頂，無非就是如來藏垢、淨不二的境界。所以從凡夫來看，垢、淨是二，可是當你看見垢的實性即是如來藏時，垢就不存在了，淨也跟著不存在了，這樣才能眞實的隨順於寂滅相，這就是德頂菩薩的入不二法門。

【善宿菩薩曰：是動、是念爲二。不動則無念，無念則無分別；通達此者，是爲入不二法門。】

講記：善宿菩薩是有沒有悟呢？還是很值得我們探究。心裡面會動是因爲有念頭不斷的出現：心動了就有念頭，心不動就沒有念頭。可是念頭是在心動之前，還是心動之後？（有人回答：心動之前）念頭在心動之前嗎？其實是心先動了才會有念頭。原來是突然間有一個念頭出來，你們心才動的啊？這個觀察不夠深入。爲什麼會有念頭？就是因爲對我所的執著放不下，對自我的執著放不下，所以你才會心動，就是因爲那個煩惱而引生了心動，然後才會有意識心中的念頭。我常常說：我早年悟後爲了修二禪時修得很辛苦，很不容易才證得，可是有時它還是會不經意的冒出一個無語言的念頭來，因此隨即又退回初禪，又要重新再用二禪的等引來進入。可是後來不用如此辛苦了，因爲煩惱斷太多了，沒什麼可煩惱的，所以後來隨便在沙發上一靠，這種念頭自然就起不來。這意思就是說，因爲煩惱存在，所以會起念頭，而煩惱是誰的煩惱？（有人回答：覺知心）是覺知心嘛！

覺知心說：「**我現在不想煩惱了。**」可是因爲還沒有說服意根，意根仍會繼續不斷的動心，結果使得覺知心自己動了還不知道，還要怪罪說，都是意根害我起念頭。眞正說穿了，其實是覺知心沒有眞的把煩惱降伏，覺知心眞的把煩惱降伏久了以後，意根自然會跟進而不再生起念頭；所以會動的是心，那個無語言的念頭（妄念的前頭）是心動了才起來的。念頭是附屬於心，念頭不能外於心而存在；因此能動心以及動心後而起的念頭，是兩個法，是相對待的，可以說念頭就是心所有的法。這個心如果不動，也就是說永遠不動其心，是說他沒有煩惱，那就不會有離語言文字的念頭再出現了，就不會一念心動而離開二禪等至位了。

沒有念頭出現當然就是無分別，那又要探討這個念頭是粗、是細了。對一般人來講，說沒有語言文字時就是無分別，這在現代及古代的禪門裡面處處可見；可是這種無分別，來到我們正覺同修會中都被叫作分別，因爲他如果主張說：「沒有語言文字時就是無分別。」你就拿起一杯水往他頭上面慢慢倒，他就會趕快閃開，你就問他：「你剛才閃避時心中有生起語言文字嗎？」「沒有啊！」「那你怎麼懂得要閃躲？」原來這個還是有分別，雖無語言但還是有分別。因此，眞正無念，是要在覺知心中斷的狀態才會是眞的無念；即使是四禪中也是有覺知的，但只是極微細的淨念而保持不動。可是阿羅漢們證得有餘涅槃，平常也沒有因煩惱而起的妄念，所以不分別美醜、善惡、生死，他就這樣安住，能夠這樣安住就叫作善宿。

可是斷盡我執而這樣安住的人，死後可以入無餘涅槃，對聲聞解脫道來講，這就是不二法門了，因爲離開分別就沒有二法可說了。可是他這個狀態只是解脫道的修法，並不是從如來藏實相來捨離一切的念、來捨離動心，所以二乘的解脫道只在蘊處界法的範圍中修行，不涉及實相法界。但蘊處界背後是實相如來藏，這個如來藏出生蘊處界以後再輾轉出生萬法，所以才有法界可說（法界就是諸法的功能，就是諸法的差別），許多人卻只在蘊處界的動與念二法的消除上用心，而不能了知念、動與萬法其實都是不二的，就不是眞悟的菩薩。因此，不動、無念只是二乘法及大乘通教解脫道的不二法門，因爲他們要把動與念都滅除，滅除了以後心不動則無念，無念則無分別；是這樣的無分別，不是通達法界實相的無分別，所以善宿菩薩顯然也是大乘通教中的菩薩，他無妨可以是大乘法中的通教阿羅漢，但仍然不是別教的七住菩薩，因爲他是在蘊處界法上用心，只能在解脫道中善宿，不能善宿於大乘佛菩提中，所以由此可見大乘與二乘法之間的懸殊所在。

【善眼菩薩曰：「一相、無相爲二。若知一相即是無相，亦不取無相，入於平等。是爲入不二法門。」】

講記：善眼，是很難做到的；你有沒有善眼，就要看你能不能分別他說的法。一相與無相是兩個法，假使能夠知道**一相就是無相**，當然就不需要取相了，那就進入平等性中，就是進入不二法門了。一相與無相是兩個法，是凡夫所知道的兩個法。一相，是大乘很多學人所知道的名相：「**一相就是法界，法界就是一相。**」可是當他說「法界即是一相、一相即是無相」時，並不代表他已經開悟了，因爲這句話在佛門典籍之中寫得太多了，很多人都會學語。從一個證悟者的立場來看：**一切諸法都是一相，就是如來藏相；一切諸法都是如來藏法，所以一切諸法只有**

一相。但這個一相，如果是二乘人，他會這樣解釋：一切諸法都是一相，名為生滅相。但是菩薩悟了以後就不這麼說，他說：一切諸法唯有一相，就是如來藏相，可是如來藏無相。因此悟了以後說：「一相就是無相，無相就是一相。」一相就表示有相——有萬法之相，萬法之相固然有相，但都是如來藏相，而如來藏無相，所以一相就是無相。

如果有人證知一相就是無相，就不需要再取無相了，因為無相亦無不相：一切諸法就是如來藏，如來藏無相，所以一切諸法也無相。既然一切諸法歸於如來藏，取無相時其實仍是有相：已經取一個無相了，就有覺知心相。轉依如來藏的自性以後，祂不取一切法、不了知一切法，怎麼還有無相可說呢？所以住於無相時已是住於覺知心所取的無相智慧中了！智慧則是覺知心相。依此來看一切諸法時，就知道一切諸法與如來藏平等不二。既然一切諸法與如來藏等同一相，稱為無相、無不相，就是諸法不二，這就是住於不二法門了。如果你從如來藏來看待這一段經文，如實了知這一段經文的涵義，那你也可以自稱為善眼菩薩。

【妙臂菩薩曰：「菩薩心、聲聞心為二。觀心相空、如幻化者，無菩薩心、無

聲聞心。是爲入不二法門。」】

講記：妙臂菩薩，意思是說他一直在接引眾生。他說菩薩心與聲聞心是兩個心：菩薩心與聲聞心是不一樣的，聲聞心是捨報之後一定會入無餘涅槃，不會再來三界中；在沒有捨報之前，他度眾生時也是想讓眾生跟他一樣證得阿羅漢果，也想讓眾生不再來三界中輪迴生死。但是菩薩心中不認同這種做法，菩薩認爲：一切諸人應該了知「眾生所知的心都是虛妄的、都是幻化的」，雖然這樣了知，卻要留在三界中繼續接引眾生，使眾生瞭解所知的心都是虛妄的，都是像魔術師所變化出來的事物一樣，都不是眞實法，所以發願要繼續在三界中度化眾生同證解脫而又不入涅槃、不捨眾生。就這樣生生世世可以取無餘涅槃而不入無餘涅槃，生生世世都來人間伸手接引眾生。他的見地是說：眾生所知道的心都是幻化的、都不眞實，因此就可以解脫於我見和我執。如果眾生都知道覺知心是幻化的，就不需要爲了覺知心所領納的六塵覺受而造作惡業。他很清楚的知道，聲聞心是由覺知心來當，菩薩也是由這個覺知心在當。但不論是菩薩心或聲聞心，同樣是這個覺知心；而這個心是幻化的，心相本空，沒有眞實常住的自性，沒有眞實常住的法性，都是如來藏幻化出來的法。既然都是幻化的，虛妄的，那就不需要再去分別菩薩心或者聲聞心，這樣就是妙臂菩薩所說的入不二法門。

諸位就好好來判斷一下，這位妙臂菩薩是別教菩薩、還是通教菩薩呢？（有人回說：別教）別教？他認為：聲聞心與菩薩心都是覺知心來當，而這個覺知心是幻化的，所以無聲聞心、也無菩薩心，就是入不二法門。他所說的，有沒有講到如來藏的無二境界？沒有啊！所以他是把菩薩心、聲聞心等二法滅了，滅除了以後，沒有心可說，說這樣就是入不二法門。請問：他是通教菩薩？還是別教菩薩？（有人回答：通教）喔！終於弄清楚了：他是通教菩薩。如果說菩薩心、聲聞心不二，因為都由如來藏中出生，才能說他是別教菩薩。菩薩心與聲聞心是二法，把二法泯除掉而不分別，可是實相在哪裡呢？他還是沒有說到，言不及此。講法時要講到第一義諦，才是言俱及義；可是他說的是言不及義——沒有講到第一義，只是在事相上講：菩薩心、聲聞心是二法，這二法都是覺知心所當，而覺知心相空如幻化者，就沒有菩薩心與聲聞心可說了。這樣的入不二法門與阿羅漢一樣，若在二乘解脫道來講，可以說他句句眞實；可是從大乘別教來講，就說他言不及義。

【弗沙菩薩曰：「善、不善為二。若不起善不善，入無相際而通達者，是為入

不二法門。」】

講記：弗沙菩薩，不可計算的恆河沙數，名為弗沙。我們來看看：善法與不善法是不是如恆河沙數一樣？是不可計數如弗沙。他說：善法與不善法是兩個法，是相對的。不論你去到哪裡，問到什麼人，不會有人跟你說：善法就是不善法。假使有人對你說：「善法就是不善法。」你就當面給他五爪金龍，等他生氣起來，你說：「我打你，到底是善法還是不善法？」他就不敢答了。所以在三界中，善與不善一定是相對立的，是兩個法。現在弗沙菩薩說：「如果心中不生起善與不善的分別，泯除善與不善的差別了，他就進入無相際了。」請問：「無相與無相際到底一樣不一樣？」二乘法是無相法，一切相都泯除了，可是無相之中還有一個實際。譬如說無餘涅槃，在無餘涅槃位時把蘊處界都滅盡了，沒有一法存在了，可是無餘涅槃之中還是有實際、本際存在而常住。「際」就表示說，它是有某一個法存在的，才能叫作際，不然就只能叫作無相，不能稱之為無相際。

對一般人來講，善與不善確實是相對立的兩個法；假使有人了知善法與不善法是相對立的，都是世俗法，與實相無關，所以離開兩邊的分別而進入無相際（進入無相際就表示在無相之中有某一個無相的法存在著）；也就是說，不論在善與不善兩邊之中，是有一個法是不在這兩邊的，把它深入觀行而得通達，這就是入不二法門。既然入了無相際而能通達，表示有一個心進入無相際，這就顯示有一個覺知心能了知無相際，請問：這能不能說是已經進入無餘涅槃中？不行！因爲要有覺知心在，才能入無相際。如果覺知心不在了，沒有一法可得了，哪裡還有際可入呢？這就是現代佛教界的問題所在。他們想的是以覺知心去進入無相際（無餘涅槃）中，表面上看來跟我們似乎一樣，但他們的無相際的際卻是覺知心意識；換句話說，他們是想把覺知心變成無相際。百年來的大乘佛教修證上最大的問題就出在這裡，百年來的禪宗最大的問題也在這裡。所以涅槃不是死後才證，而是活著就現證涅槃了，因此覺知心轉依如來藏之後，了知無相際如來藏不會對善與不善兩邊生起分別，但覺知心仍然清楚知道善與不善，而不會去執著善與不善；這樣進入如來藏離善、不善的種種分別性的境界中安住，並且深入觀行而通達了，知道善與不善終究還是不二，因爲都是無相際所生的法，而且是永遠都依附於無相際如來藏，這樣才是進入不二法門了。由這裡來看就知道：這弗沙菩薩跟妙臂菩薩是不一樣的。

【師子菩薩曰：「罪、福為二。若達罪性，則與福無異，以金剛慧決了此相，無縛無解者。是為入不二法門。」】

講記：從這一段，諸位再判斷：這位菩薩是別教的、還是通教的？（有人答：別教）別教！你看，諸位眞的能獅子吼了！有罪就下墮三惡道，有福就生天或當人。他說罪與福是兩個法，因為都是三界中法，三界中的法都是相對的，你問一般人：「罪與福是不是相同的？」他一定會說不相同。可是你如果問到一個自以為悟的人，他會向你說罪、福不二，你就破口用三字經回罵他，他就會說：「你怎麼隨便辱罵人！這有罪的。」你說：「沒有罪啊！罪就是福啊！這是你剛才講的。」所以證與不證之間就相差很多了。如果你眞的悟了，你問我的時候，我就答你「罪、福不二」，你自然懂得我在說什麼。我說的句句眞實，沒有一句謊言；可是不懂的人，你無法跟他談這個。悟錯了而自以為悟的人，你也無法為他說這個。但是現在獅子菩薩說：如果能夠通達了罪性，就知道罪與福是不二的。換句話說，罪與福都是覺知心的事，覺知心都是從如來藏來的，哪裡有二法？都只是如來藏中所生出來的二個小小的法而已。

當一個人造罪，當一個人修福，這罪與福都是覺知心所造，意根與如來藏帶著這些善惡業種子在來世重新出生了，意根去領受時本身領受不了，又教如來藏流注出意識種子來領受，可是意根本身並沒有領受到，而是意識覺得好痛、好痛、好苦、好苦，如來藏仍然不領受；那到底是誰在領受？領受的主體明明是如來藏，可是如來藏卻離六塵中的見聞覺知；而能領受的下一世意識卻又不是這一世意識造業者，那到底是領受了苦樂或是沒有領受？答案是：亦領受、亦不領受。廢話嘛！（大眾笑…）其實不是廢話，大乘佛法眞的是這樣，所以想造惡業的人剛聽到這句話時：「還好！還好！我造的惡業是下一世由另一個全新的意識領受，不是我，那我就沒事了！」可是轉頭想一想：其實還是我，是意根的我，是如來藏的我，等到下一輩子我會有另一個意識，雖然不是這世的意識，但是在領受痛苦時，不也是很苦嗎？想一想，還是不能造惡業，大乘佛法正好就是這樣。

所以當這個法已經通達時，你就有金剛慧了。爲什麼叫作金剛慧？因爲這個智慧是歷經無量無數劫之後，永遠都不可能改變的實相。這個智慧是不可壞的、不可轉易的，性如金剛，所以叫作金剛慧。這時以金剛慧來鑑照一切罪、一切福，其實莫非都是意識所做：意識主導然後意根決定後就跟著去做了，再由意根去後世領受它，因爲祂是恆審思量，由祂去未來世再領受；但未來世領受時卻不是意根在受苦，而是由意識受苦；當未來世意識受苦時，意根就以爲自己在受苦，所以就痛苦到不得了。可是眞正要把它推究到底，結果還是無所受，因爲所受的天福或所受的三惡道苦，都是自己的如來藏所顯的內相分，並沒有外法；而受到罪、福果報的覺知心，以及罪、福果報境界的苦樂受，都是由自己的如來藏所生的；這樣看來罪與福其實不二，都是由如來藏所生的意根與意識，住在如來藏所生的內相分中領受苦樂而已，本都是在如來藏所生的能受與所受中的事，都是如來藏。能這樣現前觀察到這個眞實相，這個人就有金剛慧了。有金剛慧之後，瞭解了罪、福之相無二，他就沒有繫縛也沒有解脫了，那就是明心的境界。剛明心時不懂這個道理，深入去觀行以後就會瞭解這個道理：沒有繫縛也沒有解脫。可是如果還沒有明心，今天又是第一次來聽蕭平實說：「沒有繫縛也沒有解脫。」他就幫我加了一句話：「所以不用修行。」那就誤會大了，所以我還得要有下文。

也就是說，繫縛是因爲意根與意識執著我與我所，使得如來藏不斷的投胎而被三界境界繫縛。可是如果把我與我所的執著斷盡了，捨報入了無餘涅槃而說來世沒有繫縛，可是他究竟有沒有離開繫縛？從事相上看來他是離開繫縛了，可是他有沒有離開繫縛？（有人答：沒有）爲什麼沒有離開繫縛？因爲沒有自我存在了，哪有一個我能離開繫縛？離開繫縛是有一個能離開的我，以及所離開的繫縛，兩個法具足才叫作離開繫縛。可是他入了無餘涅槃，他不在了，十八界都滅盡了，怎能說他離開了繫縛？所以他所謂的無縛也講不通，因爲沒有他了，怎麼能講無縛呢？必須是自我存在時才能說「我沒有繫縛」。

可是菩薩不一樣，菩薩是看到所有的眾生在三界中被繫縛時就已經沒有繫縛了，菩薩是這樣離開繫縛的；因爲菩薩親眼看到阿羅漢入了無餘涅槃以後，十八界滅盡了的無餘涅槃仍然是如來藏：是剩下如來藏。可是如來藏在生死位時，祂就已經是涅槃了，所以阿羅漢入無餘涅槃時，如來藏並沒有入無餘涅槃，因爲如來藏本來就已無餘涅槃。既然本來就無餘涅槃，又何必再去入無餘涅槃？所以不需要解脫，沒有解脫可說。阿羅漢入無餘涅槃而號稱爲解脫，可是當他入了無餘涅槃以後，他自己已經不在了，有什麼解脫可說？菩薩現觀到這個境界，所以說沒有解脫可說；所以不是不能證得解脫，而是說在這種境界中沒有解脫可說。

這樣，會外有的人聽到這一句話，可能會說：「你又在胡說八道！」可是事實確實是這樣。阿羅漢入了無餘涅槃以後，阿羅漢不在了，當然沒有無餘涅槃可說；對他來講無餘涅槃境界是不存在的，因爲他只剩下如來藏而沒有覺知心與意根了；而涅槃中的如來藏離見聞覺知，也不了知自己就是無餘涅槃，所以也沒有解脫可說。可是菩薩入了證悟的境界之後起了金剛慧，他看見阿羅漢滅了自己而成為無餘涅槃，認為他們入無餘涅槃是多餘的、是不必要的。既然從眼前來看，一切眾生在生死輪迴當下，各自的本際如來藏已經沒有繫縛可說，也沒有解脫可說，那又何必要入無餘涅槃？所以親證了這個境界時，你可以說：無縛者、無解者。能夠如是解脫，你就是獅子菩薩了。因為你這個智慧拿出來講的時候，現代佛教中沒有人能跟你對談，所以以前（那是六、七年前吧），現代禪李老師不是說「蕭平實沒辦法跟佛教界對談」？我還眞的同意他這一句話。雖然他目的是要貶抑我，但是我接受，因為實際上他們都沒有辦法跟我對話，對話起來一定是雞同鴨講，沒辦法溝通。但是他如果遇到了弗沙菩薩時，對於如何才是斷我見，可就有得談了。你看這獅子菩薩，這種智慧才叫作金剛慧。西藏密宗是號稱得到報身佛境界的人，號稱有金剛慧的人，自稱為金剛乘，但是他們所有人一起來到這裡也是不敢開口的，所以他們那個金剛慧是用玻璃打磨出來的。

【師子意菩薩曰：「有漏、無漏為二。若得諸法等，則不起漏、不漏想，不著

於相，亦不住無相。是為入不二法門。」

講記：現在是獅子意菩薩上場了，意思是說，他能把獅子菩薩講的意思解釋更清楚。他說：有漏與無漏是兩個法。漏是說功德法財會漏失，無漏是說功德法財不會漏失。有漏、無漏以及有為、無為，大家先得要弄清楚。有漏法一定都是有為法，但無漏法卻不一定只是無為法。打個比方來講，我們從有為、無為來講，有為是說心中想要去造作，那就是有為；無為是說沒有造作的體性，就叫作無為，所以有為法有造作性，一定是有漏法，無為法則是無漏法。可是若分為有漏與無漏來講，無漏法中卻有兩個法性，可以分為無漏的有為法及無漏的無為法。譬如說，阿羅漢肚子餓了就得去托缽，得要請求居士布施，是有為法；乃至飯食、回山，都是有為法，但他們行這些有為法時卻是無漏性的，因為他們已經無所貪著，只是為了維持色身的正常運作，方便用來利樂眾生。菩薩與諸佛在人間示現也是一樣，在人間示現受生，然後出家成道，成道之後諸佛有色身在，也跟大家一樣要吃喝拉撒，這吃喝拉撒都是有為法；但諸佛不光是這樣，還為眾生說法，讓眾生去親證佛法的眞義，使眾生成為阿羅漢，成為聲聞性的辟支佛（仍稱為阿羅漢），成為菩薩，但這些說法利生的事也是有為法，因為它畢竟要透過五蘊身心來造作，是生滅變異的，但諸佛已經是純粹的無漏性，所以這些都屬於無漏有爲法。

又譬如說，諸佛有四智圓明的功德，從大圓鏡智到成所作智都是本無後有的法，本無後有的法是有生之法，顯然是有爲性；但是這四個有生之法卻不會壞滅，因爲諸佛永不入無餘涅槃，所以這四智永遠存在；而這四智都用來利樂眾生，所以是有爲法，卻都是純粹無漏性的，所以也屬於無漏的有爲法。諸佛在種種有爲法中卻又不斷的示現種種的無爲性，這個無爲性也是屬於無漏法，譬如眞如法性；有時累了諸佛也入四禪中休息而示現不動無爲，這不動無爲與前一個眞如無爲或虛空無爲等無爲法，都是無作用法，都是被示現出來的心的清淨性而不能用來利樂眾生，所以是無漏的無爲法。這樣，有漏與無漏，諸位已經瞭解了！有漏就譬如世間人修得四禪八定以後，用四禪八定來修神通，然後再用神通去炫耀、謀財，作爲生財工具，表示那是有漏性的，而且是有爲法，就叫作有漏有爲法。如果他已經斷了我見、我執，成爲一個無漏性的聖者，然後他用神通去利樂眾生，完全不謀取任何的利益，那他這個神通有爲法就叫作無漏有爲法。這樣，諸位對有漏、無漏與有爲、無爲，就可以確實的瞭解。

言歸正傳，在三界中有漏與無漏是兩個對立的法，所以是兩法。但是如果有人已經證得諸法平等的境界了，他就不會再生起漏與無漏的想法，也不會對諸法再作有漏與無漏的了知，就不會執著於種種法相，不會在有漏與無漏上面去著眼。既然不在有漏、無漏相上面去用心了，就已離開了無相。無相的本身不是眞實的無相，只是沒有世間相而說爲無相。換句話說，當他住於無相當中，他其實還是有相的，叫作我相、人相、眾生相、壽者相。如果已經離開了有相，也離開了無相，才是眞正的無相。請問諸位：「如何才能得諸法等？」當然是要明心，如果不證得如來藏，你就不能得諸法等。阿羅漢免除一切想以後還是諸法不等的，所以阿羅漢走路時不能像菩薩那樣隨意自在，都是要藏六如龜、防意如城；所以阿羅漢出去托缽時，眼不看外色，耳不聽外聲，別人在那邊大聲吆喝吵架乃至哀嚎痛哭，他們都不想聽，因爲要藏六如龜，要使六根不向外攀緣。他們認爲外法是眞實有的，不許住在外法中，所以他所知的諸法是不平等的。

假使要說平等，他們只有一個法可以說，那就是：諸法都是因緣生滅，都是緣起性空，所以諸法平等。但其實這並不是眞平等，眞正平等是：一切法本來都是內法，因爲無始以來沒有覺知心接觸過外法，所接觸到的一切法都是自心如來藏變生的法，都是自心現量境界。既然這樣，一切法都是我自己的法，還有什麼不平等的？所以一切法平等。不管是有漏法或無漏法，都是我們自心內法，還有什麼平等、不平等可說？何必再管他有漏或無漏？於是心中不起漏與不漏想。由於這個緣故，師子意菩薩從如來藏看待一切法時，我相不存在了，人相、眾生相、壽者相也都不存在了；既然都不存在，只有如來藏一法可說了，那還需要住於無相嗎？都不需要了！因爲如來藏離見聞覺知，哪裡有一個有相、無相可住呢？這就是入於不二法門了。請問：「獅子意菩薩這麼說，有沒有把獅子菩薩的意思顯示出來？」原來他是在說明獅子菩薩所講的意思。所以菩薩們都是這樣：若有一人出來當獅子，就有另一人來當獅子意；有一人當了獅子，另一人就來獅子吼。這就是菩薩。最可憐的是今天的佛教界，我碰不到一個獅子吼菩薩，現在就只能期望你們一個一個都來當獅子意、獅子吼，這就是我想要的；我們親教師們就是獅子意菩薩，常常上網辨正的師兄弟們即是獅子吼菩薩。獅子菩薩、獅子意菩薩講過了，金剛慧有沒有眞的清淨，那就要看下一位菩薩怎麼說了。

【淨解菩薩曰：「有爲、無爲爲二。若離一切數，則心如虛空，以清淨慧無所礙者，是爲入不二法門。」】

講記：悟後半年、一載，金剛慧開始出來了，以後就開始有能力檢擇諸方大師了。接著發起悲心，看那些眾生被大師們誤導到這麼嚴重的地步，心中不忍，悲心大發，就想要救護眾生；這是我們很多同修們所做的事，所以他們上網去辨正法義，想要救護眾生回歸正道。以前大家上網辨正法義時，我都不知道，他們也沒有告訴我說：「老師啊！我現在上網辨正法義，護持正法。」都沒有一個人來邀功。後來聽何總幹事說：某某網站論壇關閉了，又一個什麼論壇又關閉了。我說：「這是怎麼搞的？」她說：「因為我們有些同修上去辨正法義，他們都辨不過就關掉了。」我說：「還有這回事喔！」我是後來才知道的。由此可見，我們這些同修們悟後出來以後，有許多人既是獅子意菩薩，也是獅子吼菩薩，因為他們能夠把金剛慧拿出來用。可是有了金剛慧，不代表就是清淨了，因為清淨解與金剛慧還是有所不同；金剛慧是猛利的，可是見解畢竟還在，還是不夠清淨，所以獅子意後面就是淨解菩薩，他說：「有為法與無為法是兩個法。」

有為是說心中有所造作，是特地要做什麼，而不是隨緣任運，這就是有為。譬如今天想到某一位師兄、師姊，認為是可以得度的，發心要去度他們，這個發心就是有為；雖然是無漏性，卻是有為的。他前往尋人的過程、說話的過程也都是有爲法，也因爲有意要度他；可是爲他所說的法都是本來自性清淨涅槃，是無爲性，而你顯示出來的是已經轉依本來自性清淨涅槃，又是因爲悲心而非私心、有漏心所生起的有爲心行，也是無爲性的；所以有爲與無爲是同在一起的兩個法，是同在一處。當你正在爲對方說明眞正法義時，你同時也是住在無爲法中，雖然所說、所行都是有爲法，但是你同時也在無爲法的智慧中，所以有爲法本來就是不離無爲法的。對於還沒有明心的人來說，有爲與無爲是兩個法；可是從眞實明心的人來看，當他的金剛慧越來越清淨時，他會說有爲與無爲是同一個法，是不二的。而有爲與無爲法本來都是覺知心所住的境界，可是轉依如來藏的本來自性清淨涅槃成功以後，有爲有造作的心性不再出現了，心中不再去分別什麼是有爲、什麼是無爲，就這樣任運的在有爲法中示現如來藏的無爲性，如是利益眾生而不存利益眾生想，這叫作離一切數。

數是可以相對計算的法。有爲是一個法，無爲是第二個法，是兩個法；清淨是一個法，污垢是另一個法，又是兩個法，如此就有四個法了。凡是可以算的都叫作數，可是如來藏你不能算祂，你不可以說：「我們這裡有多少人就是幾個如來藏。」請問：「如來藏是有形狀的嗎？或者有物質、重量嗎？不然你怎麼算祂？」祂不是三界中法，所以你不能算祂。如來藏不會造惡事而讓你計算：如來藏今天造了一件惡事。因爲祂既不造惡事，也不造善事；而如來藏在有爲法中顯示出來的眞如性，也是無法計數的，所以祂是離一切數的。當你如此的轉依如來藏的本來自性清淨涅槃，如實的轉依如來藏的無爲性，就是實證眞如無爲，以後就不會再落在一切數當中了。這時從自相再來反觀一切眾生的共相，發覺一切眾生的如來藏都跟我們自己一樣，都是心如虛空，都顯示虛空無爲。虛空不會起心動念，虛空也不會造作善事、惡事，如來藏正好就像這個體性一樣，猶如虛空無形無色而不造作任何善惡業，所以虛空無爲正是講一般眾生的如來藏自性。

等你證得如來藏以後，可以如此現觀祂的眞如法性並轉依祂的眞如無爲法性，那就是證眞如；乃至將來斷盡二障究竟無餘時，佛地的無垢識也稱爲眞如無爲。這樣看來，原來眾生眞實心猶如虛空一樣，轉依這個境界而住，心地就清淨了；心地清淨以後智慧就更勝妙，在世間法上就沒有什麼障礙可說了。看來是有障礙的，譬如說遇到了塞車，你也一樣跟著人家塞車，而心是無障礙的。能夠這樣清淨你的智慧以後，生起了清淨的見解來安住自心，這就是入不二法門了。所以從這裡來看，這淨解菩薩不但是別教的菩薩，而且他的證量更高。

【那羅延菩薩曰：「世間、出世間爲二。世間性空，即是出世間，於其中不入、不出、不溢、不散。是爲入不二法門。」】

講記：那羅延的意思，就像卜派吃了菠菜一樣孔武有力；那羅延身是高大身、廣大身，有大神力；那羅延菩薩是從淨解菩薩的境界中脫胎換骨出來的。對一般人來說，世間與出世間是兩個法，因爲一般人會想：「生死的輪迴很痛苦，所以下一輩子不要再來了。」很多人常常這麼講：「人生很苦喔！下輩子不來了。」可是他們不知道下輩子不來是什麼境界，他們想的是說：「下輩子不來，我就是在三界外住，在三界外享福。」所以他們認爲出世間是另外一種世間境界，是在三界之外另有一個不屬於三界的世界。他們不知道：「三界之外沒有世界、沒有境界。」如果三界之外還有世間，三界就改名四界，不叫三界了！即使眞有「出三界外的第四界」，仍然屬於有生死的世間，所以眾生對出世間境界的誤會眞是很嚴重。可是只有外道及世間人有誤會嗎？不然！佛門之內照樣誤會得一塌糊塗；在我們出來弘法以前，那些自以爲開悟的大師們，不管是在家人或出家人，他們想的都是：我這個覺知心死後入無餘涅槃中，無餘涅槃中的境界就是這個覺知心住在一念不生之中，不會再去投胎了。可是他們都沒有想過：他們根本到不了那個境界。因為當他在中陰身階段發覺到離念靈知心只能活七天，他能怎麼辦？只有一個辦法：再去投胎而重新保有離念靈知心。投胎了還是來人間，不可能生到欲界天去，因為他不斷的用錯誤知見在誤導眾生，有什麼福德可以生欲界天？

如果想要生色界天，色界天還是有身。不說他們沒證得初禪，就算有初禪乃至四禪，生了色界天還是有身，色身將來還是會壞；等到四禪天的色身快要壞的時候，心想：「我這個色身還是有苦，原來還是會壞，我死了要入涅槃：要一念不生。」還是想一念不生，但他在色界天死後能保持一念不生嗎？不行的，他得要下墮，除非他在四禪天中修得四空定，才能離開色身而一念不生。假使他終於證了四空定，入了四空天了，他想：「我這樣就是涅槃了。」可是沒想到，生到無色界一萬大劫、二萬大劫以後，又突然生了一念就掉下人間來了：「怎麼我又來了？」所以他們總是想：「我覺知心要去進入到一念不生的境界，那叫作涅槃。」不知道覺知心存在時就是三界境界，無餘涅槃境界是要把覺知心及處處作主、恆審思量的意根都滅掉，成為完全無我，才不會再來三界中受苦。入了涅槃是什麼都沒有，只剩下如來藏獨存；可是如來藏又離見聞覺知，不會返觀自己是否存在，而且是本來就涅槃的，那還有誰能入涅槃？絕對是沒有誰能入涅槃，是如來藏本來就涅槃，不必你去入，所以世間性空（空掉五陰）就是出世間了。

世間是什麼？世間就是五蘊身心，是由五蘊身心的不同境界來劃分爲三種不同境界世間，名爲三界；色身是世間，覺知心是世間，處處作主的意根也是世間；當這些世間性被空掉——蘊處界都斷滅無餘了，全然沒有自我存在，就是出世間了。這跟當代大法師們的想法都不同，大法師們都想：「我要把這個覺知心去世間外存在。」他們沒有想到說：「世間的覺知心不能離開三界境界而存在，不能到無餘涅槃中去。」他們都沒想到這一點，這是百年來南北傳大小乘佛教界共同的盲點。先不說大乘菩提，我們光從二乘菩提來看，就知道世間性空就是出世間。佛在阿含有講過：當阿羅漢入無餘涅槃時，是把蘊處界滅盡。蘊處界滅盡以後，阿羅漢已經不存在了，只剩下涅槃的本際（如來藏）而不再受生，那就是出世間。現在回頭來看世間性的色身、五陰、覺知心、意根，其法性都是緣起性空，所以只要把它們滅盡了、空盡了，就是出世間了。所以二乘涅槃在這裡也講得通。

我們再從大乘法來講，當你證得如來藏以後，你發覺如來藏本來就不生也不滅：祂沒有出生過，無始以來就這樣一直存在著；只有從來不生的法才能不滅，凡是有生的法終究會滅。不生就是涅，不滅就是槃，不生不滅即是涅槃。如來藏既然如此，阿羅漢把五陰世間滅盡了以後，剩下的當然是如來藏（阿含說的本際、入胎識、住胎識）。可是五陰身心滅盡之後稱為入無餘涅槃，阿羅漢其實還是沒有入無餘涅槃，因為阿羅漢十八界中的任何一界都不能進住無餘涅槃的境界中，而是把自己滅了以後，剩下他的如來藏單獨存在而稱為無餘涅槃。可是這個如來藏卻是本來就涅槃，所以阿羅漢入無餘涅槃時，其實仍是沒有入。

現在我們再來看那羅延菩薩說的：世間性空就是出世間，在這個出世間的涅槃境界中是不入也不出的（阿羅漢入無餘涅槃其實沒有入，那麼沒有入是不是就出？也沒有！因為如來藏無始劫以來沒有離開過涅槃，怎麼能叫作出涅槃？所以證得世間性空時，無妨世間法蘊處界繼續存在），而於這個時劫的生死輪轉當中，已經就是涅槃了。這樣的涅槃不需要入也不需要出，生死當中就已經是涅槃。所以這個涅槃你並沒有入，因為你本來就涅槃；你也不需要出，因為你在涅槃中無妨仍有世間法繼續運作、繼續輪轉生死。

二乘人聽了會說：「你蕭平實講這個法，我怎麼都聽不懂？」真的聽不懂，可是你們明心的人個個都聽得懂，你現前觀察時就是這樣。既然是這樣，世間與出世間法其實就是涅槃，因為世間法就是五陰身心，可是在五陰身心的生死流轉當中，其實都是從如來藏中出生而依附在如來藏的表面生死輪轉，而如來藏本身仍然是出世間的——生死中已是涅槃；所以當你如是整體而觀時，世間與出世間其實不二。既然世間與出世間本來只是一法，那就沒有溢、散可說了，因爲所有的世間法都在出世間法如來藏中，不曾超過出世間法，所以有一部經講：「**有爲法住無爲法中。**」讀過吧？以前沒有人讀過，因爲法義辨正而被引述出來：「**有爲法住無爲法中。**」那麼請問：「**有爲法有沒有超越出世間法？**」沒有嘛！有爲法是指五陰世間法，本來就在出世間法如來藏中，本來就是一法，怎麼會溢散於出世間法如來藏以外呢？所以才說**於其中間不入、不出、不溢、不散**，這就是入於不二法門中安住的聖者了。當你有這個智慧能爲人宣說時，悟錯的大法師們都聽不懂，當然沒有人敢來跟你對話，那就表示你有大威德了，成爲那羅延菩薩了。

【善意菩薩曰：「生死、涅槃爲二。若見生死性，則無生死，無縛無解、不生不滅。如是解者，是爲入不二法門。」】

講記：你有了大力，應該要對眾生有善意，所以善意菩薩出來講了：「**生死與涅槃是對世間人說，也是兩個法，可是當你看見了生死的體性時，其實生死當中**

是沒有生死的。在生死當中就沒有生死了，又有什麼縛，還需要解什麼？你既然生死當中就沒有生死，那就沒有生死繫縛，你又何必要求解脫？所以無縛也無解。」大乘法就妙在這個地方，二乘聖人所無法想像：生死之性就是無生無死。所以禪宗祖師們常常會問學人：「既知『生即不生之性』，為何又被生死之所繫縛？」這意思就是說，悟後要把我執降伏斷除，因為你已經知道生死其實就是不生不死，生就是不生之性——正因為不生死的如來藏能生五陰才會有生死；可是如來藏從來無生，既然從來無生，依止於祂也就沒有生死可說了，那你悟後為何還無法入涅槃、了生死？可就要好好斷我執了。在生死之中本來就解脫，生死之中本來就沒有繫縛，也就沒有解脫可說了，那就是清淨而不生不滅。這樣清淨而不生不滅的人，如實瞭解生死之性即是無生死，他就是真正入不二法門的菩薩。你們就用這樣的見地生起善心來利樂眾生，那你就是善意菩薩了。

【現見菩薩曰：「盡、不盡為二。法若究竟盡、若不盡，皆是無盡相；無盡相即是空，空則無有『盡、不盡』相。如是入者，是為入不二法門。」】

講記：上一位是善意菩薩，可以說是善得法意，所以生死與涅槃對他來講是不二的。這一位則是現見菩薩，現前看清楚了就是現見。其實很多法本來就是不二的，記得大約十年前，我曾經去過中壢的圓光佛學院（當然他們一定不認得我。其實我去過一些地方，他們都不知道我是何許人，只當作是一般居士），它是在稻田中央建立起來的，前面有個小廣場，有個山門；山門兩邊，如果沒記錯，是兩個小門，一邊寫著菩提，一邊寫著涅槃。那時有人問我說：「菩提跟涅槃是有什麼差別？」我說：「你如果要說差別，也可以說有差別，但其實它是不二的：菩提就是涅槃，涅槃就是菩提。」當然那時我說出來的法還很少，寫出來的書也不過兩、三本，所以雖然他當時已經是親教師了，對這個道理還是不太懂。這是說很早期的親教師，跟現在的親教師品質是不能相提並論的，那時我花了十幾分鐘為他做了說明。當然今天你們已經明心五、六年的人都會很清楚。菩提與涅槃對一般人來說是二個法，所以現見菩薩說：盡與不盡是兩個法。對悟後進修過一段時間的菩薩來說，生死與涅槃，盡與不盡都是一個法、是不二的。菩提，稱為覺悟，覺悟與涅槃從表相上來看是二法，但其實也是一法，也是不二，這就是大乘佛法的勝妙所在。

不論什麼法，不論如何相對，從六祖《壇經》的三十六對，你也可以把它變成七十二對、一百零八對，但不管有多少對，從二乘法來看永遠都是二法。但是若從大乘法來講，既可說是二法，也可說是不二，所以中觀學裡有一句很有名的說法叫作「八不中道」。其實中道不只八不，單依阿含的《央掘摩羅經》中所說的中道時，才說只有八不；在實相般若中其實是無量無數的不：不一也不異，不來也不去，不增也不減，不生也不滅。你可以把它引申出來：不斷也不常，不垢也不淨，不黑也不白，不男也不女，不惡也不善……，可以不斷的引申出來，所以是不二。既不垢也不淨，永遠都不是二法，這才是大乘法；你悟後經過一段時間深入的現前觀察，就可以看得見。生死與涅槃對二乘人來講，是兩個法：因為沒有斷我見與我執，就是在生死中；如果斷了我見與我執，就是涅槃中。菩薩卻不是這樣，菩薩悟了以後現前觀察自己、也觀察一切眾生，都是本來常住涅槃，沒有一個有情不在涅槃中，所以涅槃是本來就在的，不是把生死滅了以後才稱為涅槃，是生死中就已涅槃的。所以才說：生死與涅槃對凡夫、對二乘人來講，是兩個法；但是對菩薩來講，生死與涅槃是同一個法：正在生死當中就已經是涅槃了。所以涅槃的境界並不是死了以後才取證的，而是現前就已經是涅槃，有這樣的親證才能夠說生死與涅槃不二。能這樣現觀，就能現觀菩提與涅槃不二，也就能夠現觀一切諸法都是不二。能夠這樣現觀，你就可以稱為善意菩薩：善於了知佛法的大意。現見菩薩與善意菩薩有什麼不同？他是看見了一個事實：對二乘人和凡夫來講，盡與不盡是兩個法；可是如果能把二乘人所證的解脫道內涵所說的究竟盡以及凡夫的不盡，都究竟的現前觀察之後一定會發覺到，其實不管盡或不盡都是無盡相。這個道理，當然從文字表面來讀，一定是讀不懂的，除非你悟了有一段時間，剛悟時還是不懂得現觀，所以這個道理還是值得我們加以解說；讓還沒有悟入如來藏，般若慧還沒有生起的人，也都可以聽懂，只是無法現觀而已。

「盡」是說解脫道的修行者把我見斷盡了，把我所的煩惱及自我的執著（思惑煩惱）也斷盡了，就稱之為盡，這個人在佛法中就說他是阿羅漢。所以不論是大乘通教的阿羅漢，或是聲聞法中的阿羅漢，他們都是斷盡我見、我執、我所執的聖者。「盡」是相對於凡夫而說有盡，也是相對於我見、我所執、我執一種煩惱而說有盡；因此凡是我見未盡、我執和我所執未盡的人，就稱為不盡，因此我見未斷者會被稱為不盡。二果、三果人仍然還有思惑，或者微細的我所執沒有斷盡，也被稱為不盡；因此從阿羅漢的解脫證境來對照三果以下的聖者與凡夫，就說這些人是不盡。所以能出三界以及不能出三界的人，就成為兩類：一類人是能出離三界生死的人，這是煩惱斷盡的阿羅漢；如果是三果以下，就稱為煩惱尚未斷盡的人，他們無法離開三界生死法，還得要繼續再輪迴於中陰、一世、多世或者無量世，這叫作不盡。所以從能不能出離生死的輪迴而說有盡、有不盡等兩種。

可是如果對盡與不盡的所有法，能夠把它究竟參透，就會知道：不論是盡或者不盡，其實都是無盡相。這個說法，二乘人是無法接受的，他們會覺得這很難說得通，因爲對他們來講只有盡與不盡，只有出生死以及未出生死的差別，所以一定是二法。可是我們大乘中說：二乘聖者其實也是沒有究竟盡相和不盡相。由於對於盡與不盡的法相，他們沒有如實的究竟了知，因此就不知道本來只是一個無盡相而已。不盡是指我見、我所執及我執的煩惱沒有斷盡；盡的人就是這三種煩惱已經斷盡了，所以稱爲盡。可是我們來推究這個盡以及不盡，都是從世俗法的五陰十八界來講的；假使離開了世俗法的五陰十八界，就沒有盡與不盡可說了。因爲這三種煩惱的斷盡，是從五陰十八界的執著而說的；假使沒有五陰十八界，就不會有我所的執著，當然也沒有我執的存在。可是眾生不瞭解五陰十八界的虛妄，就落在我見、我所執以及我執當中，被這三個煩惱繫縛而輪轉生死，所以他們就稱爲不盡。所以這個不盡，全都是依五陰十八界的煩惱不盡而說的；阿羅漢的盡，則同樣是依五陰十八界這三種煩惱斷盡而說的。

推究到這裡，就已經知道盡與不盡，都是從同樣的五陰十八界法而來的，這樣就已經可以說是不二了。可是五陰十八界畢竟只是一世而已，五陰十八界無法去到下一世，那怎麼可以說是無盡相？那就得要再往上推究，推究下來的結果，只有一個法界中的事實，就是：五陰十八界都是從如來藏而生，可是如來藏沒有盡相，也沒有不盡相，而如來藏這個心是永遠無止盡的，沒有一法能使祂壞滅或中斷，所以盡與無盡都是無盡相。從這裡就可以很清楚的知道：盡是五陰十八界自己斷盡執著，而說捨壽後自己盡了、現前煩惱盡了；不盡也是五陰十八界自己對煩惱不能斷盡。所以盡與不盡都是五陰十八界自己的事情，都跟如來藏無關，如來藏本身沒有盡與不盡可說。而且這個盡或不盡，既然同樣是從五陰十八界而來的，可是五陰十八界的本身都從如來藏而來的，附屬於無盡相的如來藏；所以過去的無量世，假使骨頭都不爛壞，一個人往世無量世的那些臭骨頭（不管是人身或動物身——因爲往世是無量的，也當過豬、鴨、雞、牛、狗），把這些屍骨堆積起來一定超過須彌山。可是這些臭骨頭從哪裡來的呢？從你的如來藏出生的。色身如此，受想行識亦復如是，所以五陰不能去到未來世，但是未來世仍將會有世世不同的五陰出現而無量無邊、永無窮盡。因爲你的如來藏永遠不壞、不盡，所以過去世如此，未來世也仍舊如此，還是會繼續有五陰不斷的出生然後毀壞，因此就有無止盡的不盡相存在，所以這個不盡原來還是從無盡相的如來藏而來的。

假使未來生或者這一生，有機會把我所執以及我執修滅而斷盡了，那就會有盡相；盡了以後不再有後世的五陰出現，所以離開了三界中的生死，這就是阿羅漢的盡相；可是這個盡仍然是依如來藏而說盡，因爲五陰十八界滅盡了以後，能夠稱爲盡而不是斷滅空、不是斷滅無，是因爲五陰十八界滅了以後，還有第八識如來藏單獨存在。可是如來藏心是無盡相，因此阿羅漢所證的盡也是從如來藏的無盡相而來的；如果沒有第八識如來藏離見聞覺知而單獨的永遠存在，就沒有盡相可說，應該滅盡十八界入涅槃而成爲滅盡，即是斷滅相，不能叫作盡相，也不能像阿含所說的「涅槃眞實、常住不變」。所以這樣看來，盡與不盡其實都是由如來藏而來的，而如來藏永遠無盡，所以盡與不盡永遠都是無盡相，能這樣現前觀察的人才能說法究竟。

可是從另一個方面來看，如來藏的無盡相，由於祂心體是空，迥無形色（這個空當然不是一般人所說的斷滅空，也不是想像的空，因爲這個空是指如來藏心體無形無色，所以說是空性），而如來藏永無窮盡的時候，而且又是空性，由這個空性出生了五陰十八界，才會有盡與不盡可說。可是如來藏本身是空性，祂離見聞覺知而不做六塵中的任何了知，所以對祂而言，沒有盡或不盡的法相可說。只有五陰十八界有見聞覺知，能思量、分析、觀察、覺知，才會有盡或不盡可說；因爲有見聞覺知能做思惟、判斷，所以覺知心意識可以判斷自己的我見、我執有沒有斷盡，因此而說斷盡的人稱爲盡，沒有斷盡的人稱爲不盡，所以盡與不盡都是五陰十八界的事。而如來藏離見聞覺知，離思量性、從來不曾作主，因此對祂而言，沒有盡或不盡可說，能這樣進入佛法的人，就是入不二法門的菩薩。

【普守菩薩曰：「我、無我爲二。我尚不可得，非我何可得；見我實性者，不復起二，是爲入不二法門。」】

講記：我與無我是不是不二？如果能夠實證我與無我不二的話，就能夠在普遍所見的諸法當中，現前觀察到我與無我都是不二，這樣的人就能夠普守一切法而不退失，否則終究會退失的，所以普守就是不退失菩薩。在佛法中證悟了般若以後，要能夠普遍守住一切法而不退失，是相當困難的事。假使你度眾生，當他們在你座下悟了以後，退失的人只有一成、十分之一，已經算是很好了！一般而言，退失的人會更多。這不是只有現在才這樣，古時候禪宗沒有記錄下來的退失者，那是多如牛毛，數不完的；只是沒有被記錄下來，因此大家不知道。只有退失以後謗師而出現了現世報，才會被記錄下來。所以一般而言，證得如來藏以後退失的人其實是很多的，不知道的人就誤會說：「正覺同修會的人，怎麼悟了以後會退失呢？」事實上，自古以來退失的人一直都很多，但他們因爲沒有謗法、謗師而無現世報，所以沒有被記錄下來，沒有名留「青史」。

但是我這一世作風不同，不論做什麼事情，都要留下記錄；包括人家寫信來罵我，也把他留作記錄。退失了以後如果謗法，我也把他留下記錄；如果他們不謗法，就不會被我留下記錄，他靜靜的離開就沒事。誰謗法，誰就倒楣，因爲一定會名留黑史，我在書上一定會寫出來。所以在悟後普遍於一切法中能夠守得住，也就是能忍；這個大乘無生忍很困難，如來藏的本來無生，你證得之後能安忍，是不容易的。所以有些祖師，如果沒有能力直接閱讀經論，他一生可能只會挑選慧力非常好、能夠自我安住的人，就只度那兩、三個人，不廣度眾生開悟，所以禪宗祖師度很多弟子悟入的人並不多。甚至於有的祖師悟了，連一個人都不度，因爲萬一徒弟心生懷疑提出質問，他將無法攝受；無法攝受，倒也不打緊，怕的是這徒弟會公開謗法成就大惡業。所以土城老人雖然悟了，卻沒有傳給任何一個弟子，所以他的一個重要弟子傳悔法師，竟然前後捐了一億元出頭，支持昭慧法師；但昭慧法師是專門抵制他師父正法的人，你看顚倒不顚倒？可是廣老也無可奈何，因爲他不識字，無法舉證聖教來攝受將來會疑法的弟子。

廣老眞的很不簡單，他在唸佛當中這麼一頓之下就悟出來了，可是他不識字，而他的師父未悟，也無法爲他印證。他如果傳給徒弟，徒弟悟了以後懷疑而提出質問，他無法引經據典來攝受，該如何應對？今天我如果不是能直接讀經閱論，前後三次被質疑，不也早就被推翻掉了？其實一次就被解決了，怎麼還能有第三次而沒有被推掉。所以這個法悟了以後很難守得住，因此才說要忍，得忍以後才能安住下來，實相般若智慧才會出生。證得如來藏的本來無生以後能夠安忍，是很困難的；因爲一般人在悟前想像的無生，是自己的覺知心從此以後永遠無生無滅。可是他們都沒有想到一點：他自己的覺知心本來就是被出生的，本來就是有生的，怎麼可能要求自己不生亦不滅？既然已經生了，怎麼能要求自己不生？如同愚癡小兒要求說：「爸爸！媽媽！我希望我繼續存在而不要有生。」父母說：「你已經生了，怎麼可以要求不生？」他們都沒有想到這一點。這是一個很簡單的邏輯，可是爲什麼他們都沒想到呢？總是以爲覺知心將來可以無生，結果等到證得解脫果以後才發覺：所謂的二乘無生忍，原來是要把自己滅了而不再有來世的出生，他們心中不願接受無生：「那還得了！把我滅了？」他們不能接受。

所以二乘的無生忍，初果的修證其實很簡單，但是爲什麼佛世也沒有辦法讓每一個弟子都證得初果呢？因爲二乘的無生就已不容易安忍了，本來想是覺知心以後可以永遠不再生，這樣叫無生；結果沒想到是把自己滅了不再生出未來世的自己，所以沒有辦法接受。對眾生而言，他們認爲自己永遠存在，才是天經地義的；把自己滅了而不再生出自己，都無法接受，所以二乘的無生忍就已經無法安忍了，當然大乘的無生忍更難安忍。而且大乘的無生忍也跟他們所想的完全不同，本來是以爲自己覺知心可以永遠不再出生而永遠存在；沒想到悟了以後，原來是覺知心背後的如來藏本來就無生，而不是覺知心自己可以無生：「那還得了！我不能無生，那我學佛法要幹嘛呀！」他不能接受，所以我與無我眞的很難了知。眞的能了知我與無我不二的話，這個人才能說是眞正的菩薩。了知了一部分的我與無我而成爲兩個法，這樣證解脫的人是二乘人，二乘人不可能普守一切法。只有菩薩證得我與無我不二，才能普守一切法而不退失。

我、無我，是怎麼說的？「我」當然是講眾生我，眾生我講的是五陰、十八界、六入處，都是在三界的世俗法當中來看的；因爲五陰、十八界、六入處都是三界中的世俗法，一切眾生同共有之。可是這個蘊處界我，爲什麼會說是無我？因爲這五陰、十八界等法，都是生滅有爲之法，沒有常住的法性，當然這個我就不是眞實不壞的我，終究會毀壞，所以稱爲無我。二乘人就是跳脫於凡夫的眾生我，所以說他們證得無我，證得無我就說是解脫了，所以二乘人是證無我的。他們證無我以後與眾生的我是相對的，不是不二的，所以對二乘聖者來講，以及對大乘通教的阿羅漢菩薩來講，我與無我是兩個法。眾生執著有我，他們現觀眾生我都是無常，所以無我，所以它們是二法。

但是菩薩現前觀察眾生的蘊處界我都是無常、無我性，所以在蘊處界中要找出其中一部分具有眞實常住不壞的我性，絕不可得。既然我都不可得，無我這個法又怎麼可能是眞實有呢？這一點是印順派的人都沒有注意到的，也就是說應成派中觀的古今祖師們都嚴重誤會佛法，對這一點都沒有去注意到，所以才會繼續信受應成派中觀的虛妄論。我們大家來檢討一下，所謂的無我是依什麼而說無我？（有人回答：蘊處界）對啊！就是依蘊處界而說無我，假使不是有五陰、十八界、十二處可以被觀察它的生滅性，怎麼可以說有無我法呢？所以證得無我法是因爲現前觀察到五陰、十二處、十八界都虛妄生滅，因此而稱爲實證無我法，所以「我」是眾生對五陰、十八界的執著而稱爲有我，這就是初果人的現觀。

阿羅漢實證無我，也是因爲五陰、十八界的虛妄性的現前觀察而斷盡我執，稱爲無我。所以不論眾生的我或者阿羅漢所證的無我，同樣都是依五陰、十八界而觀察來的。既然是這樣，五陰、十八界的我都是虛妄生滅的，都不是眞實法，那麼依五陰、十八界的無常無我而親證的無我法，怎麼可以說是眞實常住法？所以緣起性空的無我法是虛相法，都是依生滅性的蘊處界而來的，是依生滅性的蘊處界而說他死前是已經證得無我，死後，他的無我觀也隨之斷滅不存。生滅性的陰處界都無我了，都不可得了，何況蘊處界無我這個法怎麼又可能是眞實常住的法，而可以在他死後常住不滅呢？因此說：我尚不可得，非我何可得。所以眾生我及阿羅漢的無我，都是依生滅性的蘊處界而有的，而蘊處界不可得，所以無我也不可得。可是菩薩不單只有這樣的現觀，還進一步看見眾生我的眞實性。

眾生蘊處界我的眞實性是什麼？其實就是如來藏性。因爲眾生過去無量世的五陰、現在世的五陰、未來無量世仍然會有的五陰，都只是在如來藏的表面起起滅滅而已。還沒有證得如來藏時很驚訝：「什麼？我只是在我的如來藏表面起起滅滅？我連如來藏在哪裡都不知道，而我在如來藏的表面起起滅滅，那是不是我身旁或皮膚下有個如來藏？」其實不是，其實整個的蘊處界你就是如來藏。但是這樣說了，也等於沒說，因為還是不知道如來藏在何處，所以還得要經由參禪去把如來藏找出來，才會恍然大悟說：「哎呀！原來如此！我眞的是在如來藏的表面起起滅滅而已。」這時你會觀察到：原來五陰、十二處、十八界，都是從如來藏中藉緣出生的，然後還要依如來藏而住、而滅；下一世又依如來藏而出生另一個五陰十八界，老了又依如來藏而滅。下一世如果有因緣證得阿羅漢果，也是依如來藏而入涅槃，所以不論我或無我，都要從五陰、十八界來觀察，而五陰、十八界的眞實自性都是附屬於如來藏的自性。如果看見五陰、十八界本來就是屬於如來藏所攝的法，這樣看見五陰我、十八界我的眞實性了，會發覺五陰與如來藏不一也不二，攝歸如來藏以後本就是同一個法。因為如來藏專門負責出生五陰、十八界，祂負責把你出生，與你同在一起，你就等於是祂；出生了你以後你代替祂來做事，但是做事時卻是祂來幫你做。很奇怪吧！你沒找到如來藏時怎麼想也想不通，怎麼是我幫祂、祂幫我呢？

你看見實相法的眞實性：我這樣、無我也是這樣，眾生我的眞實性其實不一也不異，不是兩個法（固然你不能說它是同一個法），但也不能說它是兩個法。當你這樣現見時，就不會再把我與無我分成兩個了，就會贊同普守菩薩說的：我、無我，不復起二。如果你能夠現前觀察到，自己眞的是從如來藏中出生的，現見我與無我不是兩個，其實是不二，這時你就不會退轉了。我們爲了防止再有人退轉，所以從二〇〇三年初的禪三起，增加了勘驗題、考題了：你要幫我證明，不是我幫你證明。你找到如來藏以後我要幫你印證，但你得要先幫我證明，我才要幫你蓋金剛印子。幫我證明什麼？證明你的五陰、十八界都從你的如來藏出生的，你要具體的證明給我看清楚。如果證明不出來，那你這個人未來被人家恐嚇時就會退轉。現在增加了一些題目，好好來刁難刁難你們；被刁難過了，你就不會退轉了，永遠常住於七住位，不再退回六住位去。

所以你如果觸證了，進了小參室，你無法幫我證明「蘊處界都從阿賴耶識中出生」，那麼對不起！你就再回去弄清楚，下一回禪三再來，金剛寶印我就收起來，不幫你蓋了。因爲你如果無法去現前觀察到蘊處界我都從阿賴耶識如來藏中出生，你就無法通達我與無我不二，將來就會退轉，不能普遍的守住一切法，無法成爲普守菩薩，一定會退失於佛法而自以爲增上，那就會謗法，很難救轉。普守菩薩就是因爲看清楚我與無我不二，不是像凡夫或二乘聖人所看見的我與無我是二法，因此能夠普遍的守住一切法，不會再退失了（編案：我與無我的詳細內容，請索閱結緣書《我與無我》，書中有詳細開示）。普守菩薩說：能夠看見我的眞實性就不會再把我與無我當作二法，這就是入不二法門。

【電天菩薩曰：「明、無明爲二。無明實性即是明，明亦不可取，離一切數；於其中平等無二者，是爲入不二法門。」】

講記：「明」在阿含經裡面說就是了知，了知就是明；於法不了知，就稱爲無明。關於無明，有些人學佛一輩子，還覺得虛無縹緲：「到底無明是什麼？我要打破無明，可是無明在哪裡呢？我找不到，我怎麼打破它？」他要找無明，不知道什麼叫作無明。正因爲不知道無明，所以就叫作無明；他如果知道什麼叫作無明，他就是明。所以無明不必找出來把它打破，不必像月溪法師說的：「把無明找出來，一槌把它搗碎。」當你知道了，無明就破碎了，所以阿含經裡面說：明即是了知。這就好像說，一個房子密封起來，電燈都不亮，你在這房子裡面什麼都看不見，不明亮，什麼都不知道，就是對房內無明。可是燈一開：原來是這個模樣。你就知道了，就叫作明，所以明與知是同在一起的。這個不知（無明）是可以延續無量劫都不中斷的，可是把這個無量劫的黑暗打破，只要一剎那時間就夠了，不必很久。經中不是講嗎？千年暗室，一燈能照。這個房間的黑暗已經保持了一千年，但只要一盞燈點上去，就全部照明了，不必點燈經過一千年以後明才出現；所以證悟當下，對法界的無明就破滅了，明就在當下出現了！可是有許多大師說：「悟有頓悟跟漸悟，頓悟就是一剎那間就悟，漸悟就是慢慢、慢慢的明白。」那是不是說：千年暗室的燈從不亮到明亮得要等一千年呢？顯然不必，用火柴一打，或點了燈，整個房屋就立刻照亮了，所以悟沒有漸悟這回事。

如果要說漸悟，只有悟後進修越來越深入，才可以稱爲漸悟；但那是方便說，找到如來藏而開悟的事，都是只在一剎那間就悟了，所以只有頓悟，沒有漸悟。同理，明也是一剎那就明，當你把電燈開關一按，整個房間就亮了，這就是明。不必把開關按了再等八個鐘頭才會明。所以無明就是不知，知就是明。請問：當你對法界的實相無所知，這個無所知當然是延續無量劫下來的；可是你知道如來藏時只是很短暫的靈光一現，如電光石火一樣就找到了；難道是先找到一點點，然後再找到更多如來藏嗎？所以從不知如來藏到已知，只是剎那間事，只有頓悟而沒有漸悟。當你找到失散多年的母親時，是先找到她的頭，再找到她一部分、一部分的身體嗎？又如你在學一個算術題，不知道怎麼去解開它，可是老師說明了以後你隨即就解開了，你一聽就懂了：「啊！原來是這樣。」可是你懂的時候，是不是要經過十幾分鐘、一小時來一分一分慢慢的懂？懂就是當下就懂，不懂就是講上十幾小時也是不懂。所以你參禪幾十年，但是後來找到如來藏時也只是一剎那：「哎呀！原來是祂。」就知道了！對法界實相的無明就打破了。

所以，對於某事某物不知道而稱爲無明，知道了就是明。解脫道的無明，就是對於我見與我執的內容不明白，如果對我見與我執的內容明白了，也願意接受了，他就一定會斷我見，漸漸的也會斷我執。爲什麼很多人學佛三、四十年以後，仍然斷不了我見？大多是因爲對我見的內容不清楚，所以就無法觀察蘊處界我是眞？還是假？因此就執著離念靈知意識心爲常住不壞我，就成爲解脫道中的無明者。當有人把我見的內容告訴他，他就會去觀察「斷我見」時所斷的蘊處界我是不是都虛妄、都應該斷除？他從五陰十八界如理作意的一一觀察之後，會發覺這些都是無常性，所以無我，願意接受了，我見就斷了。換句話說，當他瞭解無明是什麼，明就出現了，而無明就是對於自我的虛妄不瞭解。同理，大乘法的般若就是要究取法界的眞實相，那就得要先去瞭解：什麼是法界？什麼是眞實相？

法無量無邊，五陰也是法，十八界也是法，山河大地也是法，喜怒哀樂也是法，一切事物都是法；界稱爲功能差別，所以法界就是諸法的功能差別。覺知心法界，就是說覺知心的功能差別；如果是說人法界，就是講人類五陰的功能差別；如果是講鬼法界，就是鬼五陰的功能差別；如果是說花法界，就是講花的功能差別；實相法界則是指實相心如來藏的自住境界及功能差別，所以法界就是諸法的功能差別。可是有些人學佛一輩子，法界的內涵弄不清楚，就被無明籠罩。所以他們想像中的法界只是一個意象，而那個意象他們無法解釋出來，是由於他們對法界沒有如實了知。沒有如實了知，就用一個想像的意象來安住，所以就想：「我今天所做一切功德全部迴向法界。」可是請問：「法界需要你迴向嗎？」諸法的功德並不需要你迴向。譬如說花的功德，需要你迴向嗎？又如自己覺知心的功能差別，需要你來迴向嗎？所有人的覺知心功德也不需要他迴向，所以迴向法界的說法還眞的是很糊塗。應該這麼說：「我今天所做一切功德，迴向早證菩提。」那不就有意義多了嗎？你迴向給花法界、佛像法界、覺知心法界，要做什麼？根本沒有作用。沒有作用的迴向就是虛妄的迴向，就表示他們有無明。可是今天諸位知道法界原來就是諸法的功能差別；好極了！一分無明又破掉了！正因爲你知道了，就表示那一分無明不在了，這就有了一分的明。

明與無明，對眾生而言是兩個法，對阿羅漢們而言也是兩個法，就是知道與不知道，總不能說：「**知道就是不知道。**」因爲不管你去到哪裡，你如果說「**知道就是不知道**」，人家一定給你一巴掌，客氣一點就罵你：「神經病！」可是當你在佛菩提中證悟以後，卻可以公開的說：「**知道就是不知道，明就是無明。**」誰都打你不得。前面說了一大堆的明、無明，現在諸位懂得什麼是明、什麼是無明了。接著電天菩薩說：「**無明的眞實性就是明，可是明也不可取，明也是離一切數，能夠在明、無明當中平等不二，才是進入不二法門。**」所以入不二法門還眞的不容易懂，多少學佛人夢寐以求的就是入不二法門，可是有誰入了呢？當你來到同修會入了不二法門中，出去以後遇見任何佛弟子，你都沒機會開口說話了，因爲你已經成爲異類，跟人家完全不一樣了。人家認爲明與無明是兩個法，偏偏你說是不二；你得要說明與無明是完全不同的兩個法相，你若說知道就是不知道，他們馬上要罵你：「神經病！」所以你出去時只好當哀家寡人。哀家是講妳們女眾，寡人是講你們男眾；因爲你們男眾出去時就等於那些佛弟子的皇帝一樣，你當然要稱寡人，他們沒人能跟你對談。妳們出去了，跟其他女眾說話，她們也無法懂得妳在講什麼，又無法把妳駁倒，所以妳只好自稱哀家，沒有等侶。

再來探討爲什麼無明的眞實性就是明？無明是從哪裡來的？無明是從你覺知心來的，覺知心不懂所以是無明，你總不會對一顆石頭說：「欸！你有無明。」它不知不覺，哪來的無明？一定是有覺有知的心才會有無明來相應。覺知心不知道自己的虛妄，無法斷我見，所以稱爲無明。覺知心不知道自己是從何所來，滅了以後到何處去，所以叫作無明，所以無明實際上都是從覺知心來的。但這還沒有推究到究竟，當你有一天突然知道：「原來我覺知心是虛妄的。」斷了我見，就產生了一分斷我見的明；覺知心虛妄，由此推究觀察發覺後，心想：明也是虛妄，色身更是虛妄，這些都是虛妄的，原來自以爲永恆存在的離念靈知自我是無常的。對於五陰的虛妄性如實了知了以後，覺知心就被明所照耀了，住在明中；以前不知道五陰虛妄無常的無明，就消失了。請問：「這個明是從哪裡來的？」還是從覺知心來的，所以無明是覺知心的你自己，你今天悟了二乘菩提，明白了，這明也是覺知心的你自己，你看：原來無明的眞實性就是明，是同一個，不是兩個。

明與無明雖然都依附於覺知心而存在，而覺知心不是常住法，不是本來不生的法，那祂又是從哪裡而生的？還是從如來藏而生。既然覺知心是從如來藏而生，覺知心所有的明與無明顯然也是虛妄的；是由眞實存在而常住的如來藏出生了虛妄的覺知心，再由覺知心出生了明與無明。那麼覺知心都在有爲法中運作，所以可計算：五個人有五個覺知心，一百個人有一百個覺知心，這是有數可數的。可是明與無明，你可以說它有幾個嗎？你無法說它有幾個，因爲明與無明是無止盡的，二乘法中的無明與明，你說：「是兩個無明，是我見與我執兩個。」但是你把這兩個細分下去，有多少無明、又有多少明？其實有許多，如果不是有許多，《俱舍論》哪能講出那麼多東西來？二乘阿羅漢的《毘婆沙論》又怎能講出那麼多東西來？所以顯然明、無明不可計數。如果回到大乘法來看，塵沙惑中的明與無明就更多了，無法計數，所以大乘法中的明與無明都是離一切數。當你把塵沙惑斷盡了，那就是全部的明，再也沒有一絲一毫的無明。塵沙惑沒有開始斷時，就說你在大乘法中有恆河沙數那麼多的無明，但是請問：「恆河沙數能不能數？」也無法計數啊！所以明，把塵沙惑全部斷盡了以後，到底你現在的明有多少？成佛時的明又有多少？也是無法計算的。所以不論明或者無明其實都是從覺知心而來，因此無明籠罩也是覺知心的事，打破了無明產生了明也是覺知心的事，可是明與無明從覺知心來，覺知心卻從如來藏而來，所以無明實性即是明，因爲你證悟了如來藏時就有明。

但是對如來藏而言，如來藏離明與無明兩邊，如來藏永遠沒有在明或無明的一邊中；因爲明或無明都是有覺有知才會有，而如來藏從無始劫來離見聞覺知，所以對祂而言沒有無明與明可說，但是祂出生的覺知心卻有明與無明，所以明與無明推究到最後還是從如來藏而生，沒有如來藏就沒有明與無明。但是從如來藏的離見聞覺知、離思量性的自性來看，明與無明對祂來講沒有差別，雖然都是輾轉從祂而來，但是對祂來講都沒有差別，都是從祂而來，當然就是不二。所以無明與明都是從如來藏來的，都屬於如來藏所有，那當然明就是無明，無明就是明，所以無明實性即是明。可是明也不可取，因爲沒有明這個東西，明只是一個施設，施設你對某件事情知道了，但從實際理地的如來藏來說並沒有明這個東西。

如同沒有涅槃一樣，涅槃不可得；當然一般人聽了會說：「你這個蕭平實亂講，明明涅槃是可證可得的，不然阿羅漢得什麼？」可是涅槃其實不可得，因爲涅槃是依如來藏不再出生蘊處界而說是涅槃，所以涅槃其實是在說如來藏，沒有另一個涅槃存在，只是把如來藏不再出生十八界的狀況叫作無餘涅槃，無餘涅槃只是依如來藏不受生而施設的一個名稱，所以涅槃也不可得。我們有一句名言：「所謂涅槃，即非涅槃，是名涅槃。」這個名言雖然是我們發明的，雖然《金剛經》、《般若經》沒有明文這麼說，但這個道理留到未來彌勒尊佛成佛時，我們都在他座下學佛時，也沒有人能推翻它，因爲彌勒尊佛將來也一樣會這麼講：「所謂涅槃，即非涅槃，是名涅槃。」仍然會說：「涅槃不可得。」假使你能夠看得很清楚：對凡夫眾生、對二乘聖人，明與無明是兩個法，而自己很清楚看見無明的真實性就是明，明也不可取、離一切數，所以明與無明不二、平等平等。這樣你就進入不二法門了！這時你就有了智慧的威德力，就像雷神一樣（電天就是雷神），一切的黑暗只要電光一閃就全部打破了，那你就可以稱爲電天菩薩了。

【喜見菩薩曰：「色、色空爲二，色即是空，非『色滅』空，色性白空；如是，『受想行識』識、空爲二，識即是空，非『識滅』空，識性自空；於共中而通達者，是爲入不二法門。」】

講記：接下來是喜見菩薩上場，他說：「色法及色法空，是二法，可是其實色就是空——色存在的當下已經就是空性了——不是把色法滅了以後才稱爲空，而是色法的自性本來就已經是空性。」二乘聖人爲什麼會認爲色蘊及色蘊空是兩個法？色蘊大家都有，如果不是這個色蘊，你今晚也來不了正覺講堂；眾生認爲色蘊是眞實法，所以貪愛色蘊。第一次知道色蘊無常，是看見家中老人或者鄰居老人死亡了，就會問父母親：「隔壁老爺爺死了，什麼叫作死？」終於弄清楚什麼是死了，接著他會問：「那老爺爺死了，去哪裡了？」他知道老爺爺的身體壞了叫作死，可是死了以後他的精神到底哪裡去了？他產生了疑問。一般父母親都會說：「他生天堂去了。」孩子會緊接著就問：「天堂在哪裡？他去那邊做什麼？」問題一大堆，這時是他第一次知道：原來色身會壞。因爲他看見老爺爺走了，而身體放在那裡壞掉不能用，所以他第一次知道色蘊無常。

可是色蘊有現在的色蘊，也有過去無量世的色蘊，仍將會有未來無量世的色蘊，但這些色蘊全部無常、無我，這就是二乘聖人所現觀的第一種解脫境界：色蘊無常，所以色蘊是空。因此對他們而言，色蘊是無常空，而色蘊在現象界中是有，所以色蘊存在的有及色蘊無常的空，是兩個法；所以色與空是二法，不是一法；但是菩薩所見與二乘聖人不同，你們每天做早課，都會背《心經》，可是我現在變得很笨，我現在《心經》背不完整，零零散散的，但是我可以爲人講《心經》。可是沒有悟的人會背《心經》，卻不能講《心經》。《心經》不是講嗎：色即是空、空即是色。很多人每天在唸，但知道眞實的意思嗎？不知道。在二乘法中，不像《心經》這麼說的，他們認爲：色不是空，空不是色。所以二乘聖人看到《心經》時，最怕人家問他：「《心經》講什麼？」

二乘所說的緣起性空與應成派中觀的緣起性空很類似：因爲二乘聖人所說的緣起性空是色蘊乃至受想行蘊都滅盡、都無常而性空，所以要滅盡五蘊全部，包括意識的粗心、細心、極細心都要滅盡，滅盡一切粗細意識以後成爲涅槃；然而古時傳到宗喀巴的應成派中觀，認爲蘊處界緣起性空，可是其中的意識心常住不空，所以意識是常住法，是一切萬法的根源；而現代印順派的應成派中觀所說的緣起性空，是加以改良後的應成中觀見，是說五陰虛妄無常所以要滅盡，意識當然也是虛妄法，但是卻又從五陰中把意識心的細分抽出來，說意識細心是常住不滅的——因爲是因果業種的收藏者，也是三世因果的聯繫者，所以他們跟阿含講的二乘法緣起性空其實不一樣。

印順派的新應成派中觀見，主張一切法緣起性空，他們心中最怕的就是「色即是空、空即是色」，所以應成派中觀師沒有一個人願意註解《心經》；如果註解了《心經》，開宗明義講的就是心；是講眞實心的經，才叫作《心經》；可是他們把眞實心否定掉，成爲一切法空的斷滅空，要怎麼註解《心經》？所以他們沒有一個人願意註解《心經》，只好片段的加以曲解而不作整部的註解：以緣起性空註解「色即是空、空即是色」。不信的話，你們去找昭慧法師，她現在算是顯教應成派的代表人物，那你們誰去請她註解《心經》看看，看她敢不敢註解？她不敢註解的，除非未來有一天她悟了《心經》所說的常住心。所以他們最怕《心經》，可是他們每天做早課又要唸《心經》，這眞的很矛盾。《心經》說「色就是空」，不是色滅了以後才叫作空。意思是說，色蘊存在的當下就是空性，不是等到色蘊滅壞了以後才叫作空性，這個道理是與二乘菩提完全不同的。

二乘行者說空，一定是色蘊滅了才名爲空，因爲他講的是緣起性空，而緣起性空是講色蘊藉緣而起，其性無常故空，所以色蘊存在的當下不能叫作空，得要滅後才算是空。但印順很聰明，他會說：因爲色蘊存在的當下就是無常的，將來必空，所以色蘊即是空。他比二乘人聰明一點，但問題正是聰明過頭了；因爲聲聞羅漢是根據能出生名色的本識，來說五蘊空，所以不墮斷見中，印順卻是否定本識而墮於斷滅空中，再將生滅性的意識一分細心施設為常住不滅法，返墮於我見中。至於菩薩說的「色即是空」，不是他講的那個意思，而是說當你這個色身存在的當下就顯示了空性心如來藏，如果不是如來藏空性一直存在著，你的色蘊不能被出生，也不能繼續存在，所以色蘊存在的當下就顯示了如來藏空性；色蘊是空性如來藏所生而附屬於空性，是空性所有萬法中的一部分，本屬空性所有，所以色蘊就是空性。這個空性的證得不是色蘊滅了以後才證得，也不是觀察它未來必將壞滅而說是空，而是色蘊存在的當下就是空性如來藏；找到如來藏時就這樣當下證實色蘊即是空性，所以說色蘊的自性就是空性，不是講緣起性空。

色蘊如此，再來看識蘊、受想行蘊。從識蘊來看：識蘊，在阿含裡面是如何定義的？佛說識蘊有六個識：眼、色為緣生眼識，耳、聲為緣生耳識，乃至意、法為緣生意識，這六個識都是根、塵、觸所生，由三個法和合所生：根、塵、觸。有根有塵相接觸才出生的法，就是識蘊所攝的法，這是阿含中對識蘊的定義。有時則說二法緣生即是識蘊，說的是根與塵二法。識蘊既然是六根觸六塵所生的，當然是生滅法，當然是有生之法，將來必定有滅，所以無常、性空。但是識蘊這個法，對二乘人來講，是無常故空、緣起性空，存在的當下則是有，壞滅了以後是空，他們的空就是無常故空、緣起故空，因此對二乘聖人來講：識蘊存在時是有，滅了是空，所以識蘊與空是二法。但菩薩所見，識蘊就是空性：菩薩所說的空不是講斷滅空、空無的空，而是講空的體性，也就是講如來藏的體性。

空有自性而名爲空性，不是虛無的空，不是無自性的緣起空、斷滅空、無常空。菩薩所見，識蘊是從阿賴耶識中生出來的，阿賴耶識就是如來藏。既然識蘊是含藏在如來藏中，然後從如來藏中藉著六根與六塵而顯現出來，顯現出來之後依附於如來藏而運作，沒有離開過如來藏，所以識蘊其實是如來藏無量法中的一部分，其實就是如來藏種種功能中的一小部分，所以識即是空；識蘊存在的當下就顯示如來藏在運作，識蘊既是如來藏所含攝的，附屬於如來藏，以如來藏爲主，本來就不該是外於如來藏。這就好像一個人的手指，手指只是身體很多部分中的一個小部分，你不能說：「我這個食指不是身體。」這食指也算是身體，可是怕人家弄不清楚你是講身體的哪一個部分，就說右手的食指，這樣來講清楚；右手食指雖不是身體的全部，可是右手食指仍然是身體的一部分，所以說食指即是身體。

同理，識陰只是如來藏中的一小部分而已，所以識陰其實還是如來藏，不能夠說識陰不是如來藏，因此識陰存在的當下就顯示如來藏；識陰既是如來藏的局部，如來藏既是空性，當然識陰也是空性。所以《心經》裡面說：色即是空……受想行識，亦復如是。意思就是說：識陰也跟色陰一樣，同屬空性如來藏中的一部分。所以如果《心經》不簡寫的話，就應該在「色即是空，空即是色；色不異空，空不異色」之後，接著說：「受即是空，空即是受；受不異空，空不異受。想即是空，空即是想；想不異空，空不異想。行即是空，空即是行；行不異空，空不異行。」乃至最後講識蘊：「識即是空，空即是識；識不異空，空不異識。」那《心經》就變得很長了，所以不用這麼麻煩，只說「受想行識，亦復如是」：受想行識與色都是這樣。如果要再精簡一點，可以說「色即是空，非『色滅』空，色性自空」，然後就說「受想行識，亦復如是」就解決了。但這樣大家的瞭解就不夠深入了，所以我們還是要說：識陰雖然無常，但識存在的當下，就是如來藏的存在，所以識陰也就是空性如來藏。但是這個「識即是空」，不是像二乘人講的要把識蘊給滅了才叫作空，而是說識陰的自性本來就是空性中的局部，本來屬於空性而不可分割。

由此可以很清楚了知，空是被 佛陀分成兩個部分來講：二乘法講的空，是緣起性空：空無的空、無常的空、滅後的空，名爲諸法空相；大乘法講的空，是講空性，是說「空」有一個眞實性能生蘊處界諸有，故名空性。而這個空性生了諸有以後，諸有就顯示它們的無常空，所以空性所生諸有的無常空，稱爲空的法相，叫作空相，我們在《楞伽經詳解》第三輯講的就是這個道理。《楞伽經詳解》十輯假使眞能讀懂，勝過去諸方道場混三十年。初來乍到的人聽我這麼一講：「哼！你這蕭平實講話口氣好大！」但我說的是眞實話，所說眞實就不是口氣大。來學這個勝妙法，要漸漸習慣我講話「口氣大」，不然你一定會退轉；當你習慣了我口氣大，表示你心量已經變大了，否則你的心量永遠都是狹小而自我侷限的。因此空性與空相看來是兩個法，但其實還是同一個法；因爲空相是由諸有而產生、而顯示的，但空相所依的諸有卻是從空性出生的；空相所依的諸有既是從空性出生，所以空相是空性中的一部分，所以空與空性其實還是不二。但是爲了方便解說，爲了讓學佛者容易瞭解，我們施設了空性與空相兩個名相出來，讓大家容易瞭解。

回歸到喜見菩薩的說法：「識就是空——識本身就是空性。就好像手指頭也是身體，並不是把手指滅了才是身體，所以不是識蘊滅了才叫作空性，而是識蘊的本性其實就是空性；假使能夠在這當中通達了，就是進入不二法門了。」換句話說，如果能夠通達「色即是空，空即是色，色不異空，空不異色」；同理，受、想、行乃至「識即是空，空即是識，識不異空，空不異識」。如果你能通達了，你每天早上就不用再背誦《心經》了。當你通達之後，第一次背誦《心經》時會非常歡喜：「哎呀！原來《心經》是講這個眞心。」以前都不知道的，現在知道了。知道了以後你會很歡喜，因爲見地自生。以前有一位法師寫見道報告，說他破參之前讀到同修們寫見道報告，說禪三解三時誦《心經》會哭，他說：「我應該不會哭吧！因爲人家破參後會哭，我是早就知道會哭的道理，所以我就不必哭了。」沒想到解三時《心經》誦起來，還是照樣唏哩嘩啦的哭。爲什麼會哭呢？歡喜啊！以前讀不懂的《心經》又必須每天課誦，那眞的很苦。可是我告訴你：「課誦時知道不懂而覺得苦的人，才是菩薩，他才有證悟的因緣。」如果每天早上課誦《心經》不懂又不覺得苦，那是在混日子的粥飯僧，從來不檢討出家的目的是爲求法，他是沒有因緣可以開悟的。所以當你觸證到如來藏時現觀到一個事實：受陰（苦受、樂受、捨受）都從色陰與識陰而來，都是緣生法，當然也是緣滅法；可是受陰的種子還是從如來藏來，仍然是如來藏中的一小部分功能而已。這樣看來，受陰存在的當下，祂也是如來藏的一部分，就好比一個小指頭也是身體一樣；所以受陰也是如來藏，所以受即是空，空即是受，受不異空，空也不異受。

現在終於懂了，原來「受想行識，亦復如是」，講的就是這個道理，心裡面很歡喜的看到了法界的眞實相，請問：「你這時能不能自稱爲喜見菩薩？」（衆答：可以）當然可以！因爲你歡喜的看見法界實相了，人家所不懂的，你今天懂了，自然有資格稱爲喜見菩薩，所以菩薩們的名號都是有來頭的。如果你已經破參了，今天聽我講了這個道理，就等於把《心經》又講了一遍，你說：「啊！我眞的完全懂了，不是似懂非懂。」很歡喜自己見地出生了，那你回去做個夢，夢中也可以自稱喜見菩薩，那麼今晚就請諸位回去夢中當個喜見菩薩吧！

【明相菩薩曰：「四種異、空種異，爲二；四種性即是空種性，如前際後際空，故中際亦空，若能如是知『諸種』性者，是爲入不二法門。」】

講記：明相菩薩說：「地水火風四大種，以及空性種子不相同，這是二法；但是菩薩所見地水火風四大種的自性，其實也就是如來藏這個空性的自性種子；就如同前際是空性，後際也是空性，現前仍然是空性，所以能夠如此了知空性功能差別（種子）的人，他就是已經進入不二法門的菩薩了。」這部經自古有很多人註解，連近代的月溪法師都敢註解，如今也有否定如來藏的人敢講這部經，但是他們眞的能講出眞實義涵嗎？不可能！能夠依文解義而不說錯，就已經很好了，所以這部經還眞的不好講。學佛人大多知道：**在大乘法中修學目的就是要探究到萬法的本源，探究法界的實相而生起般若智慧**。人的五陰十八界也屬於萬法，山河大地、宇宙的成住壞空也屬於萬法。有很多人說要探究萬法的本源、探究宇宙的實相，現在明相菩薩講的正好是這個題目。

宇宙是講時間以及空間，貫穿過去、未來以及當下，是時間；從這裡來看四方上下無量的山河世界，叫作空間；時間與空間綜合就稱之爲宇宙。可是宇宙的眞相到底是什麼？很多人說：「**我要探究宇宙的眞相。**」不必發射超時空機器去宇宙遨遊，因爲，假使有一千歲的壽命，也遨遊不到百分之一、千分之一，因爲在虛空中不斷的前進，就要耗掉他百分之九十九點九的生命了，怎能探究清楚？所以我們大家很幸運，生在佛教正法中，不必像世間科學家用掉很多時間、很大的經費、浪費生命去遨遊宇宙，而仍然弄不清楚宇宙的眞相；因爲弄到後來，他還得要回到實相心來探究，才會知道宇宙的眞相。可是心就在他身中，何需遠遊呢？

我們再來看明相菩薩的說法有沒有道理？對一般初學佛人及對二乘法行者來說，四大種與心是不相同的，對他們來說空性與心也是不相同的，所以當他們把四大及空性的種子（功能差別）合併來看待時，仍然是二法，仍是相待的；所以對眾生來說，一切法都是相待的。但是對於初學大乘法及二乘法的人來講，他們認為空的種子（功能差別）就是緣起性空，就是一切法無常終歸於壞滅空，這個空與蘊處界可以說是合在一起的，因為蘊處界存在時終究會壞滅而成為無常空，壞滅空的現象在蘊處界出生時就已經開始而不斷了，他們這麼認為。他們看到心外有四大種所造成的山河大地，而蘊處界中也有四大種造成的色蘊身體，但是這些跟他們所認為的空卻是兩個法，他們會認為這一些法存在的時候就不是空，當無常時間到來毀壞了才叫作空，所以對他們而言，他們說的空是緣起的性空。但是《心經》說空即是色，所以他們就解釋為色法存在的當下已經在漸漸的散壞中，所以色即是空，空即是色。

可是他們錯解了佛法，佛在阿含道中說緣起性空時，已經說明：依識、依本際、依如，而說諸法緣起性空。後來大乘法中的二乘行者，譬如印順法師這一類人，他們比較聰明，因為讀過般若經典，所以就解釋說：在山河大地色蘊出生時就已步步走向無常空，所以這個無常空是與色蘊同時存在，所以稱為不二，他們會這樣解釋，算是比南傳佛法的二乘人進步了一些。但問題是他們仍然解釋錯了：把蘊處界顯示的無常空當作是 佛所說的常住的空性。 佛說的空性並不是這個意思，所以在經中或菩薩的論中都說：空其實不是空無，而是空中妙有、實有法性，雖然無形無色，卻能生一切色與識陰等心；所以空性的具足名稱應該叫作空有之性，既是空性也具有能生萬有的有性。但是眾生一向執著於有，病在有：所謂三界有、五陰有、六趣有、四生三有、二十五有，都病在有而不病在空，為了免除眾生學佛之後落在有中，因此特地立名為空性，不是單講一個空字。如果是無常空，是離本際、實際而說一切法空，那就不需要勞動諸佛來人間受生弘法利生了，因為斷見外道早就把這個道理講過了。

可是諸佛仍然再來人間繼續為眾生辛苦說法，是因為諸佛所說的空與外道說的無常空、斷滅空、緣起性空，本質大不相同。同樣的道理，菩薩悟了以後現前觀察：一切有情眾生的色與心都從空性如來藏而生。當菩薩悟後，從這個基礎再深入觀行之後，會發覺：原來身與心（這裡講的心當然就是講七轉識），本來就只是在實際如來藏的表面上起起滅滅而已，本來就屬於空性心如來藏的局部種子（功能）而已，所以一切的色身、一切眾生所知的七識心，都不異於空性如來藏。然後菩薩再從這個基礎繼續觀行，發覺到：如來藏還能與上一輩子的臭骨頭相應，還能夠跟過去世的許多子孫相應。那你說：如來藏這個空性種與四大種，到底是不是相同呢？當然是相同的。從這裡再往上去觀行，菩薩會發覺：原來只有空性如來藏能與四大種相應，七識心都無法跟四大種相應。菩薩終於明白：原來四大種本來就是由如來藏所出生的，十方虛空所有的四大種都是有情眾生的空性如來藏心共同變現出來的；由此緣故，眾生的敗壞共業成熟了，山河大地就壞了，另一個全新的山河大地就在他處虛空中出生了。菩薩觀察到一個事實：眾生所知的心都與四大種不相應，但是眾生的空性心如來藏卻能與四大種相應，原因正因爲四大種是空性心如來藏變現出來的。所以山河大地其實是共業眾生如來藏的一部分，所有眾生的色蘊也是各自如來藏中的一部分，本來就不能說是二法；由這裡來看，四大種的自性其實也就是空性種子（功能差別）之一，所以「四種性即是空種性」。

每一個凡夫有情過去無量世都各有色蘊由四大種所構成，未來仍將會有四大種所構成的無量世的色蘊；可是過去無量無數劫的所有色蘊，以及未來無量無數劫後一直都會有的色蘊，都是緣起性空，但也都是空性如來藏所生，都是每一個有情各自的如來藏中種種自性之一，與如來藏其實不二。前際如此，後際如此，中際的現在、現前的色蘊、現前的山河大地一切世界，也都是緣起性空的，但都是如來藏所生，都屬於如來藏的局部種子（局部功能體性）。換句話說，一切法都是如來藏，山河大地一切色蘊也都是如來藏。假使你能明心，你就能夠這樣由淺而深，次第觀察到究竟，究竟時就是你成佛的時候了。但是隨著個人因緣的差別不同，對於剛才我所說的那些觀行，可以各有不同的層次的觀照般若出現，但這個觀照般若卻是從實相般若去觀照而有的。所以觀照般若有二法：一法是悟前去觀照，那個觀照般若叫作假想觀；但是你悟後開始去觀行，那是實際上有所依憑的觀行，那就是實相智慧中所產生的觀照般若。

從實相般若出發去做的觀行而現前看見這樣的事實，就知道原來一切大種都是如來藏中的體性，所以一切大種的自性不異於如來藏，其實本來就是同一法；當你這樣觀察到的時候，就是入不二法門了。如果你只觀照到你的色蘊是你的如來藏所生，與如來藏不二，本來就是如來藏中的一部分；這一世壞了，下一世還會從如來藏中再出生色蘊，這樣只是初步證得不二法門的人，就算是進入不二法門中的新生了——新學菩薩，終於可以在以後轉入久學菩薩數中；能不能觀行到很深入，那就看悟後有沒有繼續跟隨眞善知識修學，能否如理作意的深入思惟以及觀察。但是明心後如果沒有能力現前做這種觀察，雖然知道了密意，仍不算是開悟，仍然只能算是新學菩薩，還沒有入門，所以知道了密意也沒有用。所以探聽而知密意的人都不算開悟，因為他無法現觀空種與四大種不異，不能觀察色蘊是如來藏所生，就無法觀察到意識心七轉識也是如來藏所生，他的見地不可能發起，轉依就不會成功，當然不能稱之為開悟，所以雖然知道了密意，仍然是凡夫。

所以大乘法很公平，就是要你直心去學、去參，投機取巧去套交情而得到了密意，仍然是悟不了的；雖然知道密意了也沒有用，因為沒有體驗的能力，也失去了參究過程中的觀行所生的智慧。所以在大乘法中唯有親自實地履踐才有可能確實發起見地，否則縱使知道了密意，仍無法使智慧生起；見地不能顯發，知道了密意仍然不算開悟。即使哪一天有人把密意寫在書上，印了到處發，讀後知道了也沒有用，仍然是沒有悟入的凡夫；因為沒有智慧生起，完全沒有功德受用，所以無法實地轉依空性，那他的成佛之道其實還是沒有入門。這一點要特別讓大家瞭解，只有老老實實去學法，實相智慧才有可能次第生起。否則，空入寶山以為撿到鑽石回家了，可是那一顆鑽石回到家裡以後會變成玻璃，空有鑽石表相而無鑽石的功能。這一點特別跟大家吩咐，因為很重要。

【妙意菩薩曰：「眼、色為二；若知眼性，於色不貪、不恚、不癡，是名寂滅。

如是耳聲、鼻香、舌味、身觸、意法為二；若知意性，於法不貪、不恚、不癡，是名寂滅。安住其中，是為入不二法門。」】

講記：第十九位是妙意菩薩，他說：「對一般人或是對二乘聖人來講，眼根與色塵是相對立的，眼根與色塵是互相觀待的法，所以眼根去攝取外色塵；但是眼識與色塵仍然是相待的，眼識攝取內色塵加以了別，所以眼識所面對的是內色塵；這也是互相觀待的法，互相觀待就表示是兩個法；可是眼根與眼識的自性是什麼？其實是如來藏性，因為眼根與眼識都在如來藏的表面上運作，本來就是整體如來藏中的局部。」如同鼻子，我們說它是鼻子，但你不能說鼻子不是身體；雖然另外把它立名叫作鼻子，還是身體的一部分。同理，如來藏有無量無邊的法，其中有兩個法：眼根、眼識，都沒有離開如來藏，如同鼻子沒有離開身體。所以眼根、眼識是如來藏的一部分，但是怕人家不知道而混淆了，特別說明如來藏不等於眼根、眼識；比如說，如果一夥人都住在如來藏境界中，所見都是如來藏，那麼互相要怎麼稱呼？譬如說，如果我要呼喚楚妍師姊，我叫：「如來藏！」她會知道我是在呼喚她嗎？不知道！那我該怎麼辦？還是要安立「楚妍」這個名稱。

眼根也一樣，要安立一個名稱叫作眼根，眼識也要安個名稱叫作眼識。比如說：

「我身體很痛！很痛！」但我只說身體，誰知道哪個部分痛？醫生怎麼醫你？你一定要用動作（指著鼻子）指出來：這裡痛。或者用語言說鼻子痛，醫生才知道我身體這個部分痛；但是說出鼻子、指出鼻子，鼻子仍然是身體，不可說鼻子不是身體。同理，眼根與眼識，離開如來藏就成爲無常性，攝歸如來藏就有眞實常住性，祂的眞實性其實也就是如來藏的無量自性之一，所以總括而言仍然是如來藏性。可是如果你要說明如來藏中種種自性中的一種自性，你總不能只用**如來藏性**來說，那人家就不懂你現在講的是哪個部分的如來藏自性，所以得要施設個名字叫作眼根的自性、眼識的自性，但是眼根與眼識的自性其實都仍然是如來藏的自性之一。假使悟了，現前觀察到眼根與眼識都只是如來藏中無量自性之一，我們就說你眞的知道眼性；當你知道眼性時，你自然就知道了：原來我眼根、眼識所貪著的色塵也是如來藏性。既然是這樣，如來藏出生了眼根與眼識，然後再由眼根與眼識來玩如來藏出生的色塵，正是自己玩自己，沒有外法。

譬如說有很多女眾每天化妝得漂漂亮亮的，很滿意：「我今天很漂亮！」可是妳看到什麼漂亮？你看到的漂亮是外法嗎？妳其實沒有看到自己，妳只看到鏡子中的影像，而那個影像跟妳自己的臉都是沒有被妳眞的看到，妳看到的只是妳眼睛從鏡子裡面反射的臉像；而鏡子影像投射在妳的眼球後端時又是顚倒的，剛好上下一百八十度顚倒的臉像。可是明明妳看到的自己臉像是沒有顚倒的，那表示：妳所看到的妳並不是鏡中的妳，妳眞正看到的是如來藏隨應變現出來的好像有物質相、好像有色塵相的內相分而已，才不會仍是上下顚倒的眼球晶體中的影像。可是當自己在那邊沾沾自喜：「我今天精神飽滿，化妝又好，今天眞漂亮！」自我欣賞一番時，其實是自己在玩自己：妳的如來藏出生了眼根與眼識，然後又在頭腦中出生了臉像的色塵，由如來藏所出生的眼根與眼識在玩如來藏出生的色塵，那不是自己玩自己嗎？這才是法界的眞相。

所以所取的色塵妳以及能取的覺知心妳，都是背後如來藏所出生的，自己卻不覺得被如來藏出生，以爲自己很厲害，然後在那邊玩賞如來藏所生的色塵像，其實是自己玩自己。所以這樣看來，再怎麼漂亮也是如來藏自己，欣賞漂亮的也是如來藏自己，既然都是自己玩自己，又不是外法，對於外法色塵就不必貪了。也許很多人去世界旅遊，有人去美西大峽谷玩，有人說：我九月去日本北海道賞楓，十一月去北海道看海上冰塊……等等，歐洲又更漂亮了，可是你看到的是什麼？還是你如來藏變現的色塵相，你沒有眞實看到那些風景。你說：「有啊！至少我的眼球有看到。」請問：「眼球是你嗎？」眼球不是你！你是意識、是眼識，而意識、眼識的你接觸不到色塵。眼球接觸到外面的影像，但眼球是誰變生出來的？是如來藏變化出來給你用的。可是你看到了美景，是眼球看到了影像嗎？不是，你看到的其實只是如來藏在你勝義根（頭腦）裡面另外變現出來的影像，讓你看起來說覺得有看見外像。其實你沒有看見，你看見的是如來藏在頭腦中變出來的影像：藉眼根的扶塵根與勝義根而變現出來的影像，與外塵的影像完全相同。

聽我講解這個道理以後，心想：原來迢迢千里跑到世界各國去欣賞風景，欣賞的都是如來藏變現出來的內相分。然後又想：算了！不去旅遊了，反正看來看去都是在看我自己。是啊！就是看你如來藏自己。可是等到我問你說：「你的如來藏在哪裡？」又不知道了。所以學大乘法，開悟之前就是這麼可憐；什麼時候能開悟？不知道！沒有把握。因此學佛學了十幾年、二十幾年、三十幾年以後越學越喪氣，不知道該怎麼辦，乾脆學羅漢法算了，於是走入南傳「佛法」的聲聞法中去了。但是當你找到如來藏之後，再深入去修學，最後終於可以現前觀照到：原來我到世界各國去，一生花了幾百萬元去全球旅遊回來，看到的都只是自己的如來藏變現出來的內相分而已。然而如來藏在哪裡？還是不知道。

也許有人在證得如來藏之前，聽我這麼說，不相信：「我特地再跑去澳洲玩玩看好了，我不停的看，應該可以看到如來藏吧！」結果還是沒看到。可是因緣成熟了，從澳洲回到家，剛踏進門時卻說：「我看到了！」原來想要看到的如來藏不必跑到澳洲去看。終於悟了，終於證實：確實我看來看去都只是看我如來藏變出來的內相分而已，原來眼根與眼識的自性都只是如來藏中的無量自性之一。既然如此，就說你懂得眼根與眼識的自性了。眼的自性眞實瞭解之後，色的自性不久也會跟著眞實瞭解，如此一來對於外色塵就不貪了。於色不貪時，假使你正在吃飯，人家拿了一坨狗屎放在你餐桌上，你說：「算了！我看到的也只是如來藏變生出來的狗屎內相分而已，我也沒有眞的看到狗屎。」也許有人說：「哪裡沒有？我鼻子還聞到臭味！」請問：「你的鼻根、鼻識是你自己嗎？」仍然不是，你只是暫時而有，還是如來藏把你變現出來。也許你說：「但我聞到了屎臭味了。」可是那味道，你眞的聞到了嗎？沒有啊！你的鼻識是心，根本接觸不到香塵，香塵是物質的法；鼻識既然是心，怎麼能接觸到物質的香塵？可是明明聞到了，原來是如來藏在你的鼻勝義根裡面變現出狗屎的香塵，好像是有物質的內相分讓你鼻識接觸到：原來狗屎是這臭味。但是推究下來，鼻根、鼻識以及所聞到的香塵都是如來藏變的，結果還是如來藏生出的法，再由鼻根與鼻識配合去聞如來藏自己生出來的香塵，還是自己玩自己。既然這樣，你眼睛看到狗屎時，就不必趕緊轉頭了；以後看到什麼恐怖的影像，不必趕快矇起來，因為你是看到自己如來藏所變的影像而已，這樣你就於色解脫了，在色塵相上你就解脫了。

悟，要有悟的功德，透過這個觀行，你就把證悟的功德拿出來領受，應當現前享用，這樣才是轉依成功的人，才能叫作開悟；但這必須是已經親證如來藏了，能現前觀察證實，心中才會眞的做得到，就有證悟的功德了。如果悟了沒有功德，那麼求悟做什麼？不悟也罷！所以探聽來的密意並沒有用，起不了這種功德。既然能夠眞的開悟了，於色不貪，當然於色也就不恚，看見再難看的色塵也不必生氣；不貪、不恚的原因是因為你於眼性、於色性都能無癡，你了知它們的自性本來就是如來藏性，本來就是空性之一。既然是這樣，你就會發覺：原來如來藏出生了我，然後由我去領受如來藏出生的色塵，可是如來藏本身並不領受，祂出生了覺知心我、離念靈知的我，來領受祂出生的色塵，祂自己從來不領受，所以祂離見聞覺知，原來如來藏的自住境界就是無餘涅槃。你終於懂了：原來無餘涅槃裡面就是這樣。本來是一心想要入無餘涅槃的人，現在卻不必入了：因為無餘涅槃的境界我現前就看見了，就是如來藏獨住的境界，祂離見聞覺知，都不作主，都不思量，都沒有好惡，不生不死，不來不去，那就是眞正的寂滅了。

所以如果眞實了知眼性、色性，眞實了知耳性、聲性，乃至眞實了知意性以及法性，自然就會知道：原來如來藏恆常永住寂滅境界中，無始劫以來一直都是如此。這樣子，寂滅境界現前可得，不必等死了才寂滅，也不必進入到深山叢林中才叫寂滅。所以有個公案很有名，人家問洞山：「夏天這麼熱，要哪裡避暑去？冬天這麼冷，哪裡避寒去？」洞山說：「向沒有寒暑之處躲避去！」假使你再問：「雪裡去！」就是這個道理。不過沒有破參的人眞的聽不懂，保證聽不懂！天氣這麼熱，沒有冷氣還眞受不了，可是偏偏叫你大太陽底下曬太陽去。但這到底是什麼道理？大太陽底下是比房子裡面更熱的。但是你如果問我：「如何避暑去？」我就告訴你：「大太陽底下去！」那裡最清涼，不冷也不熱，最適合安住。你如果破參了，你就知道我在說啥；還沒有破參時，一定聽不懂。所以你若能夠聽懂，表示你對身根、身性及觸塵的法性不癡，你在這上面沒有愚癡了。所以，沒有愚癡時，有冷氣也好，沒有冷氣也好，都無所謂；扇子拿來一面搧、一面聽法，儘管渾身大汗，仍然是不冷也不熱，事實是如此，這才是法界中的眞實相。

當你於六根、六塵、六識不癡，那就不貪也不瞋，這就是**現前解脫寂滅**的功德受用。所以妙意菩薩說的眼、色爲二，說這個是二乘聖人以及凡夫們的境界。可是菩薩如果修到有一天知道眼的法性時，就知道色的法性；那時是眼、色不二，於色、於塵就不貪、不恚、也不癡，轉依寂滅境界了。

眼與色如此，耳聲、鼻香、舌味、身觸、意法也是如此，這些對眾生、對二乘聖人來說，都是相對的二法。菩薩如果能夠懂得耳聲、鼻香、舌味、身觸乃至意與法的自性，就能夠於法不貪、不瞋也不癡，這就是證得寂滅的賢位菩薩了。你們破參的人聽到這裡，再來回想一下六祖《壇經》，六祖不是交代弟子們說：「如果有人來問，你就用三十六對去應付。」但我告訴你：「其實可以用無量對。」如果他問你：「如何是黑法？」你就答他：「白法！」他如果問你：「如何是佛？」你就說：「眾生！」「如何是法？」你就再告訴他：「就是非法！」如果他問你：「如何是善？」你就答他：「惡！」如果有人無聊來問：「如何是美？」你就說：「醜！」保證他一定聽不懂，因爲他一定落在文字表相上，沒辦法懂得你在說什麼。所以禪師有無量無邊法來攝受眾生，只看眾生證悟的緣成熟或不成熟。假使緣熟了，甚至於他問你：「如何是三寶？」你默然不答，轉身只管自己走了，他也會悟。如果緣不熟，你再怎麼解說，他也悟不了。即使把答案爲他明講了，他還是不能悟：雖然已知道密意，但轉依不成功，見地發不起來。

所以大乘法的實相般若，常常是一踏進門就知道這個人有悟沒悟，其中的厲害在什麼地方？如果像雍正皇帝一樣，說一定要進得小參室來，一遍又一遍的觀察，才能知道他有沒有悟，那根本就是悟錯了；因爲雍正要看人家進得房間以後，跟他一起打靜坐禪七時有沒有妄想？是不是昏沉、打瞌睡？這樣經過三、五回，他才爲對方印證開悟，所以雍正印證了好多清朝大臣開悟。可是問題來了，自古以來很多眞悟的祖師，當有人來求見，對方一踏進方丈室，他一看就知道這個人悟了，這道理在哪裡？這裡面一定有厲害處，到底厲害在什麼地方？能夠知道這個厲害的所在，才叫作大乘法中眞正開悟的菩薩。假使不能這樣，而要長時間在那邊打坐，看他有沒有打妄想、昏沉？來決定他有沒有悟，那本來就是門外漢，所以雍正根本是門外漢，卻不許門裡人出來弘法、說法。所以進入不二法門的人，要有那種智慧。但是這種禪師的智慧，還不足以談到妙意菩薩這個智慧。妙意菩薩這個智慧、明相菩薩這個智慧，都得要悟後次第進修、逐步觀行才能夠成就。所以當你有一天證悟了，眞的看清楚：**原來眼與色看來是二法，卻是本來一法，**

而實際理地仍是寂滅，而無任何擾動。當你清楚六根、六識相對於六塵是二法，但其實仍然是一法，可是實際、本際卻是寂滅而無任何語言以及六塵，並且能夠安住下來不退失了，你就是已經眞實進入不二法門中了。

【無盡意菩薩曰：「布施、迴向一切智，爲二；布施性即是迴向一切智性，如是，持戒、忍辱、精進、禪定、智慧，迴向一切智爲二，智慧性即是迴向一切智性；於其中入一相者，是爲入不二法門。」】

講記：輪到第二十位無盡意菩薩，他說：「菩薩行一切施，但是菩薩做一切施的時候，都把布施的功德迴向證得一切智。」一切智有兩種：一種是聲聞阿羅漢的一切智，細分爲十智。如果是像周利槃特伽，他的一切智只有九個，只有修到盡智，沒有無生智，所以他無法爲人說法。因爲他沒有無生智所以沒有解脫知見，無法爲人說法，所以受供之後人家請他說法，他說：「我不會說法，我請舍利弗幫我說。」所以飯由他吃，法由舍利弗來說；因爲舍利弗十智具足，所以具足聲聞法的一切智。第二種一切智，講的就是實相的一切智慧，不是解脫道的一切智，而是大乘法中說的於一切法都已圓滿了知的一切智。這個一切智分成三個：第一是二乘法中的一切智，第二是菩薩所得的根本無分別智、後得無分別智、道種智，第三就是佛地所得的一切種智。所以這裡講的一切智，就是講佛地的一切智慧。

「菩薩行無量的布施行，都迴向證得佛地的一切智。」既然行布施行而迴向於一切智，顯然布施與一切智是二法。凡夫位的所有菩薩都是如此，所以才要迴向。「如果能夠知道布施的法性就是迴向一切智的法性，自然就會知道持戒的法性以及迴向一切智的法性也是同一個。」可是眾生不知道，都認爲：我受持菩薩戒，我受持聲聞出家戒，把功德迴向佛地的一切智慧。所以受戒與迴向一切智，成爲兩個法。但是菩薩證悟之後，再來看布施，再來看迴向一切智，他會發覺其實是同一個法。我們無妨像拆字一樣來幫大家拆一下，讓未悟的人也容易理解。

請問：「你迴向一切智，是誰迴向？身體能不能迴向？」身體當然不能迴向，身體又不是心。「那是誰迴向？」心啊！眾生所知的心最多就是七個識；一般眾生則只知道六個識，不但一般眾生，連印順、昭慧他們也只知道六個識。你們來正覺同修會學法，比較有智慧，知道第七個識原來在那裡，終於知道是七個，我們書上也說有七個妄心。這七個識合起來說是妄心，妄心能把所修行的一切功德來迴向一切智，所以迴向一切智的法性其實就是七識心的法性。但七識心從哪裡來？

是由如來藏所生。知道這個，接著可以說布施了，請問：「布施是誰在布施？是身體布施嗎？」身體只是段肉，又怎能布施。「那是心在布施嗎？」可是心只是無形無色的法，又接觸不到物質，祂又怎麼布施？原來得要五陰身心合起來才能布施。可是如果單單你的身體跟你的七識心等五陰就能布施嗎？有好多人搖頭說不，爲什麼呢？因爲五陰確實不能布施，因爲得要靠你的如來藏，你才能布施。如果如來藏不在，那你就成爲死人一個，還能布施啊！可是如來藏到底在哪裡？還是不知道。等到悟了，一看：原來布施這一件事情，是由我的如來藏出生了身體以及七識心，還要加上如來藏出生的六塵，才有辦法布施。原來迴向一切智的身心也是如來藏所生的法，而布施的我也是如來藏所生的法，原來我只是在如來藏中打轉而已；我藉著如來藏跟眾生接觸才能完成布施，而接受布施的眾生也是由如來藏跟我的如來藏接觸，眾生並沒有跟我妄心七識直接接觸。見了這個布施的眞相以後，就知道布施與迴向一切智，都只是自己的如來藏中的事情，根本不曾外於如來藏，所以布施性與迴向一切智性本是一法而非二法，就入了不二法門。

可是你如果還沒有悟，就說：「這蕭平實老師都亂講，明明我跟眾生有接觸到。」可是我告訴你，等你悟了，你會說：「我確實沒有接觸到眾生，都是如來藏接觸的，原來蕭老師講的都正確。」事實是如此。這時眾生所認爲的兩個法，初學菩薩也認爲的兩個法：「我去布施，然後把布施的功德迴向一切智，布施是一法，迴向一切智則是另一法。」後來悟了卻說：「原來布施也是如來藏，迴向一切智也是如來藏，那麼看起來顯然就是同一個法，不是二法。」六度的布施就在這裏弄清楚了：原來我三大無數劫的成佛之道都是要在如來藏裡面修行，我沒有離開如來藏去接觸外面，所接觸的外面其實都是如來藏變現給我的六塵相而已，原來是同一個法。

這樣，再來看持戒：持戒是不犯眾生，可是你不犯眾生，說一句老實話，你無始劫以來本就沒有犯過眾生，都是如來藏在犯。你說：「哪有？明明就是我五陰在犯啊！」所以你落在二法中。如果你知道說：「原來都是如來藏在犯。」那你就沒有二法而入於一法中了。可是等你悟了以後卻又反過來說：「原來如來藏犯的還是我犯的，不是如來藏犯的。哎呀！佛法怎麼可以這樣翻來覆去都對！太妙了！原來兩邊都通，說如來藏是壞蛋也通，說如來藏是好人也通；說如來藏有做好人、壞人也通，說祂沒有做好人、壞人也通啊！佛法太妙了。」當你把你實際上所觀見的講出來時，阿羅漢聽了說：「對不起！菩薩！你講了老半天，我都聽不懂。」他眞的聽不懂。這時你就知道：

原來我持戒以及用持戒功德來迴向一切智，都是在我的如來藏裡面持戒、迴向，不涉外境，都是如來藏中的事，原來是同一個如來藏法，不是兩個法。布施如此，持戒如此，精進、忍辱、禪定及般若，原來都是同一個如來藏法，於是你進入不二法門了，終於瞭解：**原來菩薩們修學的般若就是實相的智慧。**

可是現在請問諸位：**實相的智慧是由如來藏證得實相智慧嗎？還是由你的意識證得實相智慧呢？**當然還是由意識證得。可是意識從哪裡來？祂從如來藏來，是如來藏所生，如來藏出生了意識來證得般若實相的智慧。這個智慧是從觀察什麼而來？原來是從對如來藏的觀察而來。結果是由如來藏出生的意識心來觀察如來藏自己而證得實相智慧，如來藏自己仍然沒有智慧；但所證的智慧與意識心是兩個相對的法，也就是說般若妙法是一個法，意識心是另一個法，所以是兩個法；但這兩個法都是如來藏所有，原來成佛之道是把證得的智慧再來迴向成就佛地的一切智。意思是說：證得這個實相智慧之後，要邁向佛地，於未來三大無量數劫中將會成佛；但你這個迴向還是依如來藏來迴向的，因爲能迴向的你及所迴向的佛地功德等二法，所作的迴向與一切智慧等二法，本都是同一個如來藏所有，都是如來藏中事，本是同一如來藏法。既然迴向一切智的自性，以及般若實相智慧的自性，都是同一個如來藏法，那你就是入一相境界的人了。所以無妨萬象繼續崢嶸，無量無邊的法相無妨此起彼落；假使可能的話，乃至同時現起也無所謂，在菩薩看來都只是一相——如來藏相。現前觀察到了這一點，那你就是進入不二法門中了；從此以後，能見聞覺知的自己，與所見、所聞、所覺、所知莫非如來藏一相，那你就是已經確實進入不二法門的人了。

【深慧菩薩曰：「是空、是無相、是無作爲二；空即無相，無相即無作；若空無相無作，則無心意識；於一解脫門，即是三解脫門者，是爲入不二法門。」】

講記：深慧菩薩說：「一般人與阿羅漢的看法，空以及無相是相對的法；無相以及無作，也是相對的法。」空與無相爲什麼是相對的？現在要探討一個問題：虛空到底是眞實有？或是假有？（有人答：假有）當然你們聽我說很多了，都知道是假有；可是你如果去外面問，他們一定告訴你：「虛空眞實有。」我們講了很多年了，虛空叫作色邊色：虛空附屬於色法，虛空仍是色法；既然是色法，當然是假有，因爲是從物質的邊際說那裡叫作虛空。物質有個邊際，物質的邊際外面就是虛空；所以把它施設爲虛空，其實是依物質的邊際來施設，虛空不是實有法。

所以，從阿羅漢的觀點來說，空這個法一定是因為物質而說它是空，如果沒有物質就沒有空，所以空是色法之一，名為色邊色。無相是沒有法，才叫作無相；可是空是色邊色，所以空有相：依色而有虛空相。但是空（這裡講的空，是指諸法無常滅後的空），諸法無常而滅失以後的空，並不是本有的，是依色法滅後而說是空，所以空顯然是依壞滅前的色法而有；由於色法滅了，所以稱為空，然後再從這個空的概念，而說現在叫作無相，所以無相也是色相，是依色法滅除後的空來建立無相，所以無相是有法滅失後的空無所建立，所以空其實仍是有，所以空與無相是兩個相對待的法。二乘人說：因為五蘊緣起性空，緣起性空故終究毀壞，所以變成無相。既然無相，終究都沒有了，都空掉了，我為什麼要在那邊辛苦的有為有作，是想要做什麼呢？凡有所得，終歸於空，那就不必去做什麼事情了，所以依緣起性空的現觀來得到無相的結論以後，他們的心就住於無作的境界中，所以這個無作還是依於無相而建立的，而無相是依三界有的有相而建立的，仍然是二法；如果不是無相，就不會有無作這個心態存在。

可是菩薩看空、無相、無作三昧，並不是這樣看的；菩薩看到的空，不只是二乘人所看到的空。二乘人是看到現象界（特別是世俗法的蘊處界）緣起性空，所以稱為空。但菩薩所說的空是指空性——是空無形色而有真實法性，名為空性；這空性本身就是無相的，既然無相就無所得：是從來無所得、現在無所得、未來也一樣無所得。而有所得的蘊處界終究會毀壞，把全世界賺到手以後還是要失去，帶不到下一世去。可是從賺到手的現在，從還沒有捨壽失去的現在，依空性如來藏的自住境界來看，根本也無所得；因為都是由五陰來得，如來藏自己並沒有所得；祂從來不領受六塵中的一切苦樂，全無所得，所以是**空**。既然空無所得，如來藏自身是空而無相，附屬於如來藏的五陰所得也是緣起性空而無相，同樣都是**無相**，當你轉依了如來藏的無所得以後，又何必為了世俗法的獲得而努力去辛苦呢？既然都沒有追求所得的必要了，所以就**無作**，於是**空**、**無相**、**無作**三昧便成就了；這是菩薩的三三昧，與二乘人的三三昧不相同。所以二乘聖人的三三昧，通教菩薩很容易就得到現觀，但終究不能發起實相般若的智慧，於法界中的萬法仍然無所知；通教菩薩既追求成佛之道，終究不能滿足於此，要進求大乘法的三三昧，所以去求證如來藏，因此而發起大乘的三三昧，終於成為別教菩薩。

但是這個三三昧所謂的空，是說如來藏本來就無形無色，不是講蘊處界無常空；如來藏本來就不領受六塵，也不持有財產、眷屬、名聲，哪有什麼所得可說呢？既無所得也就無爲無作，在眾生位乃至地獄身時已是本來如此，所以如來藏在眾生位時叫作虛空無爲，祂是猶如虛空一般的無爲性，又依祂的眞如法性而說祂叫作眞如無爲，名爲因地眞如、雜染眞如，所以祂從來都無所作。既然空、無相、無作，轉依於祂，就沒有心意識可說了；因爲過去心、現在識、未來意只是三世名稱的意識，其實都是虛妄法（編案：詳見平實導師著《阿含正義》的舉證及解釋），並且也都是如來藏所生的生滅法，菩薩從實相般若來看這個三三昧時，說它是聲聞法中的三解脫門；可是這個三三昧的三種解脫：空解脫、無相解脫、無作解脫（或者叫作無願解脫），其實就只是一個解脫門而已，叫作如來藏解脫。菩薩能夠現前確實證明三個解脫門就是一個解脫門，這位菩薩就是已入不二法門了，他就有能力爲人解說二乘的三三昧，也有能力爲人解說大乘的三三昧，並且能爲人解說：這兩種三三昧爲什麼都是一個解脫門而叫作如來藏解脫。當你有這個智慧能爲人這樣說法時，你就可以被稱爲深慧菩薩。

【寂根菩薩曰：「佛、法、衆爲二；佛即是法，法即是衆，是三寶皆無爲相，與虛空等；一切法亦爾。能隨此行者，是爲入不二法門。」】

講記：第二十二位寂根菩薩說明入不二法門。寂根菩薩說：**「佛、法與僧眾也是相對待的二法。」**為什麼會是相對待的二法？因為一般眾生一定是這樣看待：佛為什麼稱之為佛？是因為證得成佛之法。諸佛也都說以法為師，如果不是法，諸佛就不能成佛，所以諸佛是因為法而成佛的，很顯然佛與法是兩個相對待的法。法與眾僧（這個眾僧是講僧眾、僧寶等僧），佛與僧眾、法與僧眾也都是互相對待的。僧眾為什麼稱之為僧？因為隨佛出家而受持佛戒、修學佛法，所以稱為僧眾，所以僧眾與佛是相對待，與法也是相對待，都成為二法；因為出家的目的就是修學佛法，所以佛、法、僧三寶也是互相對待的各二法。可是寂根菩薩悟後卻看到說：**「佛就是法，法就是僧眾，三寶都是無為相，與虛空無為是相等無一的。」**我們這部經講完以後確定要講《勝鬘經》了，《勝鬘經》也很深，但是《勝鬘經》就很明確的說：佛即是法，法即是僧。但是這三法，推究到最後，佛、法、僧其實就是佛，因為法與僧都從佛而來，還是一法。

這裡也一樣，寂根菩薩是以佛為依歸的，轉依於佛，所以叫作寂根：六根寂滅。可是他明明在三界中說法，為什麼可以叫作寂根？既然在三界中學法、說法，顯然六根不寂靜，他的名號卻是寂根菩薩。這意思就是說，他所究竟皈依的是自性佛，自性佛就是人人本來就有的如來藏。諸佛成佛之後，仍然是以自性佛為最後依歸，所以說佛有三身：法身就是自性身，然後才有報身以及應化身。我們兩千五百多年前追隨學法的釋迦牟尼佛是應化身，感應了我們這些得度的眾生，所以祂來應化，但祂還另外有個莊嚴報身正在色究竟天為諸地菩薩說法；可是那個莊嚴報身也只是一個不眞實的法，是由祂的自性身（就是佛地的如來藏）所變現出來的，所以佛地的如來藏又名無垢識、果地眞如：從阿賴耶識位漸次進修，最後轉變為無垢識，才是眞正的成佛之道。這個第八識眞實佛、自性佛，在佛地稱為無垢識，在我們這個階段稱為阿賴耶識，統統稱做如來藏。

千萬別像西藏密宗一樣要往虛空去找如來藏，也別像西藏密宗亂解釋：「要觀想出一條中脈，再於中脈裡頭觀想出一顆亮亮的明點，叫作如來藏。」那叫作妄想如來藏，他們把佛法名相拿來自己瞎編而欺騙世人，那個觀想出來的明點可不是如來藏。如來藏在你身中，你要去把祂找出來，當你找出來以後會發覺：諸佛成佛之後，不論是應化身或是莊嚴報身，都還是如來藏無垢識變化所成，而讓諸地菩薩來面見、禮拜、供養、讚歎；莊嚴報身、人間的應身及種種不同的化身，都是佛地的如來藏無垢識所變現出來的；由此看來，十方三世諸佛都是由祂們的第八識如來藏各自變現的，那麼到底誰才是眞佛？結論還是如來藏。有佛出現在三界中，爲大眾說出一大堆的法，一輩子也讀不完。要多久才能讀完呢？要遊盡普賢身才能讀完。普賢身有多大呢？要三大無量數劫去遊盡十方無盡的世界，這樣才算遊完了普賢身。廣大的普賢行具足圓滿成就了，那時你才知道佛法是這麼多，才算你在佛法大學中畢業了。所以，佛法有多少呢？就是有普賢身那麼多。但普賢身中這些法是從哪裡來的？還是從如來藏來，所以法仍然是如來藏，不二。

佛與法說過了，接著要說僧眾。僧眾從何而來？如果沒有身口意，能有僧眾嗎？不可能有。如果沒有佛、法，也一樣不可能有僧眾，所以僧眾從佛、從法而來；可是佛與法也都從如來藏來，而僧眾的身口意也都從如來藏來，這樣看來，佛、法、僧三寶顯然是一體的，原來就是如來藏。回家以後得要好好禮拜如來藏，原來我皈依三寶是皈依如來藏：**皈依佛的如來藏，皈依萬法的如來藏，皈依一切僧眾的如來藏。**原來最後還是皈依我自己的如來藏，原來這三寶是同一個。三寶不可分家，誰要是把三寶分家割裂了，或是擅自增加了第四寶，那他就是外道。如果他在三寶中，或者皈依了三寶，卻把如來藏否定了，那他也是外道，因爲三寶都從如來藏來，三寶本來就是一寶——如來藏，外於如來藏就沒有佛寶，沒有佛寶就沒有法寶與僧寶。如來藏出生了三寶，看來好像是有為相，所以佛陀出生在人間當太子，然後出家修道、成佛說法，最後入涅槃，八相成道，眞辛苦！那當然是有為相，可是有為相背後的祂（法身佛）卻是無為相。

佛來人間成佛之後說法四十九年，到底說了法沒有？（無人應答）到底說了沒有？（有人答：說了。）說了！這是魔說！因為《金剛經》明明說「佛沒有說法」。可是問題又來了，如果說「佛沒有說法」，佛明明又說了四十九年法，三大藏說了那麼多！到底佛說了法沒有？如果你有智慧，你就說「說即是不說」，因為確實如此。佛陀說法四十九年，其實既不曾說，也非不曾說；因為說法的是佛，可是自性佛沒有所說；但是利根的人卻在自性佛沒有所說法的當下就悟入了，反而說是「自性佛不說而說，應身佛都沒有眞的說到法」。有個外道就這麼厲害，在佛默然後悟入了；所以「不說而說，說即不說，是名佛說」，大乘佛法確實如此。因此你從三寶的實際，也就是從如來藏自身來看，如來藏是無為性的；可是無為性的如來藏出生了佛法僧三寶之後，三寶卻可以是有為性，而有為性的三寶畢竟只是如來藏中的一部分，所以三寶仍然是無為性，與虛空無為相等無二。

虛空也是無為性，你拿火來燒它，它沒有意見；你拿刀砍它，它也沒意見；你弄一大堆髒東西去噴它，它也沒意見；如來藏就像這樣，你把自己的如來藏罵到一塌糊塗，祂都沒意見。很多假名大師恨：「蕭平實說有如來藏，並且親證了，偏偏我自從他出來弘法，聽到他這一句話以後自己參了十幾年，就是找不到祂。我的如來藏眞可惡，躲得那麼緊密，讓我找不到，如來藏是大壞蛋！」每天都罵。可是他罵盡了壞話，他的如來藏還是如如不動，沒有任何意見，也不會對他生氣，連悶氣都沒有。可是等到有一天他悟了，他將會說：「原來我是用如來藏在罵如來藏，結果我並沒有罵祂，是祂自己在罵自己，跟我無關，所以我以前罵的都不算數——我都不認帳。」他確實可以不認帳，這才是菩薩；認帳就不是菩薩了，你說奇怪不奇怪？是啊！法界中的眞相確實如此。

這些法，你們已經找到如來藏的人，只有聽了更高興而已，都不會反對。所以，如來藏是無爲相，而三寶都是如來藏所生，所以三寶也是無爲相，都與虛空無爲平等無二。三寶如此，如來藏所生的一切萬法，也都同樣是無爲性，能夠隨入這樣的身口意行當中的人，就是進入不二法門的大乘聖人了。這樣隨入如來藏行中的菩薩，他平常無事時一定是六根寂靜的，不會特意去攀緣任何一法，也不會向眾生攀緣，更不會向佛攀緣而一天到晚纏著佛：「拜託啦！佛陀！趕快讓我成佛啦！」都不需要，他就只是按部就班的走下去，到最後一定會成佛，所以菩薩諸根寂靜。你悟後如果能夠這樣轉依而住於寂靜中，那你就是寂根菩薩了。

【心無礙菩薩曰：「身、身滅為二；身即是身滅，所以者何？見身實相者，不起見身及見滅身，身與滅身無二無分別；於其中不驚不懼者，是為入不二法門。」】

講記：接著是第二十三位的心無礙菩薩，他說：「看見了色身存在，以及看見色身壞滅了，這是兩個法。」一般人、錯悟實相的人、二乘的聖人都是這樣看，都會發覺：色身存在以及色身壞滅，是兩個法。可是心得無礙的菩薩看這兩個法時還是同一個法，所以說身存在時與身滅的境界是一樣的。因為身永遠壞滅而不再有，是無餘涅槃，可是無餘涅槃是如來藏的別名：涅槃就是如來藏，如來藏就是涅槃，沒有外於如來藏的涅槃，也沒有外於涅槃的如來藏，所以涅槃就是如來藏的別名。可是色身存在的當下，如來藏仍然是涅槃，仍然是住在寂滅境界當中離見聞覺知、離思量性而不作主，不在六塵當中了別，祂從來不領受六塵，本就不生不滅而寂靜的，所以色身存在的當下就已經是涅槃；所以說，身在與身滅的涅槃，其實不二。

這個說法與外道的現見涅槃很像。五現涅槃的第一種外道涅槃說：「我們現前領受六塵當中就已是涅槃。」而我們現在講的「色身現實存在正在領受六塵時已是涅槃」，看來似乎並沒有差別，但其實大有差別。外道五現涅槃的第一種，是把六塵中的覺知心當作是不生不滅的，所以說現前領納欲界六塵中的心就是涅槃；但我們說的現前色身及覺知心存在領受六塵的當下就是涅槃，是指第八識：在六識領受六塵當中，第八識同時存在而不領受六塵；外道指的是第六意識，我們指的是第八識如來藏。一個是第八識、一個是第六意識，怎麼會一樣？沒有智慧的人就毀謗說：「你們正覺講的現前當下就是涅槃，那就是外道的五現涅槃。」結果是：他以爲這麼說是在破斥佛門外道，事實上是在毀謗最勝妙的佛門正法，造了惡業還洋洋得意，仍不知道要悔過。

菩薩現前看見阿羅漢色身及覺知心存在的當下有種種運作、有種種行爲，當下的第八識如來藏仍然是涅槃，在五陰色、心存在運作的當下已經如是，即是有餘涅槃；阿羅漢色身毀壞而永遠不再有色身，也不再有六識心出現的無餘涅槃境界當中，第八識仍然是如此，所以身滅以後的境界也仍然是涅槃的境界。可是這兩種涅槃境界都是依如來藏而立名，外道現見涅槃卻是將第六意識錯認爲常住不滅的涅槃心而說爲涅槃的。所以菩薩看見色身的眞實性，就會說：「原來色身只是如來藏中的一小部分而已，而如來藏常住、不生不滅，本來就已是涅槃，所以能永不終止的出生世世無盡的色陰。」既然如此，就依如來藏而安住，所以從此以後不會再生起兩種見解：「我看見色身存在，我看見色身毀壞。」他會說：「我看見色身的存在與毀壞，都是如來藏在運作，無所謂身生或身壞。」所以色身的存在以及色身的壞滅，都是在如來藏心的表面上起起滅滅，其實無二無別：色身的存在是如來藏把它生出來，色身的毀壞也是如來藏把它毀壞。其實都是如來藏一法。

時間到了祂就把色身毀壞，你無法阻止祂。小孩子常常唱歌說：「只要我長大，只要我長大。」長大非常好，長大以後可以抽煙、喝酒，小孩子都不行，所以兒童喜歡唱這條歌；因爲很多大人可以做的事，他都不能做，覺得很苦惱，才會唱說：「只要我長大。」我長大了，也可以代替哥哥、爸爸去當兵，是爲了孝順。可是長大了以後說：「希望不要老，希望不要老。」結果不行，還是繼續老，老了以後說：「好死不如賴活，希望不要死。」結果不行，時間到了照樣得死。那就有問題了：到底是誰讓你長大，又是誰讓你變老，又是誰讓你老了會死掉？爲什麼自己都無法掌控？還是如來藏。所以色身的出生，色身的護持，乃至色身被毀滅，都是如來藏幹的，如來藏是這樣的運作著。菩薩現前觀見分明：原來身與身滅無二，都是如來藏。所以菩薩看見這個現象時發覺了：我何必一天到晚把自我抱得緊緊的？原來我的生死就是如來藏依著業種在操弄的；該生就生，該死就死，人家罵我該死也沒關係，反正本來就該死。既然如此，死時有什麼好恐怖的？有什麼好驚懼的？因爲只要咱家不幹惡事，死掉二十年後還是人間的一條好漢。如果色身已經不能運作，乾脆換一個新的軀殼，豈不是更好？現在留戀這個不能用的軀殼，何苦來哉？

菩薩現見這個狀況時，知道一切法都以如來藏爲究竟的歸依。他由這裡做現觀以後，就可以用比量的方式來類推過去的無量世（但在十迴向位更可以常常在等持位中看見無量世以來所造的種種善、惡、淨業），也可以用比量來類推未來的無量世，當他這樣前後各推無量世下來，他認爲：就算是我還沒有離開胎昧，那也不打緊，下一世如果沒有因緣再遇到正覺同修會，下下世我總有因緣重新悟入。如果還不行，十世以後總有一個因緣會讓我再悟；只要重新再悟一次，再進修前十世漏失的部分，還是可以再補回來。對於未來世繼續於三界中受生利樂眾生，又有什麼好恐懼的？所以三地滿心前的菩薩們，從身與身滅無二的無分別之中，使自己的勇氣信心具足了，因此不怕胎昧，心得無礙，到了該捨報時跟大家說一句再見就走了，甚至於再見都不用講也走了。如果被纏到沒辦法了，那就隨便寫個偈以後也走了，因爲身與身滅無二，滅了就滅了，就走了！其實是走了也沒走，叫作「不歸歸」，所以他就心得無礙，這樣才是眞正的進入不二法門的菩薩。如果到了這個地步，你也可以說：「我是心無礙菩薩。」

【上善菩薩曰：「身、口、意善爲二；是三業皆無作相；身無作相、即口無作相，口無作相、即意無作相；是三業無作相，即一切法無作相。能如是隨無作慧者，是爲入不二法門。」】

講記：無作慧，其實這三個字很深奧；外面當然也有印順派的法師在講《維摩詰經》，不過讓人聽了會覺得悲哀，因爲依文解義倒也罷了，偏偏又錯解到一塌糊塗。這個無作慧，就已表明了：如來藏阿賴耶識不是唯名無實的法。也就是說，如來藏是一個眞實存在的心體，祂有眞實體性。如果不是祂有眞實體性而證得祂，那就不能稱爲無作慧；因爲必須證得祂以後，才知道祂是無爲無作性的，是本來無漏的，卻具有出生萬法的功德；既然祂是無漏的心性，一切都是**隨緣而作**，就沒有主觀的行爲，因此祂的一切作爲都是無作性的。**證得這個無作性的眞實心以後，才能夠使你生起般若實相的智慧來，這個智慧是無爲、無作的，所以是無作慧。**由無作慧三個字就已經表示了：一切人都有眞實心如來藏以及虛妄心七轉識。如果不是第八識眞實心的無作性，就不會有今日能證得無作智慧的生滅心意識，也就沒有人能證得這個無作的智慧。既然有一個意識心能證得這個智慧，而被證的如來藏本身是無作性的，當然祂自己不會去證這個智慧——無作性的心當然不會返觀自己、返證自己；因爲祂是被證的，不是能證的。所以由無作慧三個字，就顯示了：**一切人都是真心與妄心並行運作**的。

常常有人在網站論壇上不斷諍論：「你們正覺把開悟的定義侷限在實證如來藏，難道離念靈知的實證就不算開悟嗎？」後來有位師兄就上網去跟他談論一個觀點，那個觀點就是我們在《眞假禪和》或者哪一本書的扉頁裡面的說明：「人總共有八識心王。」那位師兄和他談這個：「既然玄奘菩薩造了〈八識規矩頌〉，而這個〈八識規矩頌〉又是根據經論而作成的說明，那顯然人是有八識的。可是你主張證得離念靈知也算開悟，而你這個離念靈知的體性跟意識心完全相符合，卻跟第七識、第八識不符合。這個離念靈知既然是意識，又是從如來藏中出生的，請問：『開悟是應該悟得這個被生的意識心？或是證得能生意識的如來藏？』對方一聽，覺得有道理，終於接受了（編案：後來進入正覺而實證如來藏了）。所以眾生心性各不相同，有的人在這一句話下可以接受：原來證悟真的要悟第八識。可是有人卻怎麼樣都沒辦法接受，可能要下下輩子再等別的因緣、再等另外一句話吧！

這意思是，同一個法必須要從種種不同的層次來說明，才能攝盡一切眾生，所以才會有八萬四千法門。可是大乘八萬四千法門，每一法門的證悟標的卻都是如來藏。所以只有會讀經的人才能瞭解：從無作慧三字中，已表示了每一個人都是眞妄心並行的。假使開悟是將能參禪的覺知心自己作爲證悟的對象，而覺知心自己卻是有作性的，那麼他所「悟」的智慧當然是有作慧而不是無作慧了；而且也必然會成爲六識論的愚人，永遠未能證得第八識如來藏，當然無法現觀蘊處界都從如來藏中出生，則與法界至理及聖教都相違背，那顯然是錯悟。

知道這個道理了，我們回頭來看看上善菩薩怎麼說，他說：「身、口、意善，都是相對待的二法：身行的善業、口行的善業、意行的善業，都是相對法。」身行善是對他人而行善，是相待法：身行善這個善業是身所行，能行的是身，所行的善是相對於身而有的，所以身的善業與身是二法，是相對待的法。口行善業、意行的善業，仍然如是，都是二法。「對二乘人或者對一般的凡夫來說，身善、口善、意善都是有作相，因爲所作出來的是行爲，不是沒有行爲，所以是二法相待。」身的行爲在身上表現出來，口的行爲在語言上表現出來，而意的行爲是在心中運作，有時則藉由身、口來表現，所以都屬於二法相待。乃至修定而坐入離念靈知境界中，成爲意識心在面對意識心所住的定境，仍是二法，不是絕待的實相境界；從身、口、意行來看，這些全部都是有爲的法性，有爲的法性就是有所作：目的是要成就世間法中的某一件事情。這個完成世間事的智慧即是有作慧。

既然是在世間法中成就了某一件事情，意識顯然是有作性；有一個意念決定要去把它完成，而且付諸於實行，所以是有作性。如果是無作性，則是隨緣的；若是隨緣的，就表示他沒有決定要如何或者決定不如何，是隨順於因緣而運作，自己沒有主觀性。換句話說，如來藏不作主，沒有主宰性，隨緣而應，才是無作性；如果是會作主，是有主宰，那就變成有作，有作就是自己決定：我要怎麼樣，或者我不想怎麼樣。決定要有所作爲，或決定無所作爲，都是有作性、會作主，所以作主的心都是有作性。有作性的心決定了以後，就是意行完成；意行完成以後，就有身行、口行隨後出現。因此這三行——身善、口善、意善——都是有作性。

二乘人即使證悟二乘菩提而成爲阿羅漢了，從他們的智慧來看身、口、意行，仍然是有作相，不可能是無作相。

菩薩證悟後看一切身、口、意行，從表相來看是有作相，可是他從諸法的實際（也就是從如來藏的立場）來看身善、口善、意善，則都是無作性的法相；因爲如來藏在身、口、意的善行當中，完全是隨緣而任運，祂從來不曾作過主宰：**這個惡業不要作，這個善業一定要作。**從來沒有！因爲祂對一切身、口、意的作爲都不加以了知，不管是善是惡，祂從來不了知善惡，所以都是隨緣任運的，因此從菩薩智慧來看身善、口善、意善的善業，都是無作相，所以菩薩認爲身的善行是無作相。可是身的善行這個無作相，其實跟口的善行無作相是同一法，並不是二法，因爲都是如來藏法。然後再從口善業的無作相，來觀察意善業的心行，仍然是無作相，因爲也都是由如來藏在背後運作而成就的，所以口無作相也就是意的無作相。二乘聖人看身的善、口的善，都是有作相的，所以身善與口善都不是同一個：**身善是身善，口善是口善，是相待的二法。**阿羅漢看口善行以及意的善行，也是二法，因爲從蘊處界來看口善行與意善行時，明明是二法，不是一法。所以他們對身、口、意善的觀點，從菩薩的智慧所見，認爲他們所見的都不是不二法。

菩薩從如來藏來看身口意及身口意所行的善，這二法其實都是一法，所以身善即是口善，口善即是意善，而身口意即是善。也許有人以爲說：「你蕭平實胡扯！」那你是不是說上善菩薩也跟我一樣胡扯？不是的。也許有人說：「那是上善菩薩教的，你蕭平實不懂，你只是依文解義而已。」可是爲什麼你無法也這樣子依文解義一番？至於是不是眞的不懂？等你明心時就知道你也能懂，不是只有我才懂；等你明心以後，就會讚歎：上善菩薩所說的眞實不二，確實是沒有誑語。那時你就知道：「蕭平實當然比我更懂這個道理。」你就不會懷疑。如果心中還有懷疑，不太相信，那不妨去問問看我們會中已經明心的菩薩們：「蕭平實講的是不是確實如此？你是不是眞實瞭解上善菩薩這個話？」可以去探聽看看，探聽的結果你將會得到同一個答案：明心了就會懂這個道理。

所以菩薩所見一切法和二乘聖人所見一切法並不相同，因爲二乘聖人只看見一切法是三界中的現象，所以都會成爲二法；但菩薩看見的一切法的法性，是在三界中的一切法上同時看到了三界外的實相法，看見了不被三界所含攝的如來藏在一切法中如何的隨緣而任運，你就會知道菩薩所見身、口、意三業不論是善惡，都是無作相。既然身、口、意三業都是無作相，而一切法都是身、口、意三業所作所為，顯然一切法跟身、口、意三業的無作相也是一樣，所以菩薩看三業的無作相與一切法的無作相也是無二，所以三業的無作相也就是一切法的無作相。能夠這樣現前觀照而沒有不如理作意，就表示你已經有了無作慧了。有了無作慧以後就隨順這個無作慧，從此不忮不求，你就是進入不二法門的菩薩了。從此以後身、口、意行莫不是善，既然身口意行都是善法，你就可以稱為上善菩薩了。

【福田菩薩曰：「福行、罪行、不動行為二；三行實性即是空，空則無福行、無罪行、無不動行。於此三行而不起者，是為入不二法門。」】

講記：第二十五位福田菩薩說：「福行、罪行、不動行，也是二法。」有很多人喜歡種福田，但是福田該怎麼種？這就大有文章了！所以種福田是有不同層次差別的。如果福田種錯了，把毒田當作福田，種下去的植物生長結實以後就沒有人敢吃；到了該收割時收割了，自己也不敢吃。台灣不是很多環境被污染了嗎？那些農田在一些有毒性的工廠旁邊而被染污了，農民種了蔬菜稻子去賣掉，他自己再去買別人種的稻子蔬菜回來吃；萬一買到的是自己賣出去的稻子，那就算他倒楣。同理，種福田之前要懂得觀察，假使不會觀察，錯把毒田當作福田來種，等到後來知道了以後，我想他也不敢收割了，並且還希望把它丟掉；因爲想要送給別人，人家也不敢要，除非是不知道的人才會敢要。所以假使你在印順派的道場裡面種了福田，後來知道了，你說：「這個福田的果實我不要，我送給你好了。」如果某甲不知道它是毒田，就說：「好啊！好啊！你都迴向給我。」可是如果迴向給諸位，你們一定不接受，因爲那是破壞正法的業，那個果實不好接受；因爲接受了沒辦法享用，而且是很燙手、是痛苦的，只好推掉：「你留著自己用吧！」所以種福田還眞的要有智慧。

以前有一位來往台灣、美國、大陸的師兄，說他以前在盧勝彥那邊，每年都種福田，每年都捐很多錢。我告訴他：「你那不是種福田，是種毒田。」他說：「老師！你不要講得那麼難聽。」我說：「眞的是毒田啊！將來收穫的果實都是有毒的地獄共業惡果。他們的本質是外道法，所以背地裡教導重要的在家、出家弟子所修學的，是藏密的雙身法。」所以種福田時要學著點，看人家福田菩薩是怎麼解釋福田：不但不能種到毒田，而且種了福田之後，還得是三輪體空，你才能入不二法門。要這樣去種福田，種到這個境界出來：能種、所種以及種福田這件事情都空。三輪體空時，你這個種福田的人本身就是福田了，值得人家在你身上種福田了，你自己就是福田菩薩了。

福田菩薩說：「福行、罪行，與不動行，是二法。」先談福行好了！福行，譬如在世間法裡面，像慈濟人去幫人家照顧病患，或者送財物給貧窮者，都是福行。只要不學證嚴法師一般毀謗如來藏，只要不學她公開主張：「意識卻是不滅的。」不學她這樣故意違反佛說，只要不錯把意識心當作眞實心而大妄語說證果了，那麼學她種福田都是好事，前提是不要以常見外道法取代佛法、不要大妄語；所以他們種福田，我們都認同。可是福行爲什麼是二法？因爲福行是由身、口去做的，而身、口背後的動力就是意：內有意根、意識，決定要去造福行，外有身、口去做，意識、意根躲在身、口後面。做福行時，一定有施福者，一定有受福者，一定有財物與福德互相轉易這件事情，所以有三輪具足。譬如慈濟人去布施財物時，不是轉依離見聞覺知的如來藏而布施，所以不是三輪體空，一定有布施者（覺知心意識），有受施者，有布施這回事情，所以三輪具足，缺一輪就不能成就布施了。既有這三輪，顯然是有一個布施者面對另一個受施者，中間完成了布施這回事，顯然能施與受施是相對的，二法中間有一件布施行，所以都是二法。

可是從菩薩的智慧來看時卻是一法，不是二法。從二乘聖人來看，出去托鉢，眾生布施食物給他，有布施這回事情，因爲缽中已經從空到有，變成有食物了；這中間有施主，阿羅漢是受施者，是二法。阿羅漢沒有看見本際，但他也會說布施這件事情是空，因爲無常故空。可是如果這一切法都是無常故空、緣起性空，布施者將來能有什麼福德果報？那麼種福田又有什麼意義？因爲五陰也空，食物也空，顯然沒有福田可種，那麼在你阿羅漢身上種福田是種錯了，你以後別來我這裡讓我施食了，應該如是。所以阿羅漢也不敢對布施者說：「你種福田布施食物給我也是空。」他說了以後就沒有人要布施飯食給他了，他必須要說：「你在我身上種福田，功不唐捐，因爲我是三界應供。」所以在他心中顯然是有能施、所施以及布施這回事，不是三輪體空；他們的空是無常空，是緣起性空，是從能施、所施與布施這回事上來說緣起性空，所以顯然是三個法；這三個法其實就是布施一個法，而布施一個法是由兩個法來成就的——能施與所施，所以福行是二法。

但菩薩不是單從阿羅漢所看現象界中的布施行來看，不是單只看到現象界中的相待法而已，菩薩同時看見能施者與受施者都是如來藏，沒有第二個法；而布施這件事情，也是由如來藏在背地裡支持完成的，所以仍是如來藏法，沒有第二個法。從這個法界事實來看時，菩薩很清楚的看見受施者的如來藏並沒有得到布施，而自己的如來藏也沒有造作了布施這個法，因爲如來藏是無作性，決定要布施的是意，如來藏沒有作過這個決定；如來藏也不了知正在布施，也不了知自己已經作了布施這回事，所以如來藏境界中沒有布施、能施、受施等三事，但都不離如來藏而完成了布施，都是依如來藏一法才有布施與受施，所以施與受是一法。

菩薩從阿羅漢的如來藏來看，阿羅漢的五陰托著缽接受了布施，可是阿羅漢的如來藏隨同他把這缽飯吃完了，如來藏卻沒有吃到一粒米，所以如來藏沒有受施，如來藏不曾得到一點點利益，怎麼會有受施者？如來藏既不了知這回事情，所以對能施者與受施者雙方的如來藏來講，都沒有布施這回事情。就這樣，在沒有布施也沒有受施當中，如來藏配合把布施這回事情完成了，完成了以後祂也沒有作布施。所以在菩薩看來，三輪體空是：現象界中有布施這回事情，實相法界中沒有布施這回事情，布施只是現象界中的一個法，現象界的法卻是如來藏一法中所生的法。但從凡夫、二乘聖人來看，福行卻是兩個法。

同樣的道理，罪行也是兩個法，不動行也是兩個法。不動行，是證得第四禪，住於第四禪的境界當中，叫作不動無爲。可是不動無爲既然是無爲法，爲什麼又叫作行？因爲它有意識在其中不斷的運作而過完第四禪中的境界，所以不動無爲仍然是行，叫作不動行。不動無爲既然是意識所安住的境界，當然也是相對於意識而存在的境界，並且是依附於人身五根完好的情況作前提，才能安住於人間的不動行中，所以也是二法。可是這個不動行，菩薩看來卻沒有不動行，因爲意識容許住在不動行當中，如來藏卻不在這裡面住；可是意識的不動行卻是如來藏所生的，因此不動行還是如來藏所行，所以仍是如來藏一法而無二。

再來看福行與罪行，也都是相對待的二法。修福造惡本來就是相待的，本來就不是同一個法。所以從凡夫眾生、二乘聖人看來，福行與罪行一定是相對待。可是在菩薩看來，五陰固然有福行與罪行差別，但是都從如來藏生，只有一法叫作如來藏；所以福行與罪行仍然是一法，不是二法。罪行與不動行，對凡夫及二乘四果愚人來講是二法，但菩薩看來還是一法。所以這三行的眞實性，若從蘊處界的立足點來說，都是二法。可是菩薩所見一切凡聖造作福行、罪行、不動行時，如來藏都不領受，也都是隨緣任運而不造這三行，但是三行卻是從祂而生。祂既然不領受，當然就是空；領受了才叫作有，現前存在才叫有，不領受就是空，所以三行的眞實性其實就是空。如果是空，就沒有福行、罪行、不動行可說了。

也許有人想：「那倒好！年輕時不懂事，造作了小惡業，現在來到正覺，那應該沒事了，因為反正是空嘛！」但是我告訴你：雖然是空，它卻會障礙你的道業，因為修道是意識的事，惡行的造作也是意識的事。如來藏雖然不領受惡行的果報，所以叫作空，可是如來藏在未來緣熟時，會把惡行的種子顯現出來，讓造惡行的人去領受。雖然領受的不是這一世的五陰，還是會有領受者。但那時領受的是五陰，如來藏卻不領受，所以對祂來講也是空，因果就這樣昭昭不爽。所以惡業還眞不可造。也許又有人想：「反正已經造了，未來世受報又不是現在的我在受報，是另一個五陰在受報，跟我有什麼關係？」可是你要記得：由你的意根與如來藏到下一世去受報，那到底是跟你有沒有關係？想想看：上一世那個不知道是什麼名字的我，不曉得死在哪裡的那個我，造了善業，使我這一世能夠到正覺來得到明心或者見性乃至道種智。如果不是上一世那個王二麻子造了善業，我這一世還能有這個果報嗎？

那麼，想一想：如果要讓未來世那個我得到好的果報，乃至可以成佛，我這一世還是不要造惡業的好，還是多種一點福田吧！這就是《優婆塞戒經》講的：自作自受，異作異受。可是自作自受與異作異受，函蓋現象界與法界，所以其實都是無作無受，因為都是如來藏一法而已，而如來藏從來無所受，所以福行、罪行與不動行，它的眞實性都是空。既然是空，從如來藏的空來看，福行、罪行與不動行，其實是不存在的，因爲如來藏都不領受這三行中的任何苦樂境界及果報。既然如此，那就專心的轉依如來藏，轉依了以後就沒有福行、沒有罪行、沒有不動行；這樣一來，福行三輪體空，罪行與不動行也是三輪體空，未來也就沒有什麼世間事可以讓我們去產生希望了。既沒有抱著任何希望，心就無作，無作就可以住於非擇滅無爲當中，不必再經由擇滅來住於無爲了。這樣就使心地自然清淨下來，不必靠著戒相或智慧去壓抑、控制，自然清淨了。這樣修行是最容易、最輕鬆愉快的；因爲，要靠戒相來約束自己，很辛苦：這樣做犯戒，那樣做犯戒，可是心裡很想去做。如果是靠證悟後的智慧來克制，也是會有多分或少分痛苦的；只有不斷的熏習這種現觀，久了成爲習慣，心地自然清淨了就不再有痛苦，這就是非擇滅的無爲。

你如果明心了，可以根據福田菩薩的這種證境來現觀；如此現觀以後，你還要貪財做什麼？還要貪別人的眷屬女色做什麼？還要貪名做什麼？還要貪身分地位做什麼？都不需要貪了！這樣福行、罪行、不動行自然也都不現起了；當你不現起時，無妨蘊處界照樣在福行裡面行：**利樂眾生而沒有利樂眾生**。這樣的種福田就是眞正的種福田。這時你所種的福田，福德就無量無邊的廣大了，這個道理我們講《菩薩優婆塞戒經》時已經講過了。到這個地步，你本身就已經是福田了，任何人只要在你身上種一點點小福田，未來世就可以得到大果報。只要誰來了，送上一顆棗子：「拜託啦！幫忙惜福、惜福。」你受了他這個棗子，雖然只是小食物，算不上什麼大財，但對方來世就得大福德了，來世果報是無量的。

你們聽過《菩薩優婆塞戒經》了，知道我說的是眞實語。但你是否因此就害怕而不接受：「我才不要讓人家種福田，我的福德會因此少了很多。」若是這樣想，你就沒有福德了，因爲你不是三輪體空的人，你就不能被稱爲福田菩薩。你給人家種福田，如果以數目來比方，只是損失了一毫；可是你出去外面見了人，請人家吃一顆棗子，你得到的福德可不是一，而是無量；所以佛說：「阿羅漢在我身上種福田，不如我在眾生身上種福田，我得到的福德比阿羅漢在我身上種福田的福德還要大。」這是因爲佛的證量高。這在《菩薩優婆塞戒經》中講過了，也許你們忘了，再提醒一下。不必因此而恐懼說：「我不能讓人家種福田。」讓人家種，沒關係！你因此而成就人家的福德，你再去眾生身上種福田，乃至種貧窮田都沒關係：即使是一條狗，如果牠願意吃素包子，你就送給牠，你仍然可得無量報。

所以你要瞭解：你本身是可以成爲福田菩薩的，而你所造的一切福行都是福德無量。因爲你現前觀察到福行、罪行與不動行，其實都只是一法，不是二法，都是空性如來藏中所顯現的一切法，不是二法，所以你能成賢、成聖，所以你的一切福行都會得到無量報。既然已經親見是不二法，表示你入了不二法門；確定自己已經入了不二法門，你本身就夠資格當福田菩薩。

這時菩薩要有大悲心，假使你憐愍一個很貧窮的人，就特地去找他要水喝：「請你布施一杯水給我。」他很貧窮，但是布施一杯水通常都沒問題，那個人未來世就有大福德了；等他到了中陰境界時就會知道：他未來世的福德是由你而得。種子種在他的心中，未來世這個人不當你的徒弟也難；你向他討水喝，你將來成佛時的佛國淨土又因此而成就了一分，就這樣一分一分去把它累積起來，就是攝受佛土。所以不要怕被人家種福田，但是你得要出去種更多的福田。種福田有很多種方法，《菩薩優婆塞戒經》中我們講過了，將來出版時能重新溫習一遍也是好的（編案：已在 2007 年出版完畢，共有八輯）。這時就表示，你已經有資格當福田讓人家來種，你當然就是福田菩薩了，不管你是在家或出家身。所以福田菩薩的認定標準，是一切法獨一無二；一切法都是一法，沒有二法，就是如來藏法；親證了，能現觀不二了，就有資格成爲福田菩薩。這就是諸位來到正覺同修會，一定要達到的目標。你若有資格當福田菩薩，這一世就不枉來這一遭；過往無量世白走了好幾遭，都沒關係，只要遇上這一遭就夠本了：不論過去多世的生死有多麼痛苦，你都夠本了！這就是諸位要努力的地方。

【華嚴菩薩曰：「從我起二，爲二；見我實相者，不起二法；若不住二法則無有識，無所識者，是爲入不二法門。」】

講記：第二十六位華嚴菩薩說：「三界中所有相對待的法都是從我而起。」諸位可以去看看，不管是哪一個法，如果不是有你存在，就不會有法，因爲一切的法都是你的意識相應而出現的。如果不是意識，怎麼會有插花、劍道、美術、書法……等一切法。這一切法難道不是因爲你的意識而生起的嗎？不然你心中的法從哪裡來？所以所有眾生心中的法都是因爲有「我」然後才出現的。所謂的「我」是二乘人所要破除的：五蘊我，十二處我，六入我，十八界我。如果再把它講得世俗一點就是：清清楚楚的我，明明白白的我，離念靈知的我，處處作主的我。如果再學小孩子講，就是「我討厭你」的我，「我喜歡你」的我，「我不要吃這個」

的我，「我想要吃飯」的我，這就是「我」，就是因為有這樣的「我」所以就有一切法。請問：出生與老死是不是法？假使不是有這個我，你就沒有生老病死的痛苦了，所以自我存在就是痛苦的根源。可是偏偏眾生就喜愛痛苦，如果每天都快樂而沒有一點痛苦，就過得沒味道。可是自我的存在也是一切苦與樂的根源，而樂的存在本身也就是苦，因為受樂的正是我：有了我就有生，有了我就有老，有了我就有病、就有死、就有恩愛別離。可是眾生最恩愛的是什麼？也許有人說：「錢啊！」我告訴你：「錢不是你最恩愛的，最恩愛的還是五陰。」當捨報的時間到來時：「哎呀！我要離開這個五陰了，我捨不得。」這就是最痛切的愛別離。可是這個愛別離的痛苦從哪裡來？從五陰我而來，假使沒有我就沒有這個痛苦了。

對二乘人來講，我與諸法是相對待的二法。但菩薩不然，菩薩所見我與諸法還是一法——不二。阿羅漢因為看見我與諸法相對待，所以阿羅漢認為外法眞實有：我因為外法五陰而導致了痛苦，所以我把自我滅除了，就沒有任何外法可以讓我痛苦。阿羅漢認為外法眞實有，所以在他們來講，生死以及涅槃是相對待的。可是菩薩所見不是如此，菩薩所見不管是五陰我、十二處我、十八界我、六入我、一切法中的我，其實都是如來藏，這就是「我」的實相。阿羅漢所見的「我」，只看見緣起性空；菩薩看見的我，雖然也是緣起性空，但他看見的蘊處界我，在不眞實當中卻是眞實的，因爲都是如來藏所生，都應該攝歸常住不滅的如來藏。菩薩所見的蘊處界我，是如來藏中的法，依如來藏而出現，然後依如來藏而老而死，還是屬於如來藏，這就是「我」的眞實相。菩薩因爲看見了我的眞實相，他認爲每一世的我都是如來藏，隨順著因緣而出生了一個張三的我，死後變成下一輩子李四的我，其實都是同一個如來藏，所以他不起二法。因爲這個我所面對的一切法也是如來藏直接及輾轉所生，所以沒有二法可說，唯是一法如來藏。菩薩就這樣轉依而安住下來，所以不住於二法中，而住於如來藏中。

「**若不住二法則無所識**」：識就是認知、了知。八識心王爲什麼都叫作識呢？眼識爲什麼叫作識？因爲眼識能認知色塵，耳識能識知聲塵，乃至意識能識知法塵，意根也能夠極少分的識知法塵。可是阿賴耶識也有祂所識知的部分，祂所識知的部分可就很廣了，剛悟的人對此所知的內容是極有限的。有些人學法，不在法上用功，都在世間法上攀緣：今天我來找你泡茶聊天，明天你來找我泡茶聊天。泡茶聊天，談的就是天南地北；若不是風花雪月，就是談事業經、兒女經，更糟的是講已悟同修們的閒話。這樣，不在法上用功，悟後跟隨我十年以後還是原地踏步，像這樣的人想要深入了知阿賴耶識，就不可能了。可是阿賴耶識祂也能識，爲什麼能識？祂的所識又是什麼？祂所識是無量無邊廣泛的。所以如果悟後跟我十年以後，覺得自己還是原地踏步，那我告訴你：「你一定是攀緣在世間法中，沒有轉依成功，也沒有遵照我所說的去作悟後的觀行。」因爲阿賴耶的識性無量無邊的廣泛，光是你行住坐臥裡面就觀行不盡了。

也許你以爲說：「那不過就是禪三那種觀行嘛！」但我告訴你：不是那個觀行啦！那是最基本的，只是讓你入門不退而已，那是一個很基礎的、很狹小的範圍。但是阿賴耶的識性無邊的廣大，如果不是這樣，二地滿心菩薩怎麼去改變自己的內相分？三地菩薩怎麼靠慧力就能夠去轉變別人的內相分？雖然他還沒有那個權力那樣做，可是他知道怎樣去做，靠的就是對阿賴耶識的識性的認知。所以識就是認知、識知，但是八個識的認知範圍各各不同。對菩薩來講，有層次差別，對悟前菩薩來講：阿賴耶識沒有識知之性可說，因爲祂的識性（祂的認知範圍）雖然無邊的廣大，但都是在六塵法外。想要利樂未悟菩薩時，得要告訴他們：阿賴耶識於三界中沒有識知性（沒有見聞覺知），因爲祂都不領受。光是從阿賴耶識於六塵中無所識的親證智慧，就夠你利樂末法時的凡夫眾生而沒有阻隔了，所以不必談到阿賴耶識的識性（認知性）有多麼廣泛，因爲那是要說給已悟的三賢位菩薩乃至地上菩薩聽聞的，不是講給一般人聽的。所以識的意思就是認知、識別。

華嚴菩薩說：「如果你看見一切法都是如來藏（如來藏就是阿賴耶識心），既然一切法都是如來藏，而如來藏於六塵中離見聞覺知，不認知一切法。既然如此，你轉依了祂以後，對於三界中的六塵，就依無所識的智慧而住」，就不會像一般人一樣，一出門什麼都要去看，什麼都要去聽，旁邊兩個不認識的人在談事情，也拉長耳朵在聽。那種好奇攀緣就漸漸的消除了，這就是無所識，因爲你轉依了如來藏。轉依了如來藏之後，依祂的體性而安住，就不必攀緣了。不攀緣以後，張三說：「李四！明天來我家泡茶，我買了一斤好茶。」張三會說：「免了！免了！因爲我如果去跟你泡茶：一定要先聞香杯，然後再瞧一瞧，你看就動了兩個識了；然後我再嚐一嚐，動了三個識了；意識在裡面運作而品味，那就動了四個識了；那眞麻煩，喝進口裡面，唉呦！太燙了一點，又多了身識了，識性動得太多了。」一泡茶，泡下來，一直都是有所識，增長了識陰，不是無所識，這樣還修什麼行？想想：「算了！我不再跟你泡茶了，諒解呵！」李四一聽：有道理！那就不必再邀約了，好茶就自己泡了，好好的觀行用功。所以如果轉依如來藏成功時就無所識，能夠無所識就是入了不二法門。入了這個不二法門，無生法忍才能汎速進步。

一定要依這個不二法門，你才能夠認知到：原來阿賴耶識於六塵中無所識，可是祂卻能識別無量無邊的法，祂很厲害；但這個現觀都要先從你禪三悟後的各種題目整理，讓你通透及不退失的基礎上而進發的。你不要看我們禪三給你的題目，都只是對實相的深入了知而已。實際上，佛之所以能成佛，就是對實相的深入了知；佛之所以成佛就是靠一切種智，一切種智卻是靠著對如來藏一切種子的了知而達成的。否則，在入了無餘涅槃以後（假設說佛也會入無餘涅槃），佛的無餘涅槃境界跟阿羅漢、辟支佛所入的無餘涅槃境界將是完全一樣的，那麼成佛以後有什麼特別的勝妙處，而在三界中菩薩爲什麼尊貴於二乘聖人，而諸佛又特別尊貴呢？連三明六通的大阿羅漢都要依止於佛，又是爲了什麼緣故？最主要的超勝處是因爲一切種智。而一切種智就是對如來藏含藏的一切種子的了知。

五地、七地菩薩對特別有緣的眾生，有時會去轉變那個人的內相分，他不是靠禪定，而是靠一切種智的力量，他有一切種智的分證（道種智）。那個力量從哪裡來？從親證如來藏的無邊識性而得到。所以不要輕視對如來藏中種子的認知，對這些種子有所認知，你的一切種智才能漸漸的具足而成佛。可是要對如來藏的一切種子有所體驗、有所實證，都要靠對於如來藏的離見聞覺知、對於如來藏的能生一切法、能滅一切法的功德，以及對如來藏就是一切法的體驗做基礎，才能夠達到。所以當你能夠認知一切法即是如來藏，沒有二法，入了這個不二法門時，你才能了知爲何善財大士從凡夫位參訪了五十二階位善知識以後成爲等覺菩薩的道理。這樣，你才能眞實瞭解華嚴的眞意。當你瞭解了華嚴眞意時，你就會知道：爲什麼善財大士從凡夫位到達等覺位的遊學經歷，都只是在普賢身中遊歷一遍而已。原來行無量的普賢行都是在普賢身中行，那麼請問：「普賢身在哪裡？」就是你的如來藏。當你確實觀察到這一點時，你就懂得華嚴的奧旨了。華嚴深奧的妙旨懂了，你就是華嚴菩薩了。

想要眞的懂華嚴奧義，得要從這裡懂，不要尋言逐義，在那邊作訓詁，那沒有什麼用處的。訓詁，就是一個字一個字去研究它的意思；換句話說，就是把經典拿來作學術研究，那就變成每天在數老闆的錢有多少，結果都是別人的：因爲那些法都是華嚴菩薩的，不是自己所擁有的。所以諸位要立定志向：這一世一定好好當華嚴菩薩。可是要當華嚴菩薩，第一步就是要證如來藏，然後去觀行：原來一切法就是如來藏、如來藏就是一切法，把眞我也泯滅了——眞我就是如來藏—

——當你不再執著眞我時，遠離了「恆內執我」時就是泯滅眞我了（不是滅掉眞我如來藏），你就能夠漸漸通達華嚴妙旨，就可以成爲華嚴菩薩了。

【德藏菩薩曰：「有所得相爲二；若無所得則無取捨，無取捨者，是爲入不二法門。」】

講記：第二十七位，德藏菩薩說：「有所得的法相都是二法。」剛才我喝水，喝水就有所得，因爲喝水之前，我眼識一定要先看杯子在哪裡，有眼識得到了相對的色塵，是二法；然後伸手去拿了杯子就有觸覺，喝到嘴裡也有觸覺，身識就有覺受；身識領受了觸塵，又是二法；舌頭嘗到了水的味道，也是觸覺；接著就是味覺：這是礦泉水，或者只是自來水。自來水也有味道，叫作沒味道的味道，也就是淡味；舌識相對於淡味，也是二法。色身喝了水，比較不口渴了，色身得到了水也是有所得。所以凡是有所得的法相都是相對的二法，都不是獨一的，不是絕對待的；只有無所得的法才可能沒有取捨，有所得的法一定有取有捨。

譬如你去賺錢，運氣好，今天賺了一萬塊錢。你得到了一萬元，是有所得；可是你得這一萬元，難道不必捨嗎？其實是你捨了別的物質給人家，而人家給你一個物質叫作一萬元。或者說你靠技術賺錢，是用你的世間法智慧作事而捨了時間，所以你得到了那一萬元，一定都是相對待的；沒有單獨的捨，也沒有單獨的得，得與捨是相對待的。同樣的，你種福田，得到了來世的可愛異熟果報，是因爲你這一世種福田；可是你種福田，是付出了財物，也付出你的時間、精神、體力，有捨以後你才能得。所以中國話講得眞好：捨得、捨得。問你：「捨得嗎？」你要說：「捨得。」因爲當你說：「我捨得。」你捨了就表示未來世一定有得，所以中國話眞妙：捨得、捨得。你沒有那個捨，就沒有那個得。你想要悟，也是一樣要捨，捨什麼呢？捨你的時間，捨你的精神——去修集福德。證悟所需要的福德也是要捨，最後你就能得，得到開悟而使世出世間的智慧生起了，所以三界都是有所得相。也許有人講：「證悟也是得，既有所得，還是會壞。」對啊！我告訴你：證悟會壞。你說：「那我不要學了。」不學，那你就錯了。法無定法，就是這樣講的。我告訴你「證悟爲什麼會壞」？因爲開悟是由意識心開悟，如來藏不會開悟，祂永遠不悟。你如果因此想要罵祂：「你這個呆瓜。」如來藏祂不接受也得接受，但是祂接受了卻沒有接受，祂就是這樣。你如果罵我：「蕭平實，你這個呆瓜！」我也接受，因爲我本來就是呆瓜，如果我不是呆瓜就不叫蕭平實，一定是轉依極平實的如來藏而成爲呆瓜，意識才會有世出世間智慧；而智慧是意識得的，入胎後意識滅了，智慧也就沒有了，成爲種子存在如來藏裡面，下一輩子你又可以很容易的悟了；所以這一世死時意識滅了，開悟所得的智慧就滅了，但是下一輩子就能得，還是捨得。

可是你下輩子開悟時，如來藏有得到開悟嗎？祂沒有，下一世你證得如來藏時，將發覺如來藏根本沒有得，是意識我得到開悟，而如來藏還是沒有得。結果開悟是有所得，還是無所得呢？結果還是沒有所得。既沒有所得，你來同修會幹嘛？正是因爲要得到這個無所得法，才要來同修會。可是悟了以後，你說：「**如來藏是我本來就有的，又不是你蕭老師給我的，結果我還是無所得。**」正因爲這個無所得，你的意識才會有所得——得到了般若實相的智慧；然後從這個實相智慧去觀照以後，你有另一種不同層次的觀照般若，已不是凡夫位的觀照般若了；所以意識有所得而出生了法界實相智慧，但如來藏仍無所得。轉依如來藏以後，意識有了智慧卻還是無所得，大乘佛法就在無所得當中這麼得，這才是大乘菩提。

聽起來好像很玄、很妙，可是等你悟了，沒什麼玄、沒什麼妙，就是這麼親切；因爲當你悟了以後有智慧，結果發覺到，你的智慧是從現前觀察如來藏的無所得而來，所以叫作**無所得慧**；或者又叫作**無分別慧**，因爲如來藏不領納六塵諸法，所以如來藏不分別。祂不分別，所以就於一切法中無所得、不領受。如來藏既然從無始劫以來都一直這樣，對一切諸法都無所受，不領受而無所得，那你要叫祂捨什麼？因爲祂沒有得過什麼法，所以就不必捨什麼法。我們是因爲得到了五陰所以有了生死，想要離開生死就要捨棄五陰，阿羅漢就是這樣。我們菩薩卻不是，菩薩是證悟之後沒有得，五陰本來就是如來藏的，如來藏生了五陰也是如來藏所有，但是祂從來無所得，無所得也就無所失，那又何必一定要把五陰滅掉？就不必滅了，就能生生世世都住在三界中廣利眾生。

阿羅漢一心要滅五陰，我們不用滅五陰，繼續把五陰留著，這樣就已經是無取捨了。既然無取捨，就跟阿羅漢不一樣：阿羅漢要捨，因爲他認爲出生時就是取了五陰，也取了一切諸法。可是菩薩認爲五陰本來就是如來藏的，我只是在如來藏中出現，死了就沒有了，本來都是如來藏的事，所以我無取無捨。既然無取無捨，一切都是如來藏的事，我轉依如來藏的無取捨，就是離開了取捨，沒有取捨兩邊，不落於有所得相裡面，這樣就是進入不二法門中了。

這樣進入不二法門中，你就顯現出一個功德：能爲人廣說諸法。不管誰講了一個法，你就從那個法接著開始說下去，從他所講出來的任何一法，你都可以接著開始說。有一天也許你遇到了一位阿羅漢（當然現在是不可能了。這幾年有人傳說南洋有阿羅漢，其實都沒斷我見，至少目前的文獻上還沒有看到南洋有人斷了我見；如果哪一天有文獻看到南洋有人斷我見、斷我執，我們會改正說：「南洋現在果然有阿羅漢。」）假使有一天，你遇到了一位南洋來的阿羅漢，他演說了解脫道中的某一個法，你就從那個法一直把它宣演下去，他會聽得目瞪口呆：「你又不是阿羅漢，你怎能說出這一些法來？」他會聽得目瞪口呆，是因為他根本插不進一句話，你有這個功德藏存在。當他問你：「為什麼你能夠說這麼多我聞所未聞的不可思議解脫法義呢？」你就告訴他：「因為我是德藏菩薩。」智慧功德已經收藏在你心中了。

【月上菩薩曰：「闇與明為二；無闇無明則無有二，所以者何？如入滅受想定，無闇無明，一切法相亦復如是；於其中平等入者，是為入不二法門。」】

講記：當月亮高懸於晴朗的夜空，它以什麼來照耀你？以清涼無熱的光明來照耀你。中秋快到了，如果沒有雲，你賞月看看，看它的光明是不是清涼無熱？一定不會像大太陽一樣，曬得你渾身難過，月上菩薩就是這樣。為什麼眾生都會有熱惱？是因爲一直都在六塵境界中攀緣。攀緣於六塵境界時，就會有種種的熱惱。可是眾生爲什麼會去攀緣種種的六塵境界呢？因爲被無明所遮障（無明就是黑闇，沒有光明）。如果知道蘊處界虛妄，就說他破了無明（破一念無明），破了解脫道中見道所斷的無明，破了無明就遠離黑闇。對二乘人來講，無明與明是相對待的：對蘊處界虛妄不能如實了知，就是無明；對蘊處界的虛妄如實了知了，就是明。如果你向阿羅漢說「明與無明不二」，他不會接受；對他來講，明與闇一定是相對待的二法。可是菩薩的看法不同，菩薩認爲明與無明都是意識的境界；但菩薩證得如來藏之後，了知法界中的實相了，他所看見的是：如來藏自己都沒有明也沒有闇——無明亦無闇——無無明、亦無無明盡，根本沒有明與闇這二法相待。但二乘人一定是明與闇相待的，因爲他們沒有證得法界中的眞實相，不知道如來藏心從來沒有明與無明可說，因爲如來藏是離見聞覺知的、不領受六塵的，所以從來沒有明與闇。無明與明都是意識境界，意識因爲領受了六塵才會有闇與明二法；阿羅漢證得解脫慧、斷了我執，也是意識所爲。可是菩薩現前觀察意識及意識所依附的五陰都是從如來藏中出生，但是如來藏自身出生了五陰在領受苦樂、領受諸法，乃至去修解脫道而斷了我見、我執的無明以後，如來藏本身仍然沒有斷我見、我執可說，祂沒有明也沒有無明可說，因爲祂離見聞覺知。

諸位想想看：假使離六塵見聞覺知，不領受六塵，那就好像滅受想定一樣。滅受想定，諸位也許想說：「滅受想定，我根本就不知道那是什麼境界，你拿來形容，我怎麼懂？」不然我們說一個容易懂的好了，譬如有人突然間，後腦勺給你一記悶棍，你悶絕了；這比喻也許還不行，因爲也許會有人抗議說：「我連悶絕都不曾體驗過，我怎麼會知道？」那我們來談一個你一定會知道的法，說你睡著無夢好了，這總會知道吧！請問：「睡著無夢當中，你有沒有智慧可說？有沒有無明可說？」也許你說：「我又還沒有開悟，你跟我講這個，我怎麼懂？」那麼就不講般若智慧好了，只講世間法的智慧；譬如說，假使你是製造業者，你很會創造各種東西，也能教人家怎麼創造；比如說創造一個微型機器，人家都發明不出來的；你有這個智慧，這也是世間法的智慧，總不能說這不是智慧吧？要不然法律上怎麼會有智慧財產權？所以這也是智慧，叫作世間智慧。當你在清醒位就一定住在六塵中，你離不開六塵而住在六塵中，這是清醒位，這時你對於製造這個世界專利的微型機器的智慧，是由你的意識保持著而沒有人有這個智慧，所以你得到專利，表示你有這個智慧，就不叫作無明——在這個部分你沒有無明，在這個部分你有明；相對於有這個智慧之前，你就叫作無明；所以你現在是把那個無明打破了，現在有明。相對於別人來講，你說：「你就是不懂，不懂就叫作無明。」你有了明，別人有無明。可是等你睡著無夢時（夢中也許你還在製造那個東西而仍然有明），當睡著無夢時，你有沒有明與無明可說？都沒有了！就是因爲有這個意識心自己的緣故，所以你才有闇與明兩法。

就像滅盡定，就像你睡著無夢時，沒有闇也沒有明，「一切法相亦復如是」，一切法也是一樣的道理（一切法相就是如來藏），如來藏於一切法中沒有闇也沒有明，因爲祂離六塵。請問：「你的覺知心能不能離六塵而存在？」能的話請舉手，第二講堂、第三講堂的人有沒有？沒有人敢舉手。因爲如果你敢舉手，而驗證的結果確實能夠這樣的話，那表示你是佛上佛，因爲你比諸佛高超，而事實上不可能有人比諸佛高超。意識一定要在六塵中才能出現，離了六塵，意識就不能出現。這六塵中容許消失掉五塵，最少還要留有一塵，叫作法塵，否則意識就無法出現。可是如果你離了六塵，那就表示意識不在了（意根暫且不談）；離了六塵而沒有意識時，當然不可能有明與無明——不可能有明與闇。如果還沒有找到如來藏，你就由這個來比對如來藏沒有明與無明：如來藏的體性就像你意識消滅掉的時候沒有六塵一樣，所以如來藏自身也沒有明與闇可說。一切法相都是這樣的，如來藏在一切法上都不領受六塵，所以祂沒有明與闇可說；可是祂雖然沒有明與闇可說，一切法相及祂所出生的意識所有明與闇的現象，也都是由祂所生，所以明與闇也是祂，所以說是平等無二；意識屬於祂，五陰也屬於祂，意根、一切法其實也都是祂，所以諸法都沒有明、沒有闇可說。

明與闇對祂來說是不存在的，而你了知到明與闇其實都是從祂所生，若不是祂能生一切法，就沒有明與闇可說，所以明與闇不是二法，只是一法如來藏。你入了這個境界，能做如此現觀，就能爲人說清涼法。當你把闇滅了以後，卻不會再有明與闇的相待，不像二乘人一樣仍有明闇相待。這時你已經能爲人家說明：菩薩爲什麼滅了闇以後，結果明也不存在，爲什麼跟二乘人的明與闇相待繼續存在不一樣。當你有能力爲眾生解說這個深妙道理時，你就能爲眾生消除一分煩惱，這就是你以清涼月上的光明來照拂眾生了，那你就是月上菩薩了。

【寶印手菩薩曰：「樂涅槃、不樂世間爲二；若不樂涅槃、不厭世間，則無有二；所以者何？若有縛則有解，若本無縛，其誰求解？無縛無解則無樂厭，是爲入不二法門。」

講記：第二十九位，寶印手菩薩說：「二乘人都有涅槃貪，貪愛涅槃所以樂於入涅槃，死了以後一定會入無餘涅槃，不再出現於三界中了，這叫作樂涅槃。可是樂涅槃時一定有一個事情相對待，叫作不樂世間；他們討厭三界中的世間，所以他們雖然說一切都是緣起性空，都要把它空掉。可是空掉一切法之後仍有二法存在：樂涅槃，不樂世間。這二法是互相對待的。」不樂世間才會樂涅槃，樂涅槃才會不樂世間，所以是相待的二法。可是寶印手菩薩又說：「如果既不樂涅槃，也不討厭世間，這二法就不是二法了，就是一法了。」不樂涅槃與不厭世間，爲什麼會是一法呢？先從二乘菩提的世間相來說「一」，樂於涅槃的心正是因爲討厭世間：有五陰世間，有三界世間，所以就會有生死痛苦。會樂於涅槃，其實就是因爲討厭世間，那不就是一嗎？再來從世間相來說，這二法也是一：樂於涅槃的是誰？是意識心；而厭惡世間的也是意識心，所以樂涅槃與不樂世間其實也是一法，都是意識心；不過這是從世間法方便說，不是了義法。

阿羅漢樂於涅槃，是從不樂世間而產生的樂涅槃，所以是二法。菩薩卻不是這樣看的；菩薩既不樂涅槃，也不厭惡世間，所以菩薩有一個特異於二乘聖人的地方，就是不壞世間法而證菩提，這在《維摩詰經》開始不久就講解過了。不壞世間法而證菩提，是二乘聖人所無法想像的，因爲他們認爲要壞掉世間法（世間法是五陰，世間法就是煩惱），要把我見、我執煩惱斷了才能證菩提，可是菩薩不斷煩惱而證菩提，思惑可以繼續存在，而佛菩提依舊可以實證，無餘涅槃中的境界也照樣可以證取；可是取了無餘涅槃，卻沒有取無餘涅槃，又說永遠不取無餘涅槃，這就是菩薩。菩薩證得第八識如來藏，轉依如來藏，從如來藏來觀察涅槃：原來涅槃就是如來藏，原來涅槃不異如來藏。所以就不必厭惡世間，也不必愛樂涅槃，於是成就了無二法。

二乘聖人捨報之後入了無餘涅槃，他的意識並沒有入無餘涅槃，只是滅掉而已，結果所入的無餘涅槃，仍然是如來藏獨住的境界，所以涅槃就是如來藏。可是菩薩證得如來藏以後，他現前看見：我的如來藏在這裡，但蘊處界我繼續在攀緣時，如來藏本身仍然是涅槃。既然是這樣，我又何必離開世間去取涅槃？我在世間就已經涅槃了。因爲我滅後，如來藏是涅槃；我還沒有滅時，如來藏還是涅槃；那我又何必滅掉自己而捨棄利樂衆生的大願？只有傻瓜才要滅掉自己去取涅槃，結果滅掉自己取了涅槃卻取不到涅槃，那不是一等一的大傻瓜嗎？而阿羅漢跟辟支佛都是這些大傻瓜。所以我才會說你悟了以後，阿羅漢到了你面前沒有講話的餘地，就是這個道理。因爲涅者不生，槃者不滅；涅者不來，槃者不去；涅者不垢，槃者不淨；涅者不黑，槃者不白；如來藏心永遠不會落在這兩邊。涅就是不生，槃就是不死，如來藏從來不生不死，那就是涅槃，你既然找到了如來藏，現見祂的本來涅槃，還要再去哪裡找涅槃？所以涅槃是依如來藏而說。因爲阿羅漢滅了自己以後，無餘涅槃中也就是他的如來藏獨住，所以涅槃就是如來藏。

這個道理誰都無法推翻，我們幾年前，出版《邪見與佛法》，對印順派是很大的衝擊：原來涅槃是如來藏，原來阿羅漢沒有證得無餘涅槃。對他們而言是很大的衝擊，可是爲什麼他們一直都不敢寫文章出來辯解？因爲他們無法推翻，他們也想不出什麼辦法來推翻；雖然午夜夢迴時也在想怎麼樣把我的說法破掉，可是破不掉，因此只好藏六如龜。所以菩薩雖然沒有斷除思惑煩惱，阿羅漢已經斷除了思惑煩惱，但是他來到菩薩面前時卻不敢開口，因爲他證的是二乘菩提，菩薩所證的是大乘菩提；雖然阿羅漢的解脫道證量很高，可是他沒有般若慧，縱使他有二乘菩提的十智具足，仍然無法跟菩薩的般若智慧對談。所以菩薩依如來藏，不壞世間法而證菩提，既不樂涅槃，也不用厭世間；因爲在世間的當下就已經是涅槃了，何必要厭世間？所以你們明心，悟了以後，都不會急著取無餘涅槃，都遠離了涅槃貪：**因為我在世間享樂的當下、說法享受法樂的當下，以及快樂聽法的當下，已經就在涅槃中，何必要厭離世間？對我來講，厭離世間以及樂涅槃，其實也都無二，都只是意識在作用而已。**

對如來藏來講，也沒有這二法，正因為他們有繫縛才要去解脫繫縛，他們都被五陰身心繫縛住了——對五陰有恐怖。但菩薩轉依如來藏以後發覺：本來就解脫、本來就涅槃，沒有繫縛可說。把自己斷滅了以後祂還是解脫，沒有把自己斷滅時祂還是解脫，本來就都沒有繫縛，為什麼要把它解開？如果沒有結，你要怎麼解？所以**「若本無縛，其誰求解？無縛無解則無樂厭」**了嘛！這樣就是入不二法門了。

當你這樣入了不二法門，就可以舒手入廛、接引眾生。如果極為自在時就像彌勒菩薩一樣，化現作布袋和尚進了市井：**「給我一點吧！」**人家把醃漬的食物給他，他咬一口吃了，剩下的就丟進布袋；看到人家賣魚：**「給我一條醃魚吧！」**拿過來，咬一口，剩下的就丟進布袋。可是眾生一個一個都錯過了，你看他這麼辛苦老婆的度人，結果大家卻以為說：**「他只是來要東西啦！」**眞冤枉！他其實是伸手接引眾生，叫作入廛垂手，是示現為寶印手菩薩。你如果有了這個智慧，（導師轉頭面向法師們說：）你們出家師父們別擔心，你也可以拎個布袋去到市場：「給我一塊肉吧！」不管它生的、熟的，咬一口就丟進布袋，那你就是寶印手菩薩了。

【珠頂王菩薩曰：「正道、邪道為二。住正道者，則不分別是邪是正；離此二者，是為入不二法門。」】

講記：珠頂王菩薩是第三十位。珠頂王又是什麼意思？寶珠是人間極為貴重之物，所以在古時建七級寶塔，一定要在最頂上那一層，很小心、很珍重的收藏一顆寶珠，那顆珠叫作定風珠，所以它很珍貴。同樣的道理，這位菩薩名為珠頂王，一定有他的緣故。最珍貴的寶珠是應該放在頂戴之上最醒目的地方，就像清朝當官的都有一頂花翎頂戴；如果是皇帝，則是以國中最珍貴的寶珠裝飾在他的頂戴上；為了突顯自己的尊貴，就在頂戴上面再加上一根短竿子，在短竿頂上才裝飾那一顆極珍貴的寶珠，這顆寶珠就叫作珠頂王，顯示它是最珍貴的寶珠。這位最珍貴的菩薩說：「正道與邪道是兩個法。」這個是對一般人來說，絕對是正邪不兩立，正道與邪道不可能是同一個法。我們的法與別人不同，所以被毀謗是外道法；我們後來不得不出來破邪顯正，正因為證明人家是邪道，他們接受不了，就回罵我們是邪魔外道，總之這就是邪道。但是在人間弘法，上自諸佛，下至諸多證悟的菩薩們，一定都得要破邪顯正，譬如 玄奘菩薩有一句話：「若不摧邪，難以顯正。」你如果不破斥邪說，正法與邪說的差別在哪裡？眾生是分別不出來的。

有一些附佛法外道，用佛法的名相來包裝他們的外道法，混進佛法裡面來自稱是佛教，讓你覺得他就是眞正的佛法，西藏密宗的法不正是如此嗎？若想要讓混進佛門中的外道法清楚的顯示出它的本質，你就一定要破斥邪說；若不破斥邪說，你的正法就不可能顯示出不同於外道法之處。我們以前剛出來弘法的前面五年就是絕不破斥邪說，想要與人結好緣，結果還是被人家指斥爲外道；因爲人家悟的是意識——離念靈知，我們悟的是如來藏——阿賴耶識，你不破斥他們，他們仍然會罵你是外道。所以在弘法的**事相上**，一定有正邪兩方很清楚的邊界存在，不可能含糊籠統。

但是在**理上**就不一樣了，從理上的現觀，正、邪是沒有分別的，因爲正與邪本來都是同一個實相中的諸法之一。可是問題來了，當你爲了救護眾生而把邪法與正法的差別加以說明，眾生就會說：「哎呀！你都在分別，那就不是正法。正法是無分別的，所以你不應該出來分別說人家講的法錯了。」但他們都弄錯了，他們必須要說得出眞正無分別的法，然後才有資格要求別人不要分別諸法。如果他們講出來的法是有分別的法、是誤導衆生的，不是佛陀說的無分別法，就沒有資格要求別人不要分別、不要摧邪顯正。因爲他們說錯了法，別人一定要救他們，也要救所有信受他們的衆生。但別人破斥他們的法而救衆生時，說出來的法卻是眞正的無分別法，這樣才是分別與無分別不二，到這個地步才可以說正邪不二。

所以在弘法的事相中，正法與邪法一定是兩個法。在世間法的事相上也仍然是如此，所以一定是正道與邪道二法相待。出世間法的聲聞道中仍然是如此，可是菩薩無妨正道、邪道分明，而他的自住境界卻是正邪不二的、從來無分別的，因此珠頂王菩薩說：「住於正道的人，不分別某個法是邪道、某個法是正道，因此就離開了正道與邪道兩邊，這才是入不二法門。」爲什麼住於正道中就不分別邪道與正道？這當然得要探究。一般人很清楚的分別正道與邪道，可是對菩薩來說，那些分別其實都還是邪道，因爲與正道並不相應。所以許多末法時代的佛門大師，不管是在家或出家人，本身落於邪道中還自以爲是正道，然後還高舉破邪顯正的護法大旗來破斥正道，把正道扭曲成邪道。

有一句世俗法中說的話，還眞的有道理，這句話諸位一定都聽過：「邪人說正法者，**正法亦邪；正人說邪法者，邪法亦正。**」諸位一定都聽過，我們何妨來舉個例子試試看。邪人不是說他的心性邪惡，而是說他的想法是偏斜的。邪人說正法而把正法變成邪法，現成的例子是印順派（或者可以名爲宗喀巴派），他們用應成派中觀六識論的無因論、兔無角論來解釋般若，所以般若就被他們定義成**性空唯名**。我們來想想看：性空唯名這個定義，到底對或不對。他們慣用的解釋是說：**一切諸法都是緣起性空**。這是用佛法的表相來包裝無因論、兔無角論的六識論說法。爲什麼是無因論與兔無角論？諸位來探討他們看看有沒有道理，譬如說緣起性空這個法，是本然就存在嗎？還是依附於蘊處界而存在？大家可以探究看看。

如果不是蘊處界有，就沒有蘊處界的緣起性空；如果不是山河大地目前存有，就沒有將來山河大地壞滅的緣起性空；如果不是花、不是書，就沒有花與書的緣起性空。大家想想看：有沒有誰能推翻這個道理？我想世間聖人來了也無法推翻這個道理，甚至於諸佛來了也無法推翻這個道理；因爲諸佛都認定緣起性空是依世間有而有的法，既然這樣主張，就不會推翻自己的眞實理。所以緣起性空是依三界有的諸法來施設緣起性空，因爲三界中的一切法，沒有一法不是緣生而起的法，既然是緣生法，當然其性無常而不實，終歸壞滅，所以最後空無。因此緣起性空所說的只能是三界中法，是依附於三界中法而存在，不可能離開三界有而有緣起性空。假使有人要說：「緣起性空是三界外法，所以是實相。」請問：「三界外有什麼法可以說為緣起性空？」又被問倒了！因為三界外無法，當然界外沒有緣起性空法。只有三界中才有法，於三界外能繼續存在的就只有如來藏心，而如來藏心卻不是緣起性空的，是本然而有，也是一切法的本源。佛在阿含講的緣起性空是依三界有（特別是依蘊處界有）而說諸法緣起性空，卻是在本識如來藏常住不滅的大前提下來說緣起性空，所以緣起性空是依三界有的無常性來說的。但印順派是把緣起性空獨立於三界有之外而說它本然存在，這是曲解了佛的阿含正義，這是邪人說正法而使正法偏斜了。

第二轉法輪的般若眞義是依第八識——無住心、不念心、非心心——其實就是如來藏，是依這個心來說一切法虛妄不實，乃至涅槃亦復不實，因為涅槃及一切法都是依第八識非心心而施設。所以般若講的是：諸法空相的根源就是空性，而空性就是非心心、不念心、無住心，正是第八識如來藏。所以般若顯然是有眞實體的，所以般若顯然不是虛相法。既然是實相法而不是虛相法，怎麼會是**性空**而只有名相（**唯名**）呢？所以般若本來是正法，可是被知見偏斜的印順解說了以後就變成了偏斜的法，這就是：邪人說正法，正法亦邪。

爲什麼印順派的緣起性空，我們稱它爲無因論？譬如說諸位現前五陰存在，五陰中色陰與識陰是比較重要的主角，受、想、行三陰是色陰與識陰共同運作而顯現出來的法，其實主要是識陰的心所法，也是由識陰的受與想兩個心所法來顯示行陰的存在。可是問題來了：色、受、想、行、識當然是緣起性空，所以緣起性空是依五陰而存在；但五陰是從哪裡來的？五陰難道是無因而生嗎？五陰不可能無因而生，一切法都有因，沒有一法是無因而生的。緣起性空是依附於五陰而存在，可是五陰不可能無因而生，正是由阿含諸經中說的本識、住胎識中出生的。可是印順派（宗喀巴派）都把如來藏否定了，否定以後五陰就變成無因而生，然後由無因而生的五陰來顯示緣起性空，這樣一來，否定了本識的五陰緣起性空觀，當然就是無因論。這是很清楚的，不可推翻的事實，所以我們說印順派（宗喀巴派）的應成派中觀是無因論者。

佛在《楞伽經》裡面早就很清楚的預見而事先作了說明：兔無角論是依牛有角論而成立的。如果沒有牛有角，人們就不會施設說兔子頭上沒有角；是因爲牛頭上有角，所以才會施設兔子頭上無角，所以兔無角是從牛有角的觀念中相待而生的。若有人提出兔無角的說法，不管去到哪裡，別人都不能推翻他，因為兔子頭上確實無角；只有世出世間智者可以推翻他：「你這個說法是戲論。」主張兔無角是眞理的人，他會反問：「你為什麼說我是戲論，明明兔子頭上沒有角。」智者就告訴他：「你會主張兔子頭上無角，是因為看見牛頭上有角；可是牛頭上有角已是戲論，你只管把牛角鋸下來用，你只管讓牛用頭角去防衛自己就好，不必再主張牛有角是世間至理，因為那個跟世間眞理無關，只是一個無常的現象，不能稱為眞理。你進一步主張兔子頭上無角，已經很間接了，是依據牛頭上長了角而說兔子頭上沒有長角，所以你的兔無角是戲論。」他無法答覆，無法反駁，因為確實是戲論；所以兔子頭上沒有角的法，是依牛頭上長出來的角來說的戲論。

同理，緣起性空這個道理是依蘊處界有而說緣起性空，或者說依三界一切有法來說緣起性空，而三界有是虛妄法，無常敗壞，那麼依於無常敗壞的三界有而施設的緣起性空當然也是無常敗壞法。這個無常敗壞的緣起性空法，怎麼可以建立為實相呢？應該說它是虛相。所以四阿含中原本依於本際、住胎識而說的緣起性空，本是世間出世間的正理，結果被宗喀巴、印順等人把緣起性空正理的大前提剔除了——把本際、住胎識剔除掉，然後說緣起性空是眞理。這樣一來，他的緣起性空就變成歪理、變成偏斜，所以本來好好的正法被偏斜的人說了以後就變成了邪法，這是當代現前的眞實例子，不是我們編造的。

反過來說：「正人說邪法，邪法亦正。」假使有人罵：「你蕭平實老不修，不要臉！」我可以接受，因爲我眞的老不修。老不修是台灣俚語中罵人家很低俗的話，說年紀很大了還喜歡到處拈花惹草，叫作老不修。我雖然接受，但是我對老不修的定義跟他不一樣，因爲**我**眞的很**老**，老到無法計算幾歲了。他們罵老不修是從身體跟識陰來罵，可是我接受老不修這個話，是從如來藏來講。我的如來藏跟你們一樣，無量劫以來就存在，沒有辦法計算祂有多少歲；成佛也只是三大阿僧祇劫，可是如來藏遠遠超過三大阿僧祇劫的阿僧祇、阿僧祇不可說倍，因爲祂沒有一個開始，本然就已經在了，你說祂老不老？還眞的夠老，沒有任何人可以比祂老。你說**修**，我蕭平實很認眞修行，可是我的如來藏從無始劫以來沒有修行過，每一世都是五陰在修行，我如來藏從來不修行。從來不修行，怎麼可以說祂有修行？祂既**老**又**不修**，當然是**老不修**，而我轉依了祂，所以假使人家罵我：「蕭平實老不修！」我也接受，我眞的老不修，因爲我轉依如來藏了。

如果人家說：「你不要臉！」我還眞的不要臉。常有一些政治人物罵人：「不要臉！」可是若罵我呢，我還是接受，因爲我轉依如來藏成功了，所以我依如來藏而住；可是如來藏無面無背、無裡無外，有什麼臉可說？臉是五陰這個色陰才有臉，如來藏無背無面，有什麼臉可說？所以我還眞的不要臉。我的五陰還要臉，可是轉依如來藏以後，我就不要臉。所以，如果什麼地方做錯了，人家向我說了，我就趕快修正：「對不起！」先道歉，道歉完了就改正，沒有臉可說。要臉幹什麼？咱們中國人最要臉，最要臉的人就會專幹不要臉的事（大眾笑…）所以被人家罵一句「不要臉！」馬上就動手打人，眞是不要臉。人家就告他傷害、侮辱，法院判決成立，成立就要賠錢、登報道歉，反而沒有臉了。我們若沒有錯，就不理會對方無理的要求；若是眞的有錯誤，就馬上道歉：「對不起！不小心做錯了。」趕快道歉，道歉以後永不復做。改正了以後是當場不要臉、沒有臉，結果是最有臉，因爲人家會讚歎說：「這個人知錯能改，善莫大焉。」不要臉反而有臉，這才是眞的能夠受用轉依的智慧。所以，假使有人罵說：「蕭平實老不修，不要臉！」我都接受，但是我今天把不要臉跟老不修的道理爲諸位說明了以後，這本來是邪法，如今變成正法了：被罵不要臉是對的，老不修是對的，人家是讚歎你。

又譬如經中說：無有三寶，無法可證。你們若讀完般若經六百卷，一定會讀過這樣的開示。沒有三寶，無法可證；到底是對？還是不對？有些人學禪總是學偏了：「**你一天到晚求悟，不對啦！當你想悟，就不能悟了。**」有沒有人法師這樣開示？有啊！在台灣就有了，那都是誤會般若經的意旨。你若想要悟，還是得要求悟；求悟者才有可能參禪，後來參到悟出來了，你才有身分、資格說：「**沒有悟可悟，沒有悟這個法。**」你才有資格說。可是沒有悟之前，你沒有資格說：「**沒有悟這回事。**」經上常說**無法可得**，爲什麼般若經會這麼說？我們就來探討看看是什麼樣的邪人把正法說邪了：

他們看到般若經上說：沒有三寶可得，沒有一法可得。然後就說：「**你們講什麼恭敬三寶？那都是多餘的，你要供養就供養，不必什麼繁文縟節，把食物放到供桌去，你轉頭就走了，不用禮拜也不必上香。**」但是佛講的無三寶、無一法可得，不是他這個意思。佛說的是：三寶是五陰所成，佛在人間示現稱爲佛陀，是不是要五陰？是啊！是五陰所成。可是從佛的無垢識來看，無形無色，沒有人同分、天同分；全無眾生同分，你能稱祂爲三寶嗎？能稱爲佛寶嗎？不行！一定是一個有形色的法，在三界中有意識等心行，你才能把它定義叫作什麼法。可是佛的無垢識無形無色，沒有人同分（**人同分的意思知道嗎？有沒有人不知道？請舉**

手！第二、第三講堂呢？好！謝謝，還是要解釋一下，因為你們增上班的人知道，他們還不知道。人為什麼叫同分？換句話說，人類一定有一個相同的地方，比如頭長在身體的上方而不是前方，長在前方就是畜生了；五官不是像狗一般把嘴突出去，而身體是直立的，不是打橫的；是用兩條腿走路，不是四條腿；也不長尾巴……等等。這樣的有情叫作人，凡是人都有這樣相同的身分，就叫作人同分。天同分，除了有人類的模樣以外，另外有一個身分，是他住在天上，以天身的果報而有神足通來來去去，以及其他四通等，這叫作天同分；可是等他下墮到人間，他的天同分不見了，他也就沒有五通了，得要在地上走路了。所以人有人同分，天有天同分，畜生等等都各有不同的同分，這叫作同分），佛降生到人間來示現成為佛陀，還是得要由祂的五陰來當佛陀，總不能夠由祂的無垢識來當佛陀，所以佛是由祂的人同分來當；但是從實際理地來看佛陀，沒有佛陀這個人，也沒有佛，實際理地就是佛的第八識無垢識自住境界；在眾生位中的我們，第八識就稱為阿賴耶識或者異熟識。

佛寶之所以稱為寶，是因為祂證得一切種智而究竟法界實相。可是諸佛在人間示現，一定要有人同分，否則不能在人間當佛陀，所以一切佛陀是由諸佛的人同分來當。但是從實際理地來看諸佛，祂們的無垢識無形無色、無背無面、無裡無外，你怎能夠稱呼祂爲佛陀？你連看都看不見祂，所有眾生都見不到祂，又怎能稱祂爲佛陀？見都見不到了，又怎麼能請法、說法呢？所以從實際理地來講，沒有佛寶。法寶、僧寶亦復如是，就可以懂了。

但是法寶部分還是要講一下：爲什麼無一切法？爲什麼說一切法不可得呢？因爲一切法都從如來藏而來。可是如來藏無形無色，不攝在一切法中，你能說祂是一切法中的某一法嗎？不可以！因爲一切法從祂而生，而祂無形無色，你怎能夠說祂是法？可是祂又能生一切法，祂所生的一切法被佛陀或者僧寶在人間爲眾生解說出來，所以眾生能了知佛法。但是佛法依如來藏而有，本來屬於如來藏；既然依如來藏、攝歸如來藏，而如來藏離見聞覺知而不了知佛法，你怎能夠說有法可得？所以說無一法可得，所以沒有法寶可說，只有實際理地如來藏。

另外，般若經又說無一法可得，說無法可證；也說諸佛菩薩無法可得，無法可證。好了！如果有人證悟後出來演說正法而與別人不同時，那些錯悟凡夫大師又有話講了：「般若經裡面，佛明明說無一法可說、無一法可得，你出來講那麼多法幹什麼？」一般人一聽，心想：「嘿！有道理！跟經中講的一樣。」就崇拜他了：

「這個人眞的悟了，那個出來說如來藏法的人講了一大堆，應該沒有悟。」可是問題來了，如果無一法可得，悟了也沒有一法可得，請問：眾生求悟幹什麼？每天去享樂就好了，何必來求悟？又何必歸依三寶修學佛法？所以這裡面顯然有蹊蹺。什麼蹊蹺呢？也就是說，其實對證悟者來講，沒有悟這個東西，悟是一個施設。可是對未悟者來講，確實有證悟這回事，因爲證悟了以後知道法界的實相就是如來藏，般若智慧生起了，而如來藏現前可證；可是證了以後，你沒有得到任何一法，因爲如來藏本來就是你的，所以沒有開悟這回事可說。如果你家裡有寶藏，你也知道家裡有寶藏，可是一直找不到；後來有一天機緣湊巧被你找到了，你能不能夠說你得到寶藏了？不可以說！因爲那寶藏本來就是你所有的。

先人告訴你：「家裡藏有寶藏，沒錢可用時就挖出來用。」已經是交給你而歸你所有了，只是沒有告訴你在庭院地下的某一處；庭院有好幾公頃，你找不到。終於有個人有天眼，他來幫你看：「啊！在那個地方，你去挖吧！」你終於挖到了，那能不能說你有所得？不能說！因爲它本來就是你的。可是你沒有找到它以前，不能受用它，所以也不能夠說無所得。所以說：開悟非有所得、非無所得。既然非有所得，當然可以告訴你無一法可得，因爲你證悟了的如來藏是自己原本就擁有的。人家告訴你：你有個寶藏叫作如來藏。你找了老半天，找不到，終於有善知識告訴你要怎麼找，從什麼地方下手。你這一下手，終於找到了，那善知識有沒有給你如來藏呢？沒有！那你怎麼可以說有所得？可是你以前沒有找到它，不能受用它；現在善知識幫助你找到了，你能說沒有所得嗎？還是有所得；但這個所得，其實也是你自己本有的，又不能夠說有所得，所以就說無一法可得。

悟了，可以說沒有開悟這個東西；悟了只是找到如來藏，「開悟」這個東西並不存在，開悟二字只是顯示他找到自己的如來藏而了知法界的實相而已，本質仍是找到如來藏而生起般若智慧，所以世間沒有一個法可以說為開悟。一般人不知道經文中的眞意，誤會經意所以就否定：「哎呀！經中說沒有三寶啦！三寶是個施設。哎呀！沒有開悟這回事，不要求開悟，沒有悟可得，這樣才是開悟。」我們也這樣說：無悟可得，沒有三寶。但是這個邪法，我詳細說明了以後，今天諸位聽了，發覺它還眞的是正法；所以正人說邪法，邪法也正。你從證悟如來藏的現觀中，可以觀察：邪道從哪裡來？正道又從哪裡來？仍然都是從五陰來。如果沒有五陰就不會有邪道與正道了，所以邪道與正道依五陰而有。可是這些邪道與正道的諸法種子又從哪裡來？都是從如來藏來，再藉著如來藏所生的五陰而顯現出來。住於正道的人，也就是說你證悟之後，有了實相般若的總相智、別相智了，你再去觀照，就產生了悟後的觀照般若了；悟前怎麼觀行都及不上實相，所以那個觀照般若是悟前的觀照般若，是表相的相似般若。從悟後的觀照般若來看一切正道與邪道時，你發覺：其實本來都是如來藏道，沒有正道與邪道可說。既然是這樣轉依了如來藏的無分別性以後，平常就不需要再去分別邪道與正道了，除非為了救護眾生才會去說明，自己根本不去思想「什麼是邪道，什麼是正道」。因此說，正道與邪道都是從如來藏來，如來藏普遍於正道、邪道兩邊，但如來藏自己不落於正道、邪道兩邊，這樣就是離開了正道與邪道。不離開正道與邪道兩邊，依止不分別正邪的如來藏境界，能具足為人顯示與說明，這才叫作入不二法門，這樣你就是珠頂王菩薩了。

【樂實菩薩曰：「實、不實為二。實見者尚不見實，何況非實？所以者何？非肉眼所見，慧眼乃能見；而此慧眼，無見無不見，是為入不二法門。」】

講記：成為珠頂王菩薩以後，如果不樂於實相，還是會退轉，初地的無生法忍更不能發起，所以對於實相還是要有喜樂。樂實菩薩說：「真實與不真實，是二法。」

對於求悟的人們來說，一定要先確認三界萬法有眞實法與不實法。不實法是蘊處界，就是緣起性空；乃至二乘菩提依本際而有的蘊處界緣起性空，也是不眞實，因爲只屬於現象界，不是法界實相的法；所以二乘菩提的緣起性空，只能稱爲世間法的眞諦——世俗諦，因爲所觀的對象都是有爲生滅、終歸敗壞之蘊處界法。可是大乘菩薩在修道過程中追尋三界萬法的眞實相，要探討蘊處界從何而來？萬法從何而來？乃至山河大地從哪裡來？探討到最後，確認一切法都從如來藏而生：因爲有如來藏才有萬法滋生，也因爲如來藏才有萬法的變異以及壞滅，所以他就確認眞實法是如來藏；而如來藏所生的，攝歸現象界的山河大地、一切有情，都是不實法。

由於這樣親證，他出來教導眾生時就告訴眾生：**有眞實法也有不實法，不實法與眞實法同時存在**。於是眾生心中就建立了一個眞實法的概念，有這個概念在心中以後，他願意開始去追尋眞實法的體性，所以他去參禪；證得如來藏之後，他終於也有能力現觀眞實法與不實法，因此他產生了眞實見。有了眞實法的見解以後，現觀的結果是眞實法稱爲如來藏，而如來藏離見聞覺知，如來藏自身既離見聞覺知，就沒有眞實法可見，所以「**實見者尚不見實**」。既然連眞實法都不見，不實法又如何可見？所以說：「何況非實？」

經中有時說：「我於諸法不見不知。」也許有人讀過。人家問趙州禪師，結果趙州答覆說：「我亦不知。」三祖不是也講嗎：「唯嫌揀擇。」有揀擇的心就是妄心，所以不應該有揀擇，有揀擇的一定是明白六塵的妄心。所以有人就拿這個去問老趙州，老趙州說：「老僧不在明白裡。」如果住在明明白白裡面，那就是死人，因爲他的法身慧命還沒有活過來。禪師常常罵：「天下死人無數。」一個一個走來走去的都是死人，因爲都沒有法身慧命。有人來問：「和尚！你明明聽得見我說話，也看得見我，爲什麼又說唯嫌揀擇，爲什麼又說不在明白裡？」老趙州回答說：「我也不知道。」如果是愚癡人，就眞的當他不知道；但他是證悟者，不是不知道，他的覺知心對這件事可是清清楚楚得很，可是他不住在清清楚楚、明明白白裡；懂得這個道理，你就可以像三祖一樣講「至道無難」；如果不懂這個道理，至道可眞是難。如果你懂這個道理，你就可以對大眾說：「至道無難，唯嫌揀擇。」祖師這麼講，就是教你：不要落在會揀擇的覺知心中，不會揀擇的時候是什麼？很多人就誤會了，就說：「那我就把覺知心不作揀擇。」當白癡去了，誤會可就大了！

所以眞實見是看見一個事實，這個事實有兩個現象：第一個現象是有一個眞實法，從來離見聞覺知，祂沒有實與不實的觀念，也沒有實與不實的了知，完全離開這兩邊；另一個現象就是無妨有一個了知實與不實的覺知心，去現觀那一個眞實心從來不了知實與不實。他證得這個實相以後，從此沒有煩惱了，也不會說：「我現在悟了。」不會一天到晚在想：「我悟了。」悟了就沒事了，爲什麼還要想「我悟了」？只管不斷深入觀照而產生般若別相智慧就夠了，不必再管有沒悟這回事。他有一個覺知心了知如來藏是眞實法，所生的蘊處界自己萬法都是虛妄法，然後轉依如來藏爲眞實法；一定要依眞實法而住，自己正是虛妄法，何必把握自己？所以覺知心意識依眞實法如來藏而住時，如來藏本身卻不了知眞實法與虛妄法，如來藏永遠不在這裡面，祂是離這兩邊的；能如此現觀，就是有眞實見的人。眞實見者轉依如來藏以後，尚且不看見眞實法，怎麼會去看見不實法？請問：你們明心以後，你的如來藏會看見祂自己嗎？祂會看見你虛妄嗎？祂從來不看。當你轉依而有這樣的證境，就是眞實見者：「實見者尚不見實，何況非實？」

你轉依如來藏了，就是實見者；可是你這個實見者，看見了離兩邊的法，是不是用肉眼看見？你看見你的如來藏是用肉眼看見的嗎？「非肉眼所見」。眞的不是用肉眼看見的，只有慧眼才能看得見。爲什麼叫作慧眼呢？因爲證得如來藏以後，你已經生起了般若智慧。可是你還沒有往上證得無生法忍，所以不叫作法眼，法眼是入地後的智慧。看見沒有眞實法、沒有不實法的境界，是要慧眼才能看見，故說「非肉眼所見」。可是慧眼要從哪裡出生呢？要從開悟（證得如來藏）明心之後才能出生，沒有證得如來藏、沒有眞正的明心，就不可能有慧眼。如果是明心時明得意識心，那個叫作明流轉心；明流轉心者，名爲不明流轉心，爲什麼呢？因爲他錯認流轉心離念靈知是不流轉的法。可是意識心離念靈知畢竟是流轉法，流轉法就是不實法；因爲意識心只要一現起，一定會跟六塵相應；因爲祂是依六塵才能現起的，離六塵就不能現起，所以離念靈知不能外於六塵而存在：即使能外於五塵而存在，還是不能離開法塵，所以離念靈知修到非非想定時，還是要依定境法塵才能存在，當然是緣生法而流轉於六塵中的不實心。錯悟者會落入這個流轉心中，都是由於不明白祂是流轉心的緣故，所以就不可能生起慧眼。

慧眼所見是如來藏，依如來藏而現觀法界的眞實相：證知法界的眞實相是如來藏以後，觀察萬法都從祂而出生，所以才有慧眼。這種慧眼，神通廣大的人也猜不透；乃至三明六通的大阿羅漢，如果他沒有迴入大乘法而明心開悟，也無法了知你在思維的般若智慧是什麼。所以這種悟後轉依如來藏不見實與不實的境界，是慧眼才能看見的。可是這個慧眼「無見無不見」，當你悟了，你說：「我現在有慧眼了。」是因為你看見如來藏在哪裡了，你以慧眼看見了，但問題是：如來藏無形無色，你真的看見了嗎？你悟了一定說：「我真的看見了。」可是祂無形無色，你怎麼稱為看見？你只能說：「我是方便說看見了。」因為祂在那裡怎麼運作，我都看得清清楚楚啊！可是問題來了：如果把你的五陰滅掉（假使五陰滅掉以後，你的識陰還在；是假設識陰還在，慧眼還在），你還看得見你的如來藏嗎？看不見了！所以你還得要藉著你的五陰來看見你的如來藏，所以看見如來藏時其實無所見；因為如來藏無形無色，所以不能稱為看見。可是你也不能說沒看見，因為明明你看見如來藏在那邊跟你作怪（祂最作怪了，可是祂也最乖，又乖又作怪，確實如此），你明明看見祂在那裡很乖又會作怪，所以也不能夠說沒有看見：無見也無不見。有這樣的慧眼，才能說你是入了不二法門。

可是如果我幫助你證得如來藏以後，你不樂於真實相，而喜歡有境界的法相，譬如說：「我正在胃痛，我悟後可以叫它不痛、它就不痛。」這樣好不好？不好啦！因為你的胃一定會壞掉，不久以後會爛到一塌糊塗，根本沒辦法用了，而你還是不痛不覺的讓它繼續爛下去，身體壞了那你又如何修學佛道？如果說暫時要它不痛就不痛，這樣好不好？好啊！暫解燃眉之急嘛！然後下了課，趕快去找醫師。可是請問：「這樣的心是不是有知覺的心？」所以有人主張說：「我們證得佛地眞如，這個佛地眞如可以叫它不痛就不痛。」請問：「這個所謂的佛地眞如是有知覺，還是無知覺？」有知覺嘛！跟六塵相應嘛！所以那個佛地眞如顯然是意識。當然他們現在已經不敢再講這句話，二年前就不敢再講了，因爲被我們破過了。可是這樣的法能夠無見無不見嗎？不行！因爲那個心是離念靈知，意識離念靈知永遠都有見；除非祂不在了、斷滅了，否則祂永遠有見，怎麼能夠說祂無見無不見？那個心是離念靈知，一定會見到實相，或者見到不實相；並非「不見實何況非實」，所以愛樂靈知心自己，會落入我見、常見中。

雖然離念靈知心也許修得神通廣大而能現出種種的功能差別，但是祂仍然是意識心，那叫作愛樂有境界法，不是愛樂實相的無境界法；因爲實相無境界，如來藏從來離見聞覺知、從來離六塵。可是偏偏有人不愛樂實相，只愛樂有境界法；由於愛樂有境界法，所以主張說：「如果你被刀割了，叫它不痛就不痛，這樣才叫作開悟。」那就變成樂不實菩薩、樂境界菩薩。如果不樂實而樂境界法，樂有變異法，這個人一定會退轉；除非願意接受善知識的攝受，否則你幫他悟了如來藏阿賴耶識，他還是會跟你狡辯：「阿賴耶識不是如來藏。」他會否定你說：「阿賴耶識是生滅法。」可是明明 佛陀開示：「阿賴耶識本來而有。」不是有生之法，這是經典裡面明文開示的。經中又說：「此阿梨耶識名如來藏，與七識俱。」可是不樂實的人，他喜歡的是有境界、有爲法；轉依了如來藏以後，如來藏是無境界法，在還不曾深入了知如來藏的無量無邊功德之前，他不會愛樂，反而退回去愛樂離念靈知心有境界的虛妄法。

如來藏有許多的功能，在禪三裡面讓你們體驗的只是無量無邊功能裡面的一小部分，可是有許多無量無邊的功能都牽涉到諸地現觀的密意，所以我們不能私下明講，更不能公開講，要讓你自己去走過那一段體驗的路，明講出來聽了也沒有功德，因爲你仍然做不到。所以猶如鏡像、猶如光影，乃至三地將滿心前的菩薩懂得怎麼樣改變別人的內相分，二地菩薩可以改變自己的內相分，這都是如來藏的功能。可是只有這樣嗎？不，還有非常非常多，只是我們不敢說出來。這些如來藏的功能在經中有寫嗎？沒有寫，那是要到色究竟天中才爲諸地菩薩宣講的，不能在人間爲三賢位菩薩講。所以眞實法雖然在六塵中不起作用，可是祂有無量無邊的功德性，不在六塵中領受，可是祂未來卻能在六塵中作用，爲什麼呢？因爲祂只是不分別六塵，但是六塵都在祂的掌控中；不但如此，還有許多（導師停頓了一會兒…）不能再講了，就只能講到這裡。（大眾笑…）

所以不樂於眞實法的人會去追求意識心的種種境界，樂於眞實法的人不樂於意識心的種種境界，因此才能夠從眞實法中引生無量無邊的智慧功德，從這個離六塵的眞實法中引生許多能夠利樂眾生的無漏有爲法功德，所以是大家想像不到的法。因此說，樂實很重要。智慧越來越好，到最後還是要歸結於樂眞實法。不樂眞實法就一定會退轉，接著所有相見道位的功德（如幻觀、陽焰觀、如夢觀）都將起不來，諸地的功德就更遙遠了，所以悟後一定要樂實。樂實菩薩就是特別在提示我們這一點：悟了眞實法以後要轉依眞實法。那時從眞實法來看：「尚不見眞實法，何況是不實之法？」然後以這個慧眼而說：「我看見如來藏了。」其實仍然沒有看見，沒有看見當中就這麼看見，這樣才是眞正的入了不二法門。

最前面一、兩位通教菩薩聽了這麼多菩薩說不二法門，聽到這裡若還不能悟，就該打屁股了。所以如果有因緣，聽這麼多位菩薩這樣說入不二法門，一定會開悟；除非是聲聞種性或新學菩薩，否則聽到樂實菩薩說完爲止，一定都開悟了。因此接下來當然得要看看文殊師利怎麼說了！好戲總是壓軸，要留在後頭。

【如是諸菩薩各各說已，問文殊師利：「何等是菩薩入不二法門？」文殊師利曰：「如我意者，於一切法，無言無說、無示無識，離諸問答，是爲入不二法門。」於是文殊師利問維摩詰：「我等各自說已，仁者當說：何等是菩薩入不二法門？」時維摩詰默然無言。】

講記：前面三十一位菩薩說過入不二法門，諸位也聽我講解好幾週了，從頭聽到尾的人也差不多該明心了（大眾笑…），或者應該只差一點點，應該是這樣才對；最多就是只差去禪三精進共修時，我踢你一下就解決了！這叫作臨門一腳。既然是臨門一腳，當然合該我踢。現在這三十一位菩薩都說完了，可是聲聞十大弟子有沒有誰敢上來講呢？你看：一個都沒有，他們都不敢講。所以聲聞人在菩薩面前沒有開口的餘地，經中記載是如此，現實中也是如此。假使今天南洋還有阿羅漢，來到我們正覺講堂時，還是沒有開口的餘地；不是我們說大話，而是因爲大乘法中本來就是如此。現在這些主要的菩薩們各各說完了，他們想：「我們都說完了，文殊師利菩薩竟然沒有說，當然要問一問，他的法一定很特別。」所以就問文殊師利菩薩：「您認爲什麼是菩薩入不二法門？」文殊師利想：「這是你們表現的機會，來顯示大乘勝法的深妙，我不該有所表現，我幫你們綜合一下就好了。」

所以他就作爲一個總結者：「假使依照我的意思，我認爲在一切法當中，」一切法當然要先定義清楚，一切法就是講你的五陰、十二處、六入、十八界，這叫作一切法，「在一切法當中，祂從來沒有語言，從來不說話，從來不表示，也從來不了知；」識就是了知、了別；「也從來不了別，並且祂從來都不跟人家做問答，這樣證得了，就是入不二法門了。」他乾脆就跟你明講了，對不對？（大眾答：對）是明講了嘛！因爲那些聲聞人以及許多凡夫菩薩聽了老半天還是聽不懂，覺得這些菩薩們講話都是高來高去，自己根本就聽不懂；文殊師利菩薩又慈悲，就乾脆明講就好了：在一切法中、在你蘊處界中，那個沒有說過話的，從來不用語言的，也從來不跟人家表示任何意見的，也從來都不會了知，既不了別也不分別的，也沒有跟人家有過問答的，你若證得祂了，就是入不二法門。那就等於是明講了。

我們來檢驗一下諸方大師所悟清清楚楚、明明白白、處處作主這個心，是否符合文殊菩薩的聖教。大師們那個心有沒有跟語言相應？（大眾答：有）對啊！祂有沒有說過話？（大眾答：有）有啊！出生以來一直跟媽媽學講話，後來當了大法師還一天到晚跟人家說話，顯然祂有言說。所以清清楚楚、明明白白這個心得要砍掉，這顯然是錯悟的妄心，不要錯認祂爲實相心如來藏。離念靈知有沒有示、有沒有識？離念靈知會不會跟人家表示意見？譬如有人說：「我們去那邊好不好？」那些悟錯的大師心中這樣想：「開悟者是離言說的，不能講話。」所以他用點頭來表示（大眾笑⋯）點頭是不是表示？是表示了嘛！所以離念靈知會表示。祂會不會分別？會啊！因爲當他說「離念靈知是無分別心」，你就給他一巴掌，他會問你：「你爲什麼打我？」顯然他已經分別了。如果他眞的不分別就不會知道你打了他，不分別心是不應該知道你打他的；但他明明知道，所以他那個離念靈知有能認識的自性。識就是了別，所以祂有了別性。你就問他：「你不是說無分別嗎？可是你這個離念靈知心爲什麼又會問我『爲什麼打你』？」原來離念靈知心不離問答、不離表示，再請問他：「你這個離念靈知心從小到現在，跟別人問答過幾次了？」他一定說N次，因爲不可計算。原來離念靈知心不離問答，那就是入二法門了，不是入不二法門。

文殊菩薩就把菩薩們講的直截了當的綜合開示給還沒有悟的人，怕人家悟不了，眞是老婆心切。他想：「我已經把答案明講了，現在看維摩詰居士怎麼跟大家開示吧！」維摩詰居士總不能當個局外人，因爲他才是主角，大家都是來看他的，所以文殊師利就問維摩詰：「我們大家都已經把入不二法門說過了，你也應該爲我們講一講：究竟什麼是菩薩的入不二法門？」維摩詰菩薩卻似乎不理他，只是坐著，不講話，這叫作踞座默然。就像外道來問佛：「不問有言，不問無言。」佛踞坐默然，只是看著他，不講話。維摩詰菩薩這時也一樣，默然不答。我們就來看看他這個默然不答，到底是對、還是不對？

【文殊師利歎曰：「善哉！善哉！乃至無有文字語言，是眞入不二法門。」說是入不二法門品時，於此衆中五千菩薩，皆入不二法門，得無生法忍。】

講記：文殊與維摩詰都不同凡響，文殊一看，當然知道他的意思，這一招也是本來就要留給主角的，總不能客人把主人的搶來用。文殊難道不知道這一招？他是七佛之師，早就知道了！所以 文殊師利菩薩就讚歎說：「太好了！太妙了！現在維摩詰菩薩連語言文字都沒有了，這正是眞正的入不二法門。」好了！以後你出去會外時，遇到人家「開悟者」，你就問他：「如何是入不二法門？」他也跟你來個踞坐默然，那你該怎麼辦？假使他跟我來個踞坐默然，我就上前說：「善哉！善哉！」一掌把他推倒。推倒時才是眞正的善哉，應當如是。因爲他踞坐默然只是隻野狐狸，只是模仿表相而已，何嘗知道踞坐默然的眞意所在。所以悟後得要把見地拿出來現用。假使他質問說：「你爲什麼推倒我？」你怎麼答？你就說：「所以你不懂，被推倒了都還不懂，當然該推倒。」這才是眞正的入不二法門了。

可是悟錯的人都不曉得禪宗祖師那些公案其實就是活用經典。老趙州曾說：悟前被經典使，悟後十二時中使得經典。是啊！悟前是被此經轉，悟後卻來轉此經；悟後確實可以使喚此經，現學現用。有些法師不懂，就說：禪宗那些無頭公案。可是他們這一句話就已經把自己的底子給洩漏了。禪宗那些證悟祖師的公案可都是有頭有尾——不但有頭、有身，還有尾巴。眞的有尾巴，譬如人家來問禪師：「如何是道？」他說：「幫我拿一杯茶來！」拿一杯茶來以後，禪師就把茶喝了，放到桌上不理他了。那個人就問：「我剛剛問如何是道，老禪師你還沒有指導我，還沒有告訴我。」老禪師就講：「今夜月正明。」那個人回去就把這一句一直參：「今夜月正明。」但我告訴你：這句話其實是尾巴。頭給他，身體給他，他不要，那只好送個尾巴給他，就這樣。因爲「今夜月正明」是最難悟的，可是如果能從這個尾巴悟進去，卻正是一把好手。就怕悟錯了，依文解義、鋸解秤鉈，專在明月上作文章。所以禪宗的悟，不應該絲毫離開經教，因爲禪宗的那些機鋒都是經教的活用，只是中國禪宗祖師們把它運用到淋漓盡致、活靈活現而已。如果在祖師手下悟了，回頭來看經典就通了。所以三十二位菩薩說了各自的入不二法門以後，維摩詰菩薩作個總結，就是踞坐不答——默然。

這個默然，可眞是石破天驚；可是，古時候與現代都有一班人，把這個默然當作覺知心不說話、不起語言文字妄想。譬如以前有個鄭尙書叫作鄭昂，他學天童宏智禪師的默照禪，誤認爲離念靈知就是眞如心；後來聽說大慧宗杲破斥默照禪，他很不服氣，帶了香去，告訴大慧宗杲說：「如果你能夠把默照禪的錯誤破斥給我聽，讓我心服口服，我就用這炷香供養你。但是你如果講錯了，不能讓我心服，我卻要推翻你的法。」接著他就對大慧禪師講出默照禪的一大篇道理，最後還講：「像這樣無語言文字，豈不是維摩默然？」他還引用《維摩詰經》的維摩默然呢！大慧宗杲就向他講：「我就根據你講的默照禪來說破你這個默然。」他也不用自己的法，就用對方的法破掉他，結果這個鄭昂被破斥到體無完膚。可是大慧宗杲有個善處，就是不跟人家計較，雖然鄭昂是來挑戰的，但是只要能夠信受，大慧照樣願意幫他開悟，所以過不久，鄭昂就在大慧的手下悟了。我也一直在等這種人，但我至今仍然沒等到。現代的人就是特重面子，人家鄭昂覺得對方講的有道理，雖然本來是要推翻大慧的，結果反而信受大慧而在大慧手下悟了。這種例子在大慧手下是非常多的，不是一個、兩個。我一直等這種人，看看誰要來推翻我，來跟我辯論之後發覺我講的有道理，肯留下來修學，可是目前還等不到這樣的人。

這些菩薩們一個一個出來說了法以後，有許多菩薩就因爲這個緣故，從剛剛明心入了不二法門的階段，成爲發起無生法忍的菩薩。無生法忍是指初地開始的智慧。換句話說，人家聽了三十二位菩薩說法，看到了 維摩詰居士默然的開示以後，有的人入了不二法門而明心了，本來已經明心的人便成就無生法忍了。想想看：我們自己是應該汗顏的。這不是一個、兩個悟入，而是五千位的菩薩當場悟了。你看人家等覺菩薩是怎麼度人的，就這樣一場說法，五千個人中，或者悟入不二法門，或者從明心位而成爲地上菩薩。這樣看來，我還眞的是要汗顏；因爲我出來度人十幾年了，現在還不到三百位明心，見性者才只十幾人，眞的汗顏。

所以大乘菩提的證道絕對不容易，既然是這麼不容易，怎麼有可能是每一個法師、居士都悟了，就只有我蕭平實不悟？所以應該是只有一個蕭平實悟了，大家都沒悟，不然就變成百萬將軍一個兵了，古來禪宗一向都是如此的。中國禪宗古來證悟祖師，千年累積下來也不過只有一千七百則公案，其中還有許多是魚目混珠的。而這一千七百則公案中的每一位禪師一世一世轉生下來，他們將會有多少個名號?你可以說一千多年下來,這些祖師們一個人都有十來個名號:這一世是張三祖師,等到下一輩子變李四祖師,你這樣把它算一下,千餘年來能有多少人開悟?想來這些開悟的祖師,大概是多數已經在我們同修會裡了。還有一些還沒收回來的,以後慢慢再收。這有點兒像一貫道在講老母娘的收圓了(大眾笑…)。

凡是講收圓的,都是一貫道。但是有一個問題:一貫道也在教人家開悟,但他們是遵照誰的指示來指導人家開悟?當然是依照母娘的說法(母娘,也有人把她叫作瑤池金母,也許不很正確)。請問:母娘悟了沒有?(眾答:沒有)沒有!她的我見斷了沒?(眾答:沒有)沒有!那他們點傳師要如何幫人家開悟?所以有智慧的人用膝蓋想一想就行了。〈入不二法門品〉到這裡講完了!諸位:你有沒有入了不二法門?你們已經明心的人,都可以用這部經文自己檢驗看看。如果還沒有去過禪三,或者還沒有入會來共修,但若懷疑自己是不是悟了?也可以用這個來自己檢驗看看。

《維摩詰所說不可思議解脫經》卷下

〈香積佛品〉第十

【於是舍利弗心念：「日時欲至，此諸菩薩當於何食？」時維摩詰知其意而語言：「佛說八解脫，仁者受行，豈雜欲食而聞法乎？若欲食者，且待須臾，當令汝得未曾有食。」時維摩詰即入三昧，以神通力示諸大衆：上方界分過四十二恒河沙佛土，有國名衆香，佛號香積，今現在；其國香氣，比於十方諸佛世界人天之香，最爲第一；彼土無有聲聞、辟支佛名，唯有清淨大菩薩衆，佛爲說法。其界一切皆以香作樓閣，經行香地，苑園皆香。其食香氣周流十方無量世界，時彼佛與諸菩薩方共坐食；有諸天子皆號香嚴，悉發阿耨多羅三藐三菩提心，供養彼佛及諸菩薩；此諸大衆莫不目見，時維摩詰問衆菩薩言：「諸仁者！誰能致彼佛飯？」以文殊師利威神力故咸皆默然，維摩詰言：「仁！此大衆，無乃可恥？」文殊師利曰：「如佛所言，勿輕未學。」】

講記：這裡教導我們的並不是做人的道理，而是做菩薩的道理。做人的道理，大家學很多了，可是以往有些人總是學不會做菩薩的道理，只好離開同修會再去世間法中學做人的道理去了。菩薩要善觀時節因緣，不該我們出場時，要守住身分，可別強出頭；不然，佛教界就會被搞得烏煙瘴氣。可是話說回來，我蕭平實今天出場了，到底是該出場？還是不該出場？還眞難說。因爲本來台灣、大陸的佛教界是一片昇平，大家努力捐輸錢財，蓋寺院的蓋寺院，辦國際會議的就繼續每年辦。「本來大家相安無事，你捐你的錢，我蓋我的廟，結果想不到出了個蕭平實，弄出一個如來藏妙法來，把我們證悟聖者的身分都給剝奪了，眞是好可惡！他眞是出來的不是時候。」可是諸位認爲到底我出來的是不是時候？（大眾同聲回答：是時候。）喔！是時候。（大眾笑…）因爲你們得到了如來藏勝法，當然說「是時候」嘛！他們沒得到這個法，當然說「出來的不是時候」，因爲名聞利養乃至徒弟都開始流失了，所以我還眞是遭人嫌。

現在我們回頭來看看〈香積佛品〉，當 文殊師利讚歎 維摩詰居士之後，因爲日頭晌午了，肚子餓了，所以舍利弗尊者心裡面想：「這日頭快到正午了，用齋的時間快到了。」因爲聲聞人一天只用一齋，所以這一齋對他們來講很重要。菩薩卻是早上吃一齋，中午吃一齋，晚上還來個藥石（騙鬼神說是藥石，其實還是吃飯）；

可是聲聞人一天只能吃一齋，所以這一齋對他們很重要。他想：時間快到了，又不能超過正午，超過就不能吃了，接下來可得要整整一天再餓肚子了；可是時間快到了，這些菩薩們要在哪裡吃飯呢？因爲看到維摩詰家裡好像沒有準備的樣子，那該怎麼辦？可是他一動念頭，維摩詰居士知道了，故意向他講：「佛不是跟你開示八解脫嗎？」這個八解脫現在不講，留待《阿含正義》書中再來講，「仁者舍利弗！你奉行信受八解脫，難道現在你還想要繼續把這個想要飲食的念頭雜在心裡面而來聽我們說法嗎？沒關係！你如果想要吃飯的話，且等一下，我一定會讓你吃到從來都沒吃過的飲食。」說完了，維摩詰菩薩就進入三昧中，用他的大神通示現給大眾們都看見，上方界分超過四十二個恆河沙數的佛土（請問：「一個恆河沙數有多少數目？」沒辦法計算，因爲恆河沙非常細，比白沙灣那個沙子還要細約六倍，三芝鄉白沙灣的沙子都數不完了，恆河又寬又長，恆河沙怎麼數得完。不但是恆河沙數的數目，而且是四十二個恆河沙的數目），往上方超過四十二恆河沙數的佛土時，有一個佛國叫作眾香國——眾香世界；這個眾香世界有一尊 香積佛，如今還在，他們那裡的時間也正好到中午了。

快到中午的時刻，對阿羅漢是很重要的事情，因爲他們聲聞出家人只能日中一食，早上不吃飯，晚上也不能吃，只有日頭正午之前可以吃一餐，這就是阿羅漢的生活；因此這一餐對他們來講非常重要，特別是年歲大了的阿羅漢，如果沒有這一餐，還要再等明天中午，那就是四十八個鐘頭沒吃飯了，可能會體力不繼。所以這時舍利弗尊者心裡面在想：「日頭快中午了，用齋的時間到了，這些菩薩們是應當在何處吃飯呢？」他並沒有想到自己只有日中一食，現在要在哪裡吃？是為大家想的。當時維摩詰菩薩知道他心中的意思，所以就向舍利弗尊者說：「佛所宣示八解脫的道理，你舍利弗是信受奉行的，如果還在飲食上面用心的話，那就落在我所裡面，與八解脫就相違背了；難道你修證到今天，心中還夾雜著想要飲食的心而來聽我們菩薩們說法嗎？」維摩詰一向都會斥責阿羅漢的，不管是哪個阿羅漢，他都會斥責；所以阿羅漢們無人不怕他，每一個人對他都有恐懼感。

可是維摩詰菩薩接著說：「如果你想要吃飯，就再等一下吧！馬上就會讓你吃到從來沒吃過的飯。」這時維摩詰菩薩就進入三昧中，以大神通的力量示現給在座的大眾看見，也就是這個娑婆世界的上方，超過四十二個恆河沙數的佛土，有一個國家叫作眾香國；住持佛法的佛陀名號是香積，如今還在說法度眾。香積佛在眾香佛土目前仍然在度化眾生，而那個國土的香氣，拿來比較十方諸佛世界一切人、一切天界的香氣，永遠都是最殊勝的。不但如此，那個佛土中完全聽不到聲聞與辟支佛的名相。在我們這個世界，聲聞與辟支佛這個名相是時時可聞的，有非常多的人都聽過聲聞、緣覺與菩薩。可是眾香國沒有聲聞與辟支佛的名相，聽不到這兩個名號，那裡的佛弟子都是清淨的大菩薩眾；換句話說，沒有一位菩薩是還未明心的。諸位想想看：那是什麼樣的世界？

在我們這個世界，佛陀住世的年代，證悟的菩薩仍然不是很多。法傳到今天，證悟的菩薩幾乎都在我們正覺同修會裡面（有一部分人當然會悟了就離開，但畢竟都是從這裡出去的）。可是眾香佛土所有的菩薩都已經明心了，而且明心後也修學一段時間了，所以不但是大菩薩眾，而且還是清淨眾，香積佛在那裡為他們說法。不但這樣顯示，維摩詰菩薩還讓大家看見：眾香國國界之內所有的建築物都用香木來建造，是用沉香木或檀香木來造房子。諸位大概沒見過，至少台灣、美洲沒有，但是亞洲有：在尼泊爾。尼泊爾國王的舊皇宮，全部用檀香木建造起來，當然現在很舊了，他也不願意住了，變成一個觀光的景點。那也只是一個地方才有，但在眾香國所有的建築都用香木來建造，當然不管去到哪裡都是香的。經行的地方，土地也是香的，而且所有的房子庭苑、以及種花的庭園也都是香的。不但如此，他們所吃的食物香氣也會周流十方無量世界；無量的世界就是不能計算的意思，也就是說恆河沙數的世界；但畢竟離我們這裡太遠，所以還是流不到我們這裡來，或許是沒有因緣而聞不到。

維摩詰菩薩把這個世界相顯示出來時，香積佛正要與菩薩們開始吃飯；這時香積國土有許多天子，名號都叫作香嚴，他們全都已經發起樂求無上正等正覺之心，來供養香積佛以及所有的菩薩們。諸位可以在腦海裡面畫一張圖，香積佛與眾菩薩們正好坐在齋堂，許多的天子送了香飯來，正準備要供養。這個情景，當時在場的菩薩眾們全都看到了，維摩詰菩薩就出了個難題，問眾菩薩們：「諸位仁者啊！誰能夠去那邊向彼佛致問，然後把一缽香飯取回娑婆世界來？」這個話聽起來是有些輕藐的味道，其實也有一些大菩薩能到那裡去，但都不作回應；不是取不到飯，只因為這個場合是該維摩詰大士表演的場合，所以那些大菩薩們都因為文殊師利給他們一個念頭：「你們都不要輕舉妄動，別把人家主角的戲給搶了。」所以極少數大菩薩眾們縱使有能力，也都默然。維摩詰菩薩就說：「仁者啊！你們這些大眾不是太可恥了嗎？」因為他罵慣人了，這時文殊師利就向他點了一下說：「就像佛所說的，不要隨隨便便看輕還沒有學法的人。」因為有的人是還有胎昧，他這一世學佛也許學得晚，是因緣使他學得晚，但不代表晚學的人就是不懂佛法的新學者。

這現成的例子是咱家，我這一世到四十幾歲才開始學佛，似乎是四十一歲吧！初學佛那幾年，誰肯用正眼看我一下？假使我要跟人家談佛法，人家一定用白眼看我。可是學佛五年之後，我發覺跟大法師學習眞不是辦法，所以我把他教的東西全都丟掉，用自己的方法來探究。因爲我學了五、六年，大法師都沒教我（我已經算是核心幹部了，也在他們禪坐會當教學組的組長，那時他們叫作知津組），但問題是：到底怎麼才叫作開悟？都沒一個輪廓，沒有一個概念。大師連看話頭的功夫都還要問我呢！而我在見山不是山的境界中參了那麼久，整整一年半過去了，每天都是渾渾噩噩的看著話頭，不知道在過什麼日子。後來觀世音菩薩也教我把心靜下來，別再常常跑道場爲凡夫大師做事。

在家中閉關參到第十九天中午，午飯後上了三樓佛堂坐下來，那天面壁參禪到後來，我想：這樣下去，總不是辦法，乾脆用我自己的知見來參禪好了：禪宗的開悟既然叫作明心見性，那一定是有心可明、有性可見。一定是如此，不然爲什麼說開悟叫作明心與見性呢？那就要探討：心是什麼心，性是什麼性？就探討下去，結果兩個多鐘頭的最後半小時中，心也明了、性也見了，就這樣解決掉了。好容易喔！因爲自己在家裡閉關整整十九天都參不出來，後來發覺不行，乾脆用自己的方法，在最後半小時，大約在下午四點二十分就解決了，從此以後整個世界就改觀了。但是我剛出來弘法時，誰瞧得起我？沒有一個人瞧得起，因爲名不見經傳，所以有的人會抵制、毀謗等等。但是抵制毀謗的人現在都後悔了，因爲沒想到我們的法是這樣的勝妙。有人後悔了，後來希望我去他們那邊出家，可是我那時已經定了三個出家的條件；這三個條件，他們一個都沒有辦法完成的，所以想要我去他們那裡出家是不可能的事。所以末學者，有一天悟了以後，他會變得很難預料的。

當年我們剛開始弘法，把厚厚的七百多頁的《禪——悟前與悟後》贈閱版印出來時，誰會知道佛教界弘傳的法義會被整個翻轉過來：以前離念靈知的開悟，現在都變成是錯悟；現在只有證如來藏者才是眞悟，而且不可推翻。所以那時抵制毀謗我的人，後來心裡面或多或少都有後悔：「當年我要是把他叫來問一問，他又沒有名氣，他一定會告訴我明心、見性的內容。」事實上也確實如此。後來我也曾準備把明心與見性送給一位法師，我親自去杭州南路找過他；但是他姿態太高了，嚴重的瞧不起居士，讓我覺得他因緣不成熟，所以略事供養，並送他一幅張老師代筆的字，供作他補壁之用，我就回家了：言不投機，半句多。

當年還沒有破參之前，我應該叫作末學，因為這一世還沒有修學，剛開始學習而已，但是「輕視即有過」。所以我們破參了，乃至見性了，看到新學菩薩來，正是這一世新學，是新報名禪淨班的菜鳥——將要任你宰割的菜鳥；但你可別看輕他，因為每一個人的因緣各不相同，將來他也許會是一方大師，你都想不到。有的人也許看來還沒有發起菩薩性，或者說他看來呆呆的，但是也許有一天突然有個大轉變，將來成為住持了義佛法的很重要人物，所以看人很不容易。以前大慧宗杲證悟時，克勤大師很歡喜，他並不是歡喜說：「我又多了一個徒弟開悟了。」其他的徒弟開悟，他都沒什麼歡喜；就只是大慧悟了，他很歡喜，因為他已經預見大慧宗杲可以把他了義正法的命脈不斷延續下去。我們這一期或下一期的電子報就會開始連載《鈍鳥與靈龜》（編案：已連載完畢並結集成書而出版了），以後你們就會知道 克勤大師為什麼歡喜大慧宗杲的開悟了。

所以有人悟入，在佛法中本來應該是平常事，但是有少數人悟了以後可以成為法門支柱，那就變得很重要，而大慧宗杲正是這樣一個人：臨濟禪的命脈其實都只靠大慧宗杲一脈延續下來。我們今天在密意失傳之後繼續延續起來，仍然是大慧這一脈；所以在大慧還沒有開悟之前，有的人已經很看重他；但是有的人仍然看輕他。所以 佛會告誡大眾說：「不要隨便輕視未學法的世俗人。」也許哪一天你會遇到一個砍柴的、不識字的大老粗，結果他一來就證悟了，就成為六祖惠能。也許將來你會遇見一個在市場殺雞的、賣鴨的，他開始學佛以後，很快的悟了，後來也許出家而成為一代大師，這都很難說。因為菩薩示現在人間，那是很稀奇的：千奇百怪的、什麼樣的身分都會有。

所以，文殊師利菩薩向 維摩詰菩薩說：「如佛所言，勿輕未學。」因為這個人假使有一天開始學法以後，他將會變怎麼樣，一般人是不知道的。而 文殊師利這句話意思是說：「維摩詰菩薩！在座的菩薩們可不是每一個人都很差的。」提點他一下，所以有時針對某一些狀況，你已經明心了，或已經見性了，應該對某人提點一下，如果某人說話太超過時。不過這個提點要有技術，技巧要把握得好：不失他的顏面，也能顯示他有大智慧，繼續讓他有表演的機會。這就是 文殊菩薩的世出世間法智慧所在，我們接著來看 維摩詰菩薩如何表演。

【於是維摩詰不起于座，居衆會前化作菩薩，相好光明、威德殊勝蔽於衆會；而告之曰：「汝往上方界分，度如四十二恒河沙佛土，有國名衆香，佛號香積，與諸菩薩方共坐食。汝往到彼，如我辭曰：『維摩詰稽首世尊足下，致敬無量，問訊起居、少病少惱、氣力安不？願得世尊所食之餘，當於娑婆世界施作佛事，令此樂小法者得弘大道，亦使如來名聲普聞。』」】

講記：維摩詰菩薩還是繼續安坐於寶座上，他就在大眾面前化現出一尊菩薩來，這尊菩薩具有種種相好，光明顯曄，他的威德很殊勝，超過在會的所有菩薩與十大聲聞（當然，再怎麼殊勝，都不會超過文殊菩薩）。化現出來之後，維摩詰菩薩就對這位化菩薩交代：「你往上方世界出發，要經過像四十二個恆河沙數那麼多的佛世界，那裡有一個佛國淨土，名號為眾香國，佛名是香積。這時香積佛與諸菩薩眾才剛剛坐在齋堂之中準備開始吃飯，你就去到那裡，依照我交代你的話而這麼說：『維摩詰頂禮世尊足下，以無量的恭敬心向佛問訊。請問香積佛世尊，您的起居是不是很和順輕利？是不是少病又少惱？氣力具足嗎？身心平安否？希望能得到世尊吃剩下的飯，維摩詰將以世尊吃剩的飯在娑婆世界布施來做佛事，令娑婆世界中樂於小法的人都可以出來弘揚大乘法道，也藉這個機會使您香積如來的名聲普聞於十方世界。』」他這樣交代。

所以見佛時，不應該像某些人點了個頭就坐下了，這種人是屬於門外人。眞正入門以後，見了佛一定要先禮拜，起來之後就要問訊。問什麼訊呢？「問」就是提出請問，「訊」就是得到一些訊息。請問哪些訊息呢？就是起居是不是很方便？有沒有什麼事情不方便而需要弟子們幫忙的？再來就是要問是不是少病少惱？既說是正要吃飯的世間，當然都是在人間，不是在天界（欲界天就不會有病），人間都會有病。度眾時因爲眾生很難度，所以免不了有一些煩惱；可是佛一定不會有煩惱，但還是要請問：「是不是少病少惱？」如果佛世尊年紀有些大了，那你一定要問：「氣力安否？遊步輕利否？」但因爲維摩詰菩薩是去純菩薩的國土請問，所以就不必再問後面這一句。如果你去到別的世界，那個世界跟咱們娑婆世界一樣，那你向那裡的佛還要加上一句問訊：「眾生易度否？」像香積佛所度的眾香國那些眾生都容易度，可是像娑婆世界這樣的世界，在十方虛空中是多得數不清的；像華嚴講的那種純一清淨世界是少數。我們這種世界，眾生一向都很難度，所以最後一定要問訊：「眾生易度否？」當然佛都會跟你答：「少病少惱，身心輕利，遊步康強，眾生難度。」永遠都這樣，我們這個五濁世界一直都是這樣。

也許有人不信：你看人家各道場一度就是幾十萬人，慈濟還有四百萬人之眾。但是我告訴你：那個不是眞度，都還是在外門，還沒有進得了門，怎麼叫作得度呢？得要悟了或斷我見了，才算得度，所以眾生是很難度的，因此，見佛時要有這樣的問訊。但不是兩隻手做個動作就叫作問訊，問訊是由於關心而請問一些訊息，才是問訊。現在佛教界的問訊動作，其實我很想把它改掉；假使這樣一個動作就可以稱爲問訊，眞的可以說是一表千里。世間人攀緣關係時可以一表千里：他是我的表哥，某乙又是他的表哥，某丙又是某乙表哥的表哥。這樣一直表下去，就都可以拉上親戚關係了；一旦拉上親戚關係，事情就好辦了，不管是升官、發財都好辦了，那叫作一表千里。但我說的表不是那個表，我講的表叫作代表。

就像密宗，什麼都用代表，眞是一表千里，不管什麼統統用代表的，所以這樣做一個動作就代表問訊；但這不可能是問訊，應該把它解釋作禮拜前的預告，預告說我要跟你禮拜了。事實上問訊是藉著言語請問對方的一些訊息。比如說，父母從鄉下來，迎接到他，要牽著他的手，好好問問他們的訊息：「這一路辛苦不辛苦？有沒有餓到肚子？口不渴吧？路上還順利吧？」這才叫作問訊，是要請問訊息，表示關心。可是你如果見了老父母從鄉下來，在車站接到他們，你做這個問訊的動作，他們知道你是幹什麼嗎？你又得到什麼訊息了嗎？都沒有！所以問訊的意思不能用動作來代表。

西藏密宗始終是一表千里，什麼都用代表的；比如他建一個壇，這個密壇上放六樣東西，就叫作六度；放十二樣東西平均擺起來，就叫作十二因緣。你能不能接受呢？我無法接受。他們不論什麼都可以用代表的，但我們還是要盡量把法回歸到佛陀年代的眞實意旨。所以問訊是指問訊他的起居、身體、度眾等事，不該只是一個動作。藉著化菩薩被交代的這一段話，我得要讓大家瞭解：假使你入定或夢中遇到佛或者大菩薩，千萬記住要問訊：「起居、身心是否輕利，眾生易不易度？」這是身爲佛弟子見了諸佛、大菩薩時應有的基本禮儀。可是現在的各大道場，他們沒有在教這個禮儀，而這卻是佛弟子最重要的禮儀。所以我們正覺的佛弟子們遇到佛、菩薩召見時，要記住問訊起居……等；佛菩薩們離開時，心中才不會想：蕭平實連這個都不曾教導，弟子們都不懂得要問訊。（編案：此手印有二種變化，開展時的手印狀似女陰，緊縮時的手印狀似男陽。疑似天竺坦特羅密教徵詢異性是否願意合修雙身法的手印。後來被顯教用作身心輕利等問訊的代表手印後，今已失去其用途，但其本質仍屬雙身法的印記）維摩詰菩薩交代了這位化菩薩以後，接著怎麼演變呢？

【時化菩薩即於會前昇于上方，舉衆皆見其去到衆香界、禮彼佛足。又聞其言：「維摩詰稽首世尊足下，致敬無量，問訊起居、少病少惱、氣力安不？願得世尊所食之餘，欲於娑婆世界施作佛事，使此樂小法者得弘大道，亦使如來名聲普聞。」彼諸大士見化菩薩，歎未曾有：「今此上人從何所來？娑婆世界爲在何許？云何名爲樂小法者？」即以問佛，佛告之曰：「下方度如四十二恒河沙佛土，有世界名娑婆，佛號釋迦牟尼，今現在；於五濁惡世，爲樂小法衆生敷演道、教。彼有菩薩名維摩詰，住不可思議解脫；爲諸菩薩說法，故遣化來，稱揚我名、并讚此土，令彼菩薩增益功德。」彼菩薩言：「其人何如？乃作是化？德力無畏，神足若斯！」佛言：「甚大！一切十方皆遣化往，施作佛事，饒益衆生。」】

講記：維摩詰菩薩交代完了，這位化菩薩就在眾會之前、往上方去了，藉由維摩詰大士的威神力，讓大家親眼看見他去到眾香國土，在那裡禮拜香積佛足。又同時聽到那位化菩薩說話：「維摩詰禮拜世尊的足下，以無量的誠心向佛致敬，並且希望問訊香積佛的起居等事是否順利，是否少病少惱，氣力安平。希望能得到世尊所吃剩下的餘飯，想要在娑婆世界布施廣作佛事，使娑婆世界中樂於修學小法的人，將來也可以弘揚大乘的法道，藉著這樣施作佛事，也可以使得香積如來的名聲普聞於娑婆，乃至其他世界。」化菩薩稟告完了，可是眾香國土的菩薩眾們並不知道這位化菩薩是變化出來的，看見這位化菩薩如此的莊嚴，大家都讚歎說：「不曾見過這麼莊嚴的菩薩。」然後就向香積佛請問：「如今這位**上人**是從什麼地方來的？他所說的娑婆世界是在何處呢？他又說到樂小法者，這個樂小法者到底是什麼樣的人？」

我們且從這裡來討論一個常常被人使用的名詞：上人。是不是坐上高廣大床來說法時就可以叫作上人，或是修證高一點而叫作上人？也許不是，似乎是名氣大而叫作上人，或者由於徒眾多而被稱爲上人，或者掌控的資財比別人多，所以是上人。我想：現在上人二字在佛教界應該是這樣解釋的吧！因爲現在有的人被稱爲上人，可是既沒有斷我見，也沒有明心，大家卻都稱她爲上人；她自己也以上人自居，可是有沒有上人的功德呢？這就要探究了。如果要稱爲上人，像這位化菩薩這樣，往上一昇就超過四十二恆河沙數的佛土，夠資格；如果辦不到，至少你有道種智吧！那也可以勉強稱爲上人；如果這個還辦不到，至少要有眼見佛性的證境吧！如果見性也做不到，至少得要明心；如果連入門的明心也做不到，至少要有聲聞法的斷我見功德（斷我見是最基本、最基礎的修證），勉勉強強還可以被稱爲上人。斷我見是說，很清楚的了知覺知心的自我（意識）是虛妄的、是緣生法、不眞實，所以永遠都不會承認意識是常住的心。可是我們現在看到的上人卻寫書出來公開主張說「意識卻是不滅的」，她懂不懂睡覺是什麼境界？當她每天晚上睡著以後，意識是斷滅不在的，所以她已經把上人兩個字給玷污了。

這些菩薩們問：「這位上人是從哪裡來的？」因爲太莊嚴了，而且突然間出現，可是聽到他說的法義名相又覺得很奇怪：「爲什麼有人不要大法，喜歡小法？」很奇怪啊！確實很奇怪。諸位想想看：「如果說有兩筆錢，一筆錢是一億元，另一筆錢是一萬塊錢，同樣兩張支票開在那裡等著你，你要拿哪一張？」你總不會去拿那張一萬元的支票，一定會拿一億元的，因爲反正都是要給你的，只能取一張，你就取一億元。可是竟然有世俗人說我不要一億元，我只要一萬元，那不是很奇怪嗎？你看到這個情形，一定會問他：「某某先生！你爲什麼只要一萬元，不要一億元？」眾香國的菩薩們覺得奇怪：「大法不要，要小法；爲什麼有這種人？」當然要請問。

香積佛就說：「從我們這個世界往下方去，度過猶如四十二恆河沙數佛土那麼遠的地方，有一個世界叫作堪忍世界。」我們這個世界其實不太可樂，所以叫作堪忍。你們看：號稱世界最富庶的美國，一個卡翠納颶風就把他們弄得慘兮兮了。不說颶風、颱風，說度眾生好了：你度了眾生，你幫他悟了，他還要狠狠咬你一口；你救一隻貓，把牠救出來了，牠還咬你一口；你說這個世界是不是堪忍？眞的！你得要能忍才能堪住，如果不能忍就不堪住此世界，所以叫作堪忍世界。娑婆意爲堪忍，意思是說這個世界不是好世界；不過，也因爲這個世界不好，所以才好，這個道理，先暫時賣個關子，馬上就會告訴諸位，所以諸位也不要厭棄這個世界。回到經文，香積佛開示說：「那裡有個世界叫作堪忍世界，住持佛法的佛陀名號叫作釋迦牟尼，如今還在弘法當中。在堪忍世界五濁惡劣的年代中，釋迦牟尼佛爲樂於小法的眾生開敷演說修行之道以及教、理。那裡有一位菩薩名字叫作維摩詰，他住於不可思議的解脫境界當中，因爲他爲了向那些聲聞及菩薩說法，所以特地派遣這個化菩薩來到眾香國，來稱揚我香積佛的名號，並且讚歎這個國土的莊嚴，目的是爲了讓堪忍世界的菩薩等人增益功德。」

香積佛這一段話裡面有四個字，我們要稍微注意一下，這四個字叫作**敷演道、教**。敷，譬如說一朵花，如果含苞待放，表示它還沒有開敷，敷就是張開來、展開來。演，不單只是開敷而已，並且從各個方向、上下左右都讓你瞧清楚，這叫演。道與教，有什麼不同？道是實證的方法，教是在說明理論及實證的方法，教的範圍比較廣泛。在大乘佛法中，道與教的最大差別是說：一個是經中理論所說的實相，另一個是參禪的宗門實證方法，幫人實證經中所說的實相——道。而經文是指導大家親證實相的文字與理論，禪宗的教導同樣屬於教門，都屬於方法論（道家講的術）；而這些教門所指向的實相境界即是道，但是道的部分有許多是不可以公開講的，所以經典裡面就不明說。譬如說：參禪證悟如來藏了，是悟得哪一個心？那個心的密意就不許明講了，這屬於道的部分。教裡面就可以說：證悟就是悟得如來藏，如來藏名爲阿賴耶識，祂有哪些體性等等，這都屬於道；這部分在教門裡面都可以說，但是教門說完之後，要去悟得那個如來藏時：祂在哪裡？就屬於教的部分了。而教門這個部分卻不許明說，必須觀察受教者的根機與福德因緣等狀況，才能決定要不要明說，或是決定爲他引導實證。由教門的明說或引導實證，就可以通達道的部分——親證實相境界。

明心開悟以後還有見性的境界，也是屬於道。見性的部分，經中有沒有講呢？也有講，但是如何眼見呢？不講！所以假使有人想要從經典裡面去找出佛性要怎麼看得見的方法，一定找不到，經中、論中都沒有。所以那些看不見佛性的大法師、大居士才會恨我恨得要命，原因就在這裡。接著，見性時現前生起身心、世界全都如幻的現觀，這也屬於道；十行位滿心了，證得猶如陽焰的現觀，這也屬於道，不屬於教；乃至十迴向位滿心的如夢觀、初地滿心的鏡像觀，一直推到五地滿心的變化所成、六地滿心的非有似有等現觀，都屬於道。教的部分，初地修布施行需要證得什麼樣的道種智？上至二地、三地、四地、五地、六地等等所應證法的說明，都屬於教。所以道與教是兩門，一部分不可明說，另一部分的教門則可說。雖然有兩門，卻不可以切割，是一而二、二而一；就像一張紙有兩面，一面是教，一面是道。教，有一些文字留傳；道的內容，卻不可以記錄下來。不可以說：「道與教是兩門，你這個道證得了，不應該用教來印證。」那好了：請你把這一張紙，從中間切成與原來一樣寬一樣長的兩張，看能不能切得開？切不開！假使能切開了，兩張也還是都有兩面。所以祖師說：「宗不離教，教不離宗。」依文解義，固然三世佛怨，可是如果離經一字而說道，那就是魔說；所以道與教仍然是兩門，而教門所說的是在顯示道門，是教你證道之後要用教門來檢驗，所以教門就是道門的試金石。你找到眞心時想知道是眞還是假，可用經教來檢驗，馬上就知道了；假使是電鍍的，試金石一磨馬上就露底了。所以，道與教固然是兩門，其實卻是同一法，因為教門講的證是悟得如來藏，而道門所悟的正是如來藏的所在，所以是依如來藏而有教門與道門。這兩門既然都依如來藏而有，顯然只是所悟如來藏的兩個示現弘化的方便而已。若要論到實際理地，道與教都不存在，只有如來藏自身是實際理地；可是實際理地的如來藏才不會管你道與教，祂就這樣無分別、離覺知的安住。因此這裡講的**敷演道、教**，為什麼要講「演」呢？表示說眾生無法完全理解 佛陀講的是什麼，所以必須把它展開來讓大家看清楚；若展開來還看不清楚，就上下左右、東西南北各各說給大家瞭解，就叫作敷演。

香積佛回答了眾菩薩的請問以後，眾香國的眾菩薩們就覺得很好奇：原來這是 維摩詰菩薩化現來的，而化現來的竟然可以如此莊嚴，所以當然想要瞭解 維摩詰菩薩是何許人，就問：「維摩詰菩薩是什麼樣的人？竟然可以做出這樣的變化，而且能夠來到這麼遠的地方，他的功德力實在偉大。而且一定是有大無畏的威德與智慧，才敢來向佛要飯。」佛應吃的飯，別人是吃不了的，所以向佛討飯是證量極高、膽子很大的人才做得到的。佛缽裡面即使是一顆飯，我也不敢妄想去拿；在阿含經中常常有這樣的記載：有人請 佛去供養（當然一定是午齋），所以第二天午前佛就去了。但有些施主不先供養，卻先問法，佛就為他說法，佛陀很少說：

「時間到了，先吃飯吧！」佛就為他開示，開示以後，供養主或者證得初果、或者證得二果不等；等開示完了才把供養的飯菜捧出來，佛說：「佛正法中不應以請法為條件而供養，我釋迦牟尼佛不食此食，所以今午不能受你這個供養。」施主可有困難了：這一缽飯是供養佛的，現在佛又不能吃了，那我該怎麼處理？佛說：「你把這一缽飯拿到野外，看看哪裡有水，並且要觀察那水裡面不要有蟲，不然你丟下去就會害死那些蟲。找個無蟲水，就把它丟棄。」施主就問：「為什麼要去丟掉？」佛說：「因為這缽飯是該佛得的食物，天上天下沒有任何人有威德可以吃這一缽飯。」然後佛說法完了就回去了，當然就得要餓一天。這個施主就把飯菜拿到郊外，倒入沒有蟲的水中；剎那間，水都沸騰了。這就是威德的問題，諸佛福德太大了，沒有人能受用諸佛該得的一缽飯。敢向佛討飯，膽子真的很大。所以假使你們以後有因緣遇到佛，你可別請求說：「佛陀！請您留一半飯給我。」你沒那個福德，你吃不了。但維摩詰菩薩竟然敢派遣化菩薩來向香積佛討飯，這膽子真大，眾菩薩們當然會覺得不可思議：竟然有菩薩具有這麼大的無畏之心，敢來向香積佛討飯。而且這個化菩薩一跑就那麼遠，神足也太厲害了。香積佛就說：「這維摩詰上人，他的威德與神足等等都是很偉大的，不但派遣化菩薩到我們眾香國來，而且也常常派遣化菩薩去十方諸佛世界。」能這樣當然夠資格被稱爲上人！如果哪一天什麼人要寫個文章說「平實上人」，那我就敬謝不敏，因爲確實受不起。不過我們對當代所謂的**上人**們最基本的要求，只要求他們至少有斷我見。我們從嚴要求自己，認爲自己現在還沒有資格稱爲上人，但我們可以從寬來要求他們：「你至少總得斷了我見，成爲聲聞初果以後才可以稱爲上人，不要求你有明心及見性的功德。」我們這樣的要求不過分吧？有沒有人認爲過分的？請舉手！（無人舉手）都沒有人認爲過分，可見我這個要求是合理的。好，現在我們再來看，故事怎麼發展。

【於是香積如來以眾香鉢，盛滿香飯與化菩薩。時彼九百萬菩薩俱發聲言：「我欲詣娑婆世界供養釋迦牟尼佛，并欲見維摩詰等諸菩薩眾。」佛言：「可往。攝汝身香，無令彼諸眾生起惑著心；又當捨汝本形，勿使彼國求菩薩者而自鄙恥。又汝於彼莫懷輕賤而作礙想，所以者何？十方國土皆如虛空。又諸佛爲欲化諸樂小法者，不盡現其清淨土耳。」】

講記：香積佛說完話就拿了一個眾香鉢（因爲他們那裡都以香木來做種種物品，

眾香鉢表示這個鉢有很多種的香味），把鉢裡面盛滿了香飯，交給 維摩詰菩薩派來的化菩薩。化菩薩準備要回娑婆世界了，這時眾香國的九百萬菩薩眾都很好奇：堪忍世界有樂小法者，竟然還有這麼偉大的菩薩，那當然要去見一見。所以不吃飯了，就向 香積佛請求說：「我們想要去娑婆世界供養釋迦牟尼佛，並且想要見一見維摩詰等諸菩薩眾。」這裡大家要學一件事了，如果你是那九百萬菩薩之一，你不可以要求說：「我要去娑婆世界見維摩詰菩薩，但不想見釋迦牟尼佛。」所以假使你去參訪某一個道場的一位法師，他們的住持大和尚也在，不可以說：「我去了那邊，只要見那位法師，我不見住持。」這樣就失禮了。

同樣的道理，他們請求的時候要說：「我們也要去供養釋迦牟尼佛，還要去見維摩詰大菩薩，以及追隨他的菩薩眾。」應該要這樣講。香積佛就說：「可以去啊！」諸佛都不會阻擋你說：「你是我的徒弟，去見釋迦牟尼佛幹什麼？」諸佛都不會這樣。所以你看 釋迦牟尼佛也推薦我們大家說：「可以往生極樂世界。」極樂世界說得好像還不過癮，又再加上個琉璃世界、不動世界；在小《阿彌陀經》裡面還告訴你好多佛，阿含部的《央掘魔羅經》也講了一百佛。所以諸佛都不會說：「你是我的徒弟，為什麼去參訪別人？」我們也一樣不會說：「你是我們同修會的會員，怎麼去禮拜外面什麼道場、什麼法師！」我們不這樣做，除非是破法的道場與破法的法師們。因為三寶是一體的，不但地球的三寶是一體的，整個這個銀河系的三寶也是一體的，所有十方虛空無量世界中的三寶也都是一體。

香積佛沒有說：「你們不要去參訪別的佛。」只要有人請求，一定都說：「可以啊！去啊！」並且還說：「趕快去！」但是又交代：「你們九百萬菩薩們，要把身上的香味收藏起來，免得去到那邊，那些菩薩們猛嗅你們身上的香味而生起貪著。」因為這個世界的人所謂的體香，實際上具體的定義是體臭，有香味的人百不得一、千不得一，所以他們來到這裡，人家會覺得奇怪：是什麼香味？鼻了嗅來嗅去，原來是他們身上的香味；再嗅幾下：「你怎麼有這個香味？」娑婆眾牛會覺得很迷惑；「所以你們去了娑婆世界時，要把香味收攝起來，不要讓那些人產生迷惑、執著的心。不但如此，你們還得要把本來的莊嚴形貌收起來，以免娑婆世界求菩薩道的人會自慚形穢。而且你們去到那邊時，千萬不要對那個世界的菩薩們生起輕視的看法，也不要認為他們沒有神通，好像什麼事情都有障礙。為什麼我香積佛要這麼說呢？因為十方國土其實都一樣是無常變異猶如虛空一樣。而且諸佛為了想要度化種種樂著於小法的人，所以就沒有把祂的清淨佛土全部顯現出來。」

所以香積佛不會說：「你們去看吧！娑婆世界比我們這裡差多了。」因為實際上的眞相是：到娑婆世界來度眾生的佛一定是悲願最深，因為這個世界不清淨，而且人的根性也不很好，有種種的不如理作意，邪見是漫山遍野的存在，要度眾生非常困難。而且有許多眾生，他們不想要成佛，只想自己解脫生死就滿意了；至於眾生會如何輪轉生死、永遠不能得度，那些樂小法的人並不關心，一心要在死後入無餘涅槃，所以在娑婆世界示現成佛一定是慈悲心特別強烈才能做得到。「既然想要度的眾生是只樂於小法，而不樂於佛菩提，那就不必為他們示現佛地所證的究竟清淨的境界，也不必為他們示現實報莊嚴土。所以你們去到那邊不要有慢心，也要把自己示現得和娑婆世界的人們一樣。」這也是我們要學的，所以有的人悟後說要去參訪別的道場，我通常會告訴他們：「你對人家可別要求太高。」但諸位若是去踢館(因為對方一直不斷的謾罵，所以有的同修想要去踢館)，我就不交代了，因為目的是踢館。但如果是參訪，我通常都會這樣交代。

甚至於我曾經去拜訪一位法師，我也跟他禮拜供養，當然我知道他心裡很緊張，但是我都不跟他談什麼斷我見、證初果、明心、見性，我都不談，只是跟他談一些場面話，告訴他：「來這裡向你參訪、禮拜。」因為我們不能跟人家要求太高。要求自己可以高一點，但要求別人要從寬，要求自己要從嚴，菩薩都應該如此。如果你將來成佛了，你座下的菩薩要到比較差的其他世界去，你也一樣要像 香積佛這樣交代：不要去看輕人家，也不要對人家要求太高。這是我們要學的地方。

【時化菩薩既受鉢飯，與彼九百萬菩薩俱，承佛威神及維摩詰力，於彼世界忽然不現，須臾之間至維摩詰舍。時維摩詰即化作九百萬師子之座，嚴好如前，諸菩薩皆坐其上；是化菩薩以滿鉢香飯與維摩詰，飯香普熏毘耶離城及三千大千世界。時毘耶離婆羅門、居士等，聞是香氣、身意快然，歎未曾有；於是長者主月蓋，從八萬四千人來入維摩詰舍，見其室中菩薩甚多，諸師子座高廣嚴好；皆大歡喜，禮衆菩薩及大弟子，卻住一面。諸地神、虛空神及欲、色界諸天，聞此香氣亦皆來入維摩詰舍。】

講記：當時化菩薩接受了 香積佛給他的眾香鉢及一鉢飯，就陪同那九百萬菩薩一起即將來到娑婆世界；但是他們自己來不了，要靠 香積佛的威神力及 維摩詰菩薩的威神力，就從眾香世界突然消失了，須臾之間就來到 維摩詰菩薩的宅舍中。維摩詰菩薩看他們來了，就又變化出九百萬個獅子座，如同前面所借來的一般高廣、莊嚴，這些菩薩們都上座了，化菩薩就以滿鉢的香飯交給維摩詰菩薩，這一鉢飯的香味便普熏毘耶離城以及整個三千大千世界；換句話說，普熏了地球以及其他所有的行星，因爲三千大千世界就是三個千的大千世界。這時毘耶離城在家修行的外道們以及居士們，聞見了這個香氣，身心覺得很舒暢，就讚歎說：「這種香氣從來都沒有聞過！」他們就開始探討：「這香氣是從哪裡飄過來的？」討論的結果說：「應該是從維摩詰菩薩那邊出來的。」這時長者主（也就是長者當中能夠作主的長者之尊）名爲月蓋，他有八萬四千人隨從著他，來到維摩詰菩薩的宅舍中，走進來時看見他房中菩薩太多了，而且菩薩們所坐的獅子座又高、又廣、又莊嚴，所以大家都很歡喜，就禮拜眾菩薩以及聲聞十大弟子。禮拜完了就退下來住在一邊。不但如此，很多的地神、虛空神及欲界、色界諸天，聞見了香氣或音聲，也都來到維摩詰菩薩的宅舍中。

地神跟大家也算息息相關，台灣民間信仰中，有很多人每逢初二、十六就在家裡後門內供養祭拜，他們拜的就是地基主（地祇主），就是堅牢地神。凡是有房舍就一定有地神，沒有房舍的地方那就是山神，或是田野中的某個區域，享受福德而成爲那個地方的地神。地神，假使你沒有拜他，有沒有問題？他會不會餓著？

他不會，除非你家裡都沒有爐灶；可是你沒有爐灶，有時總會在家裡泡麵吃或者吃麵包吧！他們就有香氣可以爲食了，所以他們永遠不會餓著，除非這個房舍已經敗落無人居住。若無人居住了，他餓也是應該的，因爲他的福德就是這樣，這是地神一類。另外還有虛空神，虛空神居無定所，但是他們的福德並不比地神差。欲界諸天、色界諸天，諸位都知道，不必解釋，這些天人聞到香氣或菩薩說法的音聲時也都來了，因爲這個香氣遍滿整個娑婆世界，換句話說，同一個銀河系中的眾神都聞到了。到底這是什麼境界？大家就猜一猜吧！接下來怎麼發展呢？

【時維摩詰語舍利弗等諸大聲聞：「仁者！可食！如來甘露味飯大悲所熏，無以限意食之，使不消也。」有異聲聞念是飯少：「而此大眾人人當食。」化菩薩曰：「勿以聲聞小德小智，稱量如來無量福慧。四海有竭，此飯無盡；使一切人食、摶若須彌，乃至一劫猶不能盡。所以者何？無盡戒、定、智慧、解脫、解脫知見功德具足者，所食之餘終不可盡。」於是鉢飯悉飽眾會，猶故不竭；其諸菩薩、聲聞、天人，食此飯者身安快樂，譬如一切樂莊嚴國諸菩薩也；又諸毛孔皆出妙香，亦如眾香國土諸樹之香。】

講記：這時維摩詰菩薩向舍利弗尊者等十大聲聞說：「諸位仁者啊！你們可以吃飯了，如來甘露味的飯是以如來大悲心所熏而成，你們可不要當作是有限量的想法來吃它，否則吃了以後這飯是不能消化的。」所以吃這缽飯還太不容易，還得要先懂得大乘法，不然吃下肚子都不消化，問題可就嚴重了。有一些聲聞人心裡面想：「這些飯這麼少，可是在場有這麼多人，每一個人都要吃啊！」這時維摩詰菩薩不說話，由化菩薩出來講：「你們不要用聲聞人的小小道德、小小智慧想要稱量如來的無量福慧，你們既無法稱、也無法量，因爲你們的智慧功德太小了，而如來的智慧與福德無量無邊，不是你們所知道的。假使大家都來吃這一缽飯，縱使四大海水都有乾竭的時候，這缽飯還是吃不盡的。縱使一切人來吃了這個香飯，而每一個人從缽裡面取出來的飯都像一團一樣，而那一團都像須彌山那麼大，由我們這一些人，大家都這樣吃，乃至吃上一劫也吃不完。爲什麼呢？因爲香積如來有無盡的增上戒、增上定、增上慧，以及不可思議的解脫和無盡的解脫知見；這五法功德具足，所以祂吃剩下的飯，我們大眾不斷的取來吃，始終也是吃不完的。」化菩薩說完這話，就把這一缽香飯不斷的分給所有的聲聞、菩薩、天人和佛弟子們，大家都分到可以吃得飽的數量，那缽裡面的飯還是沒分完。在維摩詰宅舍中的諸菩薩、諸聲聞、諸天人、佛弟子吃過香積如來的飯以後，身體覺得非常的健康、力氣具足、身心安和快樂，就好像是從一切樂莊嚴國來的菩薩們一樣。不但如此，而且每一個人毛孔都散發出妙香，這個妙香就好像眾香國土諸樹的香味一樣。接下來維摩詰菩薩等大家吃過飯了，當然他又有動作了。

【爾時維摩詰問衆香菩薩：「香積如來以何說法？」彼菩薩曰：「我土如來無文字說，但以衆香令諸天人得入律行；菩薩各各坐香樹下，聞斯妙香，即獲一切德藏三昧。得是三昧者，菩薩所有功德皆悉具足。」彼諸菩薩問維摩詰：「今世尊釋迦牟尼以何說法？」維摩詰言：「此土衆生剛強難化，故佛爲說剛強之語以調伏之：言『是地獄、是畜生、是餓鬼、是諸難處，是愚人生處。是身邪行，是身邪行報；是口邪行，是口邪行報；是意邪行，是意邪行報；是殺生，是殺生報；是不與取，是不與取報；是邪婬，是邪婬報；是妄語，是妄語報；是兩舌，是兩舌報；是惡口，是惡口報；是無義語，是無義語報；是貪嫉，是貪嫉報；是瞋惱，是瞋惱報；是邪見，是邪見報；是慳吝，是慳吝報；是毀戒，是毀戒報；是瞋恚，是瞋恚報；是懈怠，是懈怠報；是亂意，是亂意報；是愚癡，是愚癡報；是結戒，是持戒，是犯戒；是應作，是不應作；是障礙，是不障礙；是得罪，是離罪；是淨，是垢；是有漏，是無漏；是邪道，是正道；是有爲，是無爲；是世間，是涅槃。』以難化之人，心如猿猴故；以若干種法制御其心，乃可調伏；譬如象馬狠悷不調，加諸楚毒乃至徹骨，然後調伏；如是剛強難化衆生，故以一切苦切之言，乃可入律。」

講記：現在維摩詰菩薩要讓衆香國來的九百萬菩薩們知道：這個世界的衆生爲何叫作樂小法，這個世界的衆生又是多麼惡劣，所以這裡才會叫作堪忍世界。因此就故意問：「你們衆香國香積如來是用什麼來說法呢？」其實他早就知道了，但是故意要問，做一個話引子。那九百萬菩薩衆就說：「我們衆香國土的香積如來，不用文字來說法，祂是用衆香（不同的種種香）讓諸天人及人們可以進入佛法的清淨律行當中；菩薩們各自坐在香樹下面，由香積如來放出種種妙香，菩薩聞到以後就獲得一切德藏三昧；得到這個三昧的人，身爲菩薩所應該有的功德就都具足了。」他們回答以後，當然要問維摩詰菩薩，因爲他們來的目的就是太好奇了：說什麼樂小法、娑婆堪忍。他們很好奇，當然要問：「如今這裡釋迦世尊是以什麼來說法？」維摩詰菩薩就說：「這個國土的衆生很剛強而難以教化，所以釋迦牟尼佛為眾生說種種剛強的言語來調伏。」

諸位可能想：「我們有哪一個人是剛強難化的？沒有啊！」但這只是諸位。你想一想，我們一再的說：「人有八識心王，前七識都從第八識出生，第六識既然是意識，是從第八識生的，當然是生滅法。」我們十年來的書中一再的說明，可是他們仍然主張意識是不滅的，而且是大法師們繼續在堅持。那你想，大法師都如此難度了，其他眾生好不好度化呢？難啊！當然是剛強難度的。對於禪門行者，我們也不斷的講：「既然前七識都從第八識出生，那你開悟總不該是悟得生滅的前七識心，你應該悟得能生諸法的第八識。」可是他們仍然堅持意識離念靈知就是常住不壞的眞如心，你說容不容易度化呢？所以說是剛強難度的。

這個世界的眾生剛強或不剛強，我想諸位已經可以瞭解了，特別是在你接觸外面佛教信徒時，向他們說明：離念靈知在六塵中一念不生時仍是意識心，認作不生滅心，正是我見，應該要斷除。可是你為他說上十遍、一百遍，他們仍然不信，所以我見眞的堅固剛強。因為眾生最怕的就是死，你要他死掉覺知心自己，他絕對不接受。俗話不是說嗎：好死不如賴活。再如何苟延殘喘都要活下去，可不願意快快樂樂的死。此界眾生不但是我見剛強難斷，而且佛陀特別說明：如是因得如是果，除非緣起之中有所改變，否則不可能改變果報。但是眾生也不太信受，還是照樣控制不了自己，繼續造作種種惡業，乃至佛門中人仍然畏果而不畏因的繼續破法（以意識取代第八識如來藏），所以說此地眾生並不是教導之後就能接受的。既然把法界的眞實理說明了，把因果律也說明了，可是眾生還是剛強難化，只好用剛強之語來說明：有時要恐嚇他。不恐嚇，他不接受。如果是恐嚇了，還不接受，就表示他沒有因緣得度，所以佛不得不接著說：**這是地獄的境界，這是畜生的境界，這是餓鬼的境界，這些則是種種難處的境界，是愚癡人下一世所應當出生的地方。**

所以佛在阿含部的《起世因本經》、《大樓炭經》特別詳細的說明了世界悉檀，把整個三界從地獄、餓鬼、畜生、人間、講到天道，以及欲界天釋提桓因、四王天如何跟阿修羅王打仗，這就是世界悉檀。又爲了讓大家瞭解世界的不可愛，所以大火災會燒到初禪天；所以大水災會淹到二禪天；所以大風災從欲界吹到三禪天，三禪天以下所有宮殿全部壞滅，意思是說世界眞的不可愛。有的人說：「**那我生到四禪天去就沒事了。**」佛又說生到四禪天還有兩條歧路：或者進入無想定，五百劫以後又下墮三惡道中；或者修到四空定、往生四空天去作個一念不生的愚癡人，然後次第生到非非想天捨報以後下墮，下墮以後還是在三禪天或欲界裡面，還是有水火風災，還是有種種的痛苦。

「言『**是地獄**、**是畜生**、**是餓鬼**、**是諸難處**，**是愚人生處**』」：佛講世界悉檀，所以講地獄、畜生、餓鬼之難處，都是因為眾生太剛強了。有一分專做佛學研究的法師們不相信有地獄，不相信有餓鬼道等事，所以書中特別暗示：地獄是聖人施教的方便說。意思是實際上沒有地獄。可是我不懂，他們既然崇尚原始佛法，而原始佛法的教典中有四阿含，而四阿含中有兩部很長的經，叫作《起世因本經》、《大樓炭經》，佛陀很詳細的說明了從地獄到天界的事。我不曉得他們到底信不信佛法？信佛法，所以身披法衣，出家受聲聞戒；可是又否定佛在四阿含講的世界悉檀，不信佛在阿含所講的地獄果報。那到底他們信不信佛呢？很耐人尋味。世界悉檀在大乘法中反而說得少，在原始佛教的四阿含裡面卻講得特別詳細。由於眾生很剛強、很難化度，所以必須先用剛強之語把事實說給眾生聽；一般眾生聽了，多少都會相信一些，但那些法師們反而都不信，顯然那些大法師們是比一般眾生更剛強難度的。

佛說明地獄中的種種苦難，當然是恐嚇，但是恐嚇不一定是假的，這就是很鐵不成鋼。就好像禪師有時看徒弟們不用功參禪，也會恐嚇徒弟；晚參上堂普說的時候，他就恐嚇：「父母放你出家，信眾供養你衣食，師父每天為你說法，你們還在那邊混日子，眼前看著一片黑鴉鴉的，沒一個人有智慧。」接著就講：「難道你們不怕臘月三十來到時，閻王老子跟你算衣飯錢嗎？」也是說得很嚴重，這顯然是徒弟們很懈怠，所以就故意這樣恐嚇。恐嚇了一定會有用，大家就努力的參，終於有人悟出來，就可以傳承衣鉢。所以恐嚇這件事，所有宗教中都有，但藏密、外道的恐嚇則是虛妄恐嚇，佛法中講的則是眞實恐嚇。譬如外道說：「你如果不把異教徒殺掉，死後就要下地獄。」可是實際上不會下地獄，反而生天堂、生欲界天，因為他沒有殺人的惡業，又行善，反而救度了異教徒。行善的結果一定是生天，所以他們那個恐嚇是虛妄說。又譬如藏密恐嚇說：「你受了密宗的三昧耶戒，每天要十六時中都修雙身法，假使有一天沒有如此精進合修雙身法，就得要下金剛地獄。」其實法界中並沒有金剛地獄，已受密宗雙身法三昧耶戒人，若沒有每日修雙身法，仍然不會下地獄；那都是虛妄恐嚇，嚇那些沒有正知見的初學人。但是佛的恐嚇是眞實說，如果謗正法、謗賢聖、殺害眾生、殺人越貨，一定得要下地獄；雖然是恐嚇，卻是眞的。所以把地獄中的各種境界一一說明，這都屬於宣說剛強之語。

甚至於還傳菩薩戒、聲聞戒，如果違背了戒法，沒有如法懺悔就得下地獄，這也是恐嚇。可是如果眾生柔軟易調，佛就不必恐嚇了，所以釋迦世尊初度五比丘時只以一首偈為戒，不施設戒相律條，那就是我們掛在牆上的：「諸惡莫作，眾善奉行。」「自淨其意，是諸佛教。」諸佛教導的都是這樣，所以那時並不施設戒律。假使佛弟子們諸惡都不作，眾善都奉行，又把自己的心清淨了——把我見、我執、乃至塵沙惑斷除——自然就成佛了，這就是佛的教導；諸佛都這麼教，就以這個為戒。可是後來佛弟子漸漸多了，程度參差不齊，有人開始做了不好的事，所以就因人施設：有人犯一件不好的事就施設一條戒。聲聞比丘的兩百五十幾戒，聲聞比丘尼的五百多戒，就是這樣來的，全都是**依事制戒**，可見眾生眞的剛強。

本來沒有戒條，只是一個淨化精神的總旨；後來才不得不設戒，說明如果違犯了戒條而沒有如法懺悔，那是某一種果報等等；果報的輕重就看**根本**、**方便**、**成已**有無具足，以及所犯的輕重等等，來判斷該受什麼果報。這也是恐嚇，眾生接受了恐嚇就不再犯戒；不犯戒久了，心就清淨而可以接受無我法，可以得解脫。所以因為眾生剛強才要施設戒法，才要說明世界悉檀，說明地獄的眾生怎麼過日子等等，所以這些恐嚇而說的剛強之語都是爲人悉檀。如果等到人壽八萬四千歲彌勒菩薩來成佛時，不需要施設戒律了，因爲人活到一、二萬歲時早都學乖了；如果沒有學乖，都是活不到一百歲就死掉了，得要重新投胎再來。正因爲活到八萬四千歲，人都學乖了，不必示現六年苦行悟不出來，也不需要施設戒法來約束眾生。所以這個世界此時的眾生確實剛強難調。

想想看：我們弘法到現在有十來年，光我一個人也出了五十來本書了（編案：此書出版時已有七十餘本了），法已經說到這麼清楚，然而否定如來藏的愚人還是繼續在否定，認定離念靈知意識是眞如的人還在繼續認定，絕不改變。連號稱心善學佛的人都仍然如此了，何況一般眾生？當然是很剛強！不過這是無可奈何的，我們不能怪他們，我們爲他們設身處地想一想：他們熏習錯誤的知見已經三十年、四十年了，而我們把正確的知見演說出來，詳細而大量的說明，只是七、八年間的事情而已；我們早期那幾年都沒有作法義辨正，所以眞假難分，正法與相似法的分際難以了知，所以那幾年不能怪他們。後來因爲被逼而不得不辨正法義了，從開始到現在雖然已有七、八年了，可是有一句古諺語說：「七年之病，求三年之艾。」罹患慢性疾病已經七年了，用金針、銀針來扎，用艾草來灸，也要針灸三年才有辦法治癒。你想：他們熏習應成派中觀或常見外道的知見已經三、四十年，我們辨正法義正邪所在也才七、八年的時間，其實還不夠；相對於他們三、四十年的熏習時間，或許應該要有十餘年的時間給他們慢慢的去思惟，漸漸的轉變。可是八萬四千歲的人類都是很有智慧的，只要把正理為他說，他就可以很快轉變；因為人活到八萬四千歲時，已經學了很多法，智慧都不錯了，才能活八萬四千歲，所以那時的人是容易度的，不再那麼剛強了。

如果是剛強的人，大概五百歲以前就死掉了；那時的人，女生五百歲才出嫁；一個人如果能活到八萬四千歲，一定是世界和樂，沒有暴力也沒有邪見，所以那時的眾生心性調柔、容易度化。人壽百歲時，眾生還沒有學到多少教訓，不信邪的人永遠是多數，你要多數不信邪的人讓你度化、斷除我見乃至明心證眞，是很困難的事。可是世尊既然在人壽百歲時來度我們，表示祂是大慈大悲之心；而這個時節來度眾生，本來就不是溫言濡語所能度化，所以必須要用剛強之語來調伏。眾香國來的菩薩們從來沒聽過剛強之語，也不知道有二乘劣根，更不知道眾生如此剛強難度；而 香積如來為他們說法，從來不說恐嚇之語，所以 維摩詰菩薩就對他們說：「佛為了度此地的剛強眾生，所以必須用剛強之語來調伏，所以釋迦世尊爲此界眾生說：這是地獄境界，這是畜生境界，這是餓鬼境界；這些是種種難處，都是愚人所生之處；有智慧的人若不想去這些難處，就不要當愚人。」

也許你心中想：「你是講笑話吧！怎麼可能有人要當愚人？」但是我們出來弘法至今，看見佛教界幾乎都是愚人，因爲我們已經很清楚的用許多的書，舉出許多理證與教證來證明：離念靈知意識心是會斷滅的，是生滅法。他們仍然不信，甚至於有大法師出書說：「意識心卻是不滅的。」那你說：到底她們是不是愚人？如果是有四百萬信眾的大法師，那她說的話就有四百萬人信受，那就變成四百萬零一人都是愚人。我們也很清楚的舉出教證與理證來說明人有八識心王，既然有八識心王就應該探究：哪一個心王是最究竟的？當然是第八識。爲什麼知道了這個道理，他們還要主張說意識就是眞如心呢？所以可見佛教界眞是愚人處處，無處不有。然而很多人正在當愚人時，他們都不知道自己正是愚人，還以爲自己很有智慧，不斷的指責別人是愚人、凡夫，心中沾沾自喜：「否則我怎麼能夠招來這麼多信徒？」但那都是世間法的表相。所以，若不想當愚人就應該趕快發起智慧，有了智慧以後生生世世就不再當愚人，因此 佛必須爲眾生把愚癡的行爲戒掉。

「『是身邪行，是身邪行報；是口邪行，是口邪行報；是意邪行，是意邪行報；』」

想要戒掉眾生的愚癡行爲，必須先讓他們知道做某些事是愚癡的行爲，所以佛就說明：**如此做就是身的邪行，做了身邪行以後就會成就這個苦痛果報**。身邪行有什麼果報呢？來世生爲畜生。因爲行邪行者沒有人的格，失掉了人的格，後世當然不可能當人或生天，因爲天的格更高，那只好生到畜生道去；所以身邪行就生到畜生道去，這就是身邪行的苦痛果報。又說**這個行爲就是口的邪行：說話都不正經，一直都用自己錯誤的想法去解釋佛法的眞義**。佛說做這種事情就是口的邪行，這個口的邪行就會有果報：**未來很多世所聽聞的都不是正法**。確實有許多這種人，所以西藏密宗的外道法，他們會聽得津津有味、修得津津有味，等到後來知道上當而心中不甘願時，只好進入精神病院去住了。爲什麼別人聽了總是不信，而他會堅定的信受？正是因爲過去世常常口邪行，口邪行的果報就是所聞皆非正法。佛又說：**這個就是意的邪行，意的邪行也會產生苦痛果報**。生生世世心術不正，所有事到他那裡都會被扭曲，無法成就善業，這就是意邪行的果報；因此他在人間就無法與人相處，做生意或者與朋友之間的關係都會變得很差，最後失敗。

「『**是殺生，是殺生報；是不與取，是不與取報；是邪淫，是邪淫報；**』」然後佛又說這個就是殺生，這個就是殺生的果報。用這個來恐嚇眾生：**不要去殺生，否**

則將來就有殺生的果報，而殺生的果報就是多病短命。眾生一聽：做了這些殺生的業以後，未來世多病又短壽，那還是別做；漸漸的就離開殺業而遠離惡報了。又說：這個就是不與取，這個就是不與取的果報。人家沒有說要給他，卻暗中拿了據為己有，就是不與取。不與而取，未來世的果報就是常常會丟了錢，有時候丟個幾千塊、幾萬塊錢，甚至於幾千萬元也不小心而被竊佔了，因為他往世的不與取，欠眾生很多資財，當然會常常遺失錢財。他常常不與取，大家下輩子都要連本帶利向他回收，所以他常常喪失財物。有一句俗話說「過路財神」，財神爺常常光顧他，可是每一次財神爺走了，錢也跟著走了，老是留不住；這就是往世不與取的果報，眾生聽了就不敢再犯竊盜之業。

又說：這個就是邪淫，這個就是邪淫的果報。邪淫的內涵，說明了以後，佛就開示邪淫之後有種種果報，眾生聽了就知道要守分寸。邪淫其實也是失掉了人的格，因為人本來就是要遵守人倫。儒家也講：天地君親師等五倫，不可以錯亂。不但儒家如此，外國人也一樣，假使弄出一個師生戀，電視新聞都會報導出來，好職業也會跟著失去了，特別是名人，這表示師徒人倫也是歐美人士所重視的。可是很多人會在西藏密宗學上三十年，一直努力修雙身法，原因在哪裡？正是因爲往世邪淫習慣了，他覺得這沒什麼；可是魔力所持，讓他平安過一世，等到捨報時就遭殃了。因此邪淫會有惡果報，而現世的果報是家眷不貞不實，她的家眷也會暗地裡跟別人上床；若是女眾暗中與上師或師兄弟合修雙身法，未來世嫁了個老公，老公將會是花花公子；或是取了個老婆，老婆每天紅杏出牆；若不信邪，離婚再娶、再嫁，還是如此！這就是往世邪淫的果報。

「『**是妄語，是妄語報；是兩舌，是兩舌報；是惡口，是惡口報；是無義語，是無義語報；**』」又說這個是沒有意義的話，這就是講沒有意義的話以後將會得到的果報。沒有意義的話，就是世俗法中的言不及義，本來要談的是公司如何經營，結果這位老兄站上台來，講的都是「昨天去哪裡，吃了什麼好東西」，他不談公司的經營如何改善，大家就對他沒有好感；這就是言不及義，離開了所要討論的主題。我們學佛的人，如果談的是二乘法，那一定要跟斷我見、斷我執的理論與方法相關，否則就是言不及義。如果修的是大乘法，除了說明解脫道以外，還要再談到明心、見性、別相智、種智要怎麼修學，這樣才叫作言皆及義；否則談了一大堆，都是言不及義。如果有的人過去世學佛以後，見了同修們、見了別人，總是說一些與佛法無關的話，同修們聚會時說的也是跟佛法修證無關的，那都叫作無義語。無義語，未來世的果報是：不管他如何努力學佛，到處去逛道場，所聽到的法都將只是世俗法，不談解脫道如何修證，只叫你：「放下啦！放下就沒有煩惱啦！放下就是斷煩惱、就是學佛。」都跟你說這類世俗法，既不為你解說我見的內容，也不跟你談明心，更不說如何見性，也不說如何斷我見、我執。

但是這些信徒不能怪他們的大師父，因為他們過去世都喜歡聽、喜歡說無義語，聽到解說眞實佛法的音聲就起煩惱，所以今生就會跟這位大師父講的世俗意識法相應；所以都要怪自己，不能怪大法師，因為這是他們的果報。除非他這樣的果報已經受報好幾世了，佛門裡面的世俗話、表相佛法聽久了、聽膩了，不願意再聽、再說種種言不及義的話，想要尋找眞實義的開示，那就表示他的無義語果報已經快結束了；等到再過一、兩年，他的果報眞的結束了、果報盡了，就會闖進我們正覺來。有很多事情都有前因後果，並不是無因無緣而會一直在佛門中去討論世俗意識法、去停留於表相佛法中，所以無義語的果報也是那些信徒們自己招感來的，否則他們不會與那些專講表相佛法、世俗意識的大法師持續相應。所以假使他們哪一天來到正覺同修會，就別再罵他原來的師父了，因為自己在那邊聽了十年、二十年竟會聽得下去，那顯然是自己喜愛無義語的問題。

「『**是貪嫉，是貪嫉報；**』」再來又說：這個就是貪慾和嫉妒，這個就是貪慾和嫉妒的果報。有一句俗話講得好像很光明正大：「人不為己，天誅地滅。」說得振振有辭。我們在佛法中，也可以套上來說：「佛弟子不為自己，也要天誅地滅。」我也說得振振有辭。可是這個為己是怎麼為己？這就有文章了。佛弟子為自己成就道業，應該要布施、愛語、利行、同事，表面看來是為別人，但是在為別人的過程當中，自己的貪瞋癡也在不知不覺中一步一步的消除了，消除之後道業不是成就了嗎？所以佛弟子若不這樣為自己，也眞該天誅地滅，否則學佛是幹什麼呢？所以佛弟子為己，不是在世間法上求，而是在佛法上求。至於嫉妒，是貪求不到時，看見別人享受得很好就心中嫉妒；貪求、嫉妒的果報，就是未來世始終賺不到錢，累積不了大財富；後來終於小有成就了，別人又一天到晚說他壞話，因為嫉妒他，果報又回到他自己身上來了。因果很奇妙，就像非洲土人那個彎曲的飛劍一樣，丟出去以後繞一圈又回來原地；除非有大風影響（大風就是改為造善業），對別人造了惡法出去，將來都會回到自己身上；你若是把善法造出去，繞一圈也一樣回到你手上。什麼時候回到你手上呢？下一輩子。因為因果都是一世結束以後，到期才報；以非洲土人的飛劍丟出去，它飛一圈比喻作人的一世，人一世就只是這麼一圈。如果把惡法施加於眾生身上，下一世還是會回到自己身上；佛講了貪嫉的果報，眾生聽了就會遠離，這就是以剛強語教化眾生。

「『**是瞋惱，是瞋惱報；**』」佛又說：這是瞋、是惱，這就是瞋與惱的果報。瞋心就是生氣，惱是在瞋之後才出現；惱是報復，生氣以後去報復對方，這就是瞋與惱。可是瞋與惱會有什麼果報？現世報是大家都討厭他，因爲誰都怕他生氣，而且他生氣就會打人，或是暗中耍手段，所以瞋惱的現世報就是沒有人緣。來世的果報，不論誰見到都不喜歡他。假使他是女人心、小心眼，又每天買花供佛，都是既漂亮又有香味的花，如此每天供佛，來世會變成女人而生得很漂亮，體味又香，可是誰見了她都討厭，因爲她往世同時又喜歡瞋惱別人，所以很美卻沒什麼人緣。有的人常常抱怨：「我跟他們又不認識，也沒得罪過他們，可是他們各個都討厭我。」那麼他個人就要自己檢討，一定是自己往世做了許多瞋惱的惡業，所以這一世見了面（都是第一次才見，以前沒有接觸過），大家都討厭他。他很用心要討好大家，可是大家對他都很冷淡，就是沒有人緣。這種人在社會上很多，原因就是過去世既瞋又惱，所以此世遇見了，種子流注出來，不由自己就是看不順眼，這就是瞋惱的來世果報。眾生知道這個道理就可以遠離，心性才能調伏。

「『是邪見，是邪見報；』」佛又說：這就是邪見，這就是邪見的果報。爲眾生說明如何是邪見，在解脫道上不如理作意的想法是邪見，在佛菩提道上不如理作意的想法而去認取生滅法作爲常住心，也是邪見。不如理作意的認爲一悟就可以成佛，也是邪見。不斷爲人演說這種邪見，教人信受他的法，或者有人不斷轉述邪見要別人信受，這些人現世的果報就是證悟無門、我見難斷，後世的果報就是與正法不相應，永遠會與邪見及說邪見之師相應。這就是邪見，這就是邪見的果報；眾生聽 佛說明了以後，就能漸漸遠離邪見。

「『是慳吝，是慳吝報；』」佛又說：這就是慳吝，這就是慳吝的果報。慳就是一毛不拔，把錢財抱得緊緊的。假使人家的錢是打一個結，他就打四個結綁住，一毛不拔。就像古時候有一句話說：「拔九牛之一毛以利天下而不爲。」九條牛裡面，把其中一條牛的毛拔一根下來用，就可以利益天下，都還不願意做，這就是極慳。吝是捨不得，有人來求布施，希望得到一千塊錢救濟，他會給錢，但是只給十塊錢，說：「不夠的，你去別家要。」這叫作吝。慳吝的人現世報就是被人家背後說閒話。台北俗諺罵人家慳吝，說這個人很「鍋巴」，有沒有聽過？可能現在沒有人用這句話了，我們那個年代是叫「鍋巴」。鍋巴就是表示那個米巴已經硬了、焦了，裡面沒有油水，也沒有什麼味道，食之無味，叫作鍋巴。台灣話還有一句話，南部說「擱鹹、擱澀」（台語），悟圓理事長一定聽不懂，國語叫作「又鹹、又澀」，既生澀又很鹹，意思是你吃不了他多少；他縱使願意給你，你也得不到多少。比如說，一碗鹽巴弄上很澀的東西攪拌了：「你要吃，好嘛！讓你吃到飽。」你能吃到飽嗎？所以有些俗語還眞的很貼切，這個就叫作慳吝。慳吝有什麼果報？前面《優婆塞戒經》已經講過了，這裡就不重複。

人一世的福報是從過去世布施來的：往世布施而在這一世收穫。因爲往世的定期存款，到了這一世就到期了，所以在這一世得到本息果報。如果往世沒有布施過，這個人就沒有金錢、財物的果報，所以慳吝的果報就是資財乏少。眾生瞭解這個道理就會知道：「原來佛叫我布施的目的，是希望我未來世廣有資財，那是好事。原來佛不是要從我口袋裡掏錢，是要我未來世越來越富有。」財富要用累積、滾雪球的方式才會越來越快，單靠勞力去賺，會很辛苦，而且常常不能有餘錢。如果這一世很窮，每個月去布施一百塊錢救濟貧窮，來世都會富饒；或者每個月一百塊錢供養正法中的三寶、護持正法，下一輩子可就很有錢了，因爲這都是無量報，到了下輩子至少也是中產階級，那就更有錢布施了。菩薩就這樣一輩子、一輩子累積下去，每一輩子的錢賺到夠用了就不賺了，卻又繼續布施，把福德不斷累積，而每一世都只用一點點，累積到成佛時福德就很廣大。如果不這樣了知，每一世都要把它賺回來，那麼如來藏中永遠沒有把很多的福德種子累積著，都是在每一世全部討回來，每一世都當有錢人，但都不是很有錢，未來就沒有機會成佛了；因爲福德累積永遠都差很多，因爲每一世都把它用完了。

所以，每一世都有資財可以行菩薩道而不虞匱乏，不必爲生活去煩忙而有餘暇修學佛法，就表示你有道糧，可是這個道糧要靠往世的布施而在這一世收穫。如果眞的沒有錢，又沒別的辦法，那還有個辦法：你去買個食物，十塊錢也買得到，就找一條癩痢狗，牠快餓死了，送給牠吃，來世還得百倍之報。不然的話，你說：「百倍之報，利息太少了，我不要。」不然你就買個麵包、吐司，你去送給流浪漢吃，他也很高興：「感謝你，感謝你！」其實你心中是要感謝他，因爲來世得千倍之報，他成爲你所種的福田。所以世人都是在當愚人，他覺得說：「這個人對我眞好，每天送食物給我吃。」不曉得自己已經成爲人家所種的福田了。可是到了未來世，人家很有錢，他還在那邊窮，因爲他上一輩子成爲貧窮田被人種了，自己還不知道；被種的時候還沾沾自喜，不懂得去布施，所以世間人都是愚人。佛把這個道理告訴我們，懂得慳吝之報的人就知道：未來世如果不想貧窮，此世一定要布施。所以阿含中不是講嗎：有個老女人非常貧窮，完全沒有能力供養三寶，佛就交代一個阿羅漢去幫助她，要讓她來世很有錢；阿羅漢就去向她托缽，這老女人說：「我很窮，我什麼都沒有，布施不起。」阿羅漢說：「那很簡單，妳拿了我的缽，去清淨的溪流裡面舀一碗水來布施給我，來世也得福報。」她就照做，死了以後就生天享福。所以布施有布施的果報，慳吝也有慳吝的果報。可是慳吝的果報與慳吝的行為之間有什麼關聯？佛也為眾生說明，眾生懂了以後就離開慳吝了：原來貧窮就是慳吝。如果未來世不想貧窮，就要把貧窮布施出去。貧窮怎麼布施出去？就是施捨，施捨一分財物時貧窮就布施一分出去了，那一分貧窮就不再跟著我們。這樣教導以後，眾生就懂得修十善業，就離開窮困的果報。

「『**是毀戒，是毀戒報；**』」佛又說：這就是毀戒，這就是毀戒的果報。什麼叫作毀戒？毀犯了戒律以後，不同的毀犯狀況就有不同的果報，包括下墮三惡道的果報，以及未來無量世回到人間以後的種種餘報。毀戒最主要的果報就是墮落三惡道，眾生知道為什麼會墮落三惡道的道理，從此就不敢再毀戒，佛的恐嚇就有效果，眾生的心性就漸漸改變，調柔了以後就不再毀戒了，就能安心辦道，證悟三乘菩提就有希望，所以要說這種剛強之語。

「『是瞋恚，是瞋恚報；』」佛又說：這個就是瞋恚，這個就是瞋恚的果報。瞋恚就是喜歡生氣，有的人生氣是大發脾氣、暴跳如雷，有的人生氣時只是板起臉孔不說話、生悶氣。暴跳如雷的人有可能十分鐘後，他又來找你嘻嘻哈哈；生悶氣的人則有可能生氣七天不跟你講話。那麼到底哪一種瞋恚比較嚴重？有一位大法師，從來不生氣，可是對你不高興時就整整七天不跟你說話，是很有名的大法師喔！當瞋恚繼續存在時，表示他是記恨的，否則不會跟你整整七天不說話。這表示他比暴跳如雷的人還要難相處，因為暴跳如雷的人可能待會兒想想：「只是小事，不需生氣。」就來跟你道歉了。可是生悶氣的人七天都不跟你講話，七天後對你面色還是不太好看，一年後還記住你的事情，這表示他對你有恨的心行。瞋恚是眾生所不喜樂的，眾生既然不喜樂，卻偏偏要對眾生瞋恚，當然一定會有果報，就是他此世、來世都不容易交到朋友。

瞋恚也有不同的原因，有的人瞋恚是因為他自己想太多，明明與他無關，偏往自己身上攬，說人家講他壞話，就生氣起來；這種性格若不改變，朋友就越來越少，新交的朋友交不了幾年就離開了，所以瞋恚的習慣不好。佛也特別交代：行菩薩行的過程中最忌諱的就是生氣，因爲生氣而狠狠責罵眾生，這個種子存在心田中，他一世一世都跟眾生不相應；他想要度眾生，可是眾生看了他卻都會離去；所以對菩薩而言，瞋恚是大忌諱。瞋心重的人不容易交到朋友，眾生也難度，譬如我假使出家建一座寺院，但脾氣大是有名的，那麼人家想要出家時都會先被告誡：「那位師父很兇，你要不要去？」想要剃度徒眾也不容易。因此瞋恚的現世報就是眷屬越來越少，眾生知道這個果報，他就不會再去犯，這就是剛強之語。

「『是懈怠，是懈怠報；』」佛又說：這就是懈怠，這就是懈怠的果報。懈怠猶如俗話說：「一天抓魚，三天曬網。」他的漁網永遠都是乾的，因爲下海不久就上岸了，沒耐心，根本抓不到魚，於是不抓了就回去曬網。在佛法中懈怠的果報就是始終無心於法，大家都在法上很用功精進，他在法上卻不用功，但只要是講到要去各大名山參訪寺院，他的精神可就來了；若是叫他參禪做功夫，他卻沒興趣，這就是懈怠。懈怠的果報就是永遠在佛門中混日子，混到捨報時才說：「我這一世這麼快就過去了，都沒有好好用功，眞後悔。」但是已經很老了，來不及了，因爲假使要幫他悟也很困難，走路都沒辦法走，過堂也沒有辦法隨眾了，耳朵也非常重聽，想要爲他開示時還要用音響擴大機，小參時的密意都被別人聽光了，那要怎麼帶他參禪？難！所以要趁年輕，所以我看見十八、九歲，二十來歲年青人懂得到正覺來，就很佩服說：「這個眞不容易啊！懂得趁年輕修行。」我有時候想：「我這一世如果二十來歲就開始修行，那不曉得該多好！」

只是有時候看看環境又確實不允許。如果我二十多歲就開始參禪，那我大概三十歲時就被幹掉了，那時根本沒有宗教自由可說。所以凡事都有前提啦！原則上，早學是好的，但是要在有正法的時候，而且正法的弘傳很穩定而不會有危險，在這個前提下年輕早學都是好的。但如果是懈怠的人，你叫他學佛，他說：「我還年輕，你叫我學佛幹嘛！等我退休了再來。」我曾遇到很多這種人，我就說：「好啊！等你退休了，歡迎你來！」結果退休後有沒有來？還是沒來。但是我不會去鼓吹他，我總是隨緣。這就表示往世在佛法中，他就是懈怠的，所以這一世仍然無心於法，果報就是生生世世在世間法中煩煩惱惱過一生，然後死了迷迷糊糊去投胎。眾生知道了這個道理，就會精進，這就是爲眾生說剛強之語。

「『是亂意，是亂意報；』」佛又說：這就是亂意，這就是亂意的果報。亂意就是「心如猿猴、意馬奔騰」，始終靜不下心來。靜心當然得要有方法，一般靜心的方法就是教人打坐，打坐時每一次上座前都有先下定決心：「我這一次打坐一定要好好坐上一枝香，絕不打妄想。」可是坐上去數息時：「一啊、二啊、三啊…美國大峽谷好雄壯喔！……」想了好幾分鐘，終於發覺：「我正在打妄想，不行！不行！不能再打妄想，重新開始，這次絕對不打妄想。」可是數不到五，又跑到歐洲萊茵河去了！眞是心猿意馬；所以你要找到一個能讓你制心一處的方法，還眞的不容易。除了方法好以外，教導的上師也要有方便善巧。但是假使所遇到的都是不能使人制心一處的方法，那也不能怪他的師父，一部分也要怪他自己；因爲同一種法，人家可以修成正心誠意、不會亂心，可是他會亂心，那就不能怪別人了，這是因爲他往世一直都是心意散亂的壞習慣。譬如學數息法，很多人去學數息法，農禪寺的禪訓班上過三個月回來，每天打坐、坐了幾年，但始終是散亂的；不說下座以後，在座上就已經很散亂了。我這一世也一樣去學數息法，可是我數息不久以後就會自動變爲隨息，隨息之後自動會用止的方法，最後用觀的方法，然後是淨，當然那時有時也會用還。

數息有許多方便善巧，沒有人教，我自己會，後來才知道原來這叫作六妙門。可是沒有人教過，我自己就會，它會一直自動轉進，那表示往世學過、修過這種法。你一打坐而開始數息，種子現行後就開始轉變，所以我就把這個數息改用觀的方法，套進來拜佛，因爲後來沒時間打坐，太忙了！就拿到拜佛上來用，這一用就變成無相念佛，這表示我往世常常不在亂意之中。可是像我這樣的人，小時候常常會挨罵，因爲心不喜歡動。我記得小時候常常沒事一個人站在街道上，把背靠在壁上就看著馬路，也不曉得在看什麼；那時馬路都是碎石子，也沒什麼好看的，大人就罵：「**一天到晚發呆！**」所以你家如果孩子有發呆的現象，不必擔心，也許他是個修行人再來，往世常處於一心的狀態中，他就是不喜歡亂動腦筋；你要當個有智慧的父母，可以試探看看，讓他修定試試看，也許他很快就相應，你就知道：「**這是菩薩再來喔！也許上一輩子是我的某某同修。**」事實上是這樣。所以如果每一世一直都在亂意之中生活，那麼他未來世的果報就是修定不能成功，永遠都修不好。說明過了，眾生知道這個原理以後，就會懂得捨離亂意的境界，這就是剛強之語。

「**『是愚癡，是愚癡報；』**」又說：**這就是愚癡，這就是愚癡的果報。**愚癡的現象在大乘佛法地區到處可見，台灣如是，大陸也如是。明明已告訴他：人有八識心王，前七識都從第八識來；我們並且把經教的開示列舉出來證明，也宣示確實有第八識可以實證。有智慧的人從這一點就已經可以確認：**一定是要證悟第八**

識如來藏，其他的都不是開悟。這個理是很明顯的，可是有些人就是愚癡，從始到終堅定的認為意識心是常住法，星雲、證嚴、惟覺、聖嚴都一樣。大法師如此，大居士也如此，這難道不是愚癡嗎？這一世愚癡，未來世當然就有愚癡的果報，那就是遇到人家演說深妙正法時，他將會聽不懂，也會反對到底，就繼續的愚癡過一世。假使無法安忍於賢聖所說的眞理，出口毀謗第八識或賢聖，下一輩子就更愚癡；這樣子愚癡再加愚癡，一直累積下去，最後只好去非洲森林、南美森林當猿猴，這就是愚癡的果報。當眾生瞭解了什麼是愚癡，也瞭解了愚癡的未來世果報，他們漸漸就會改變。

『是結戒，是持戒，是犯戒；』佛又說：這個叫作結戒，這叫作持戒，這叫作犯戒。結戒就是把戒律施設出來，然後教導眾生受持，並且為眾生施設違犯了這一些戒律的輕重法相，犯了這幾個或輕或重的法相以後就是犯輕戒、重戒、不可悔戒。因為前面已講過毀戒以及毀戒的果報，所以也要告訴他們結戒、持戒和犯戒的內涵，就是約束眾生不要犯戒，道業才容易成就，這也是剛強之語。

『是應作，是不應作；是障礙，是不障礙；是得罪，是離罪；是淨，是垢；』然後又說：這個是應該作的，這個是不應該作的。因為意邪行、不與取……等內容說明了以後，果報也說明了，就得要告訴他如何是應作、如何是不應作；也要說明做了某些事就會產生障礙，做了某些事就會很順利的成就道業；也告訴他們獲得罪業的原因以及事相，眾生知道獲得罪業的原因以及事相以後就可以遠離罪業；然後再教導眾生如何才是清淨，如何才是垢染。

有很多人不瞭解在佛法中清淨與垢染的差別：也許一間寺院有些破敗了，但修行者是清淨的，那麼這間寺院就是清淨的；假使這間寺院建得金碧輝煌，可是貪求世間財物，也常常暗地裡在精修雙身法，那它還是垢染，所以淨與垢要從心地的本質來探討。一般人總以為努力行善就是清淨，可是努力行善之後卻一直在我與我所上執著，這樣的善業仍然是垢染。可是有多少眾生知道呢？所以他們努力行善之後，第二天又呼朋引伴打麻將、玩牌九、喝酒、唱歌作樂，他們自以為這樣是清淨的，可是在佛法中說這也是垢染。因此淨與垢的分際並不容易瞭解，還眞的需要有人把淨與垢的差別詳細為眾生演說，眞實瞭解淨與垢之後，前面所說的惡業事相就不會再發生。

「『**是有漏，是無漏；**』」然後又說明：這就是有漏，這就是無漏。可是有漏與無漏也是很難分別，同樣一句話，有人說出來時成為有漏法，有人說出來時卻成為無漏法。舉個例說好了：「我努力行善，迴向下一輩子還要當佛光人。」當佛光人是修什麼法？是世俗法。大家努力捐輸錢財在全球蓋寺院，寺院蓋出來了，要在裡面修行保持覺知心不散亂、不昏沉、不造惡業。那麼請問：「這是有漏還是無漏？」是有漏啊！因為落在常見外道見中，功德法財都漏失了。也有人說：「我努力行善，我生生世世要當慈濟人。」可是證嚴法師說：「意識卻是不滅的。」堅持要保持意識的存在，用來世世當慈濟人來行善，具足常見外道見，還是有漏法。凡是以意識心為中心，就會產生了生生世世在人間六塵中打滾行善的想法，所得到的福報都是人間的善法福德，當然願意迴向再當慈濟人，而不願迴向早日證知意識的虛妄，也不會迴向早日明心而證悟大乘般若，當然不能成就無漏法。

也有人這麼說：「我每做一次善業，都迴向生生世世要當正覺人。」但我們沒有提倡正覺人（我是打個比方），我只提倡當佛弟子。你到正覺來，一定要斷我見，這是基本的修證；接著還要再明心，平常共修時還不斷要求你要斷除我所的貪著。請問：這是有漏？還是無漏？（眾答：是無漏。）是無漏法。所以你若迴向「來世要再當正覺人」，就是我見未斷；你要先衡量一下：你要不要當什麼人？應當迴向來世要再與了義正法相遇，繼續行菩薩道。以有漏與無漏的差別，眾生是不瞭解的。我們不斷的寫書出來的目的，就是要讓大家瞭解有漏與無漏的分際。凡是落在我與我所裡面的人，不管修了多少善業，都是有漏法；凡是遠離我與我所的執著，修了再多的善業，也都是無漏法。把有漏與無漏爲眾生說明了以後，眾生就有機會遠離有漏法而進入無漏位。

「『**是邪道，是正道；**』」這個就是邪道，這個就是正道。佛爲什麼要說明「這是邪道，這是正道」？因爲邪道往往看來好像正道，正道常常看來好像邪道，我們弘法十來年的過程中也驗證了這一點。很多「正派」的道場，譬如台灣四大名山，他們不都是把意識認定作眞實不壞心嗎？可是 佛在四阿含早就破過了：這是常見外道見。而我們一直說明：「凡是落在外道見裡面的就是邪道。」他們卻反而聯合起來說我們是外道、邪魔，他們氣勢大、名聲大，所以眾生就信了！使我們看來似乎是邪道；眾口鑠金，正道看起來就好像是邪道，因爲各大道場聯合起來說：「意識是常住心，只要覺知心一念不生就變成眞心，那就是開悟。」可是我們出來跟別人講的完全不同，只有我一個人說：「你要證得第八識如來藏才是眞開悟，證如來藏才是大乘禪宗的證道。」我們認爲是「眾人皆醉，我獨醒」，可是他們認爲他們都醒著，就只有我一人還在迷糊，於是異口同聲毀謗我是外道，所以我們的正道看來就像是邪道，因爲我的說法跟各大道場都不一樣，好像是偏斜的。可是他們的邪道看來卻好像正道，因爲他們都穿著法衣住在寺廟裡，各個都有聲聞戒的戒牒；我沒有聲聞戒的戒牒，不示現出家的聲聞相；如果要說有，我只有一冊菩薩戒的戒本，又沒有出家法師的聲聞相，所以眾生只看表相時，正道與邪道的分際就不容易分清楚。

但是 佛爲了避免眾生走入邪道，所以要很詳細爲大家說明正道與邪道的分際。我們十多年來無非就是在說明：如何是正道，邪道與正道的差別所在。總算現在小有成績了，所以有些佛學院已經把安慧法師的邪論課程取消掉，改用 玄奘菩薩的〈八識規矩頌〉，這就是有成績了。有些教授私下向學生開示：「雖然我們還在講安慧的《大乘廣五蘊論》，但是你們私下要去讀蕭平實的書。」那表示我們的法義辨正已經讓眾生漸漸瞭解正道與邪道的分際了，這就是我們大家共同的功德。所以，分清楚正道與邪道是非常重要的事，尤其是在正法即將淹沒的現代。

『是有爲，是無爲；』這個問題也很大，因爲有爲與無爲，眾生是分不清楚的。有爲法與無爲法的分際，很重要的一點就是有作用與無作用：凡是無爲法都無作用，無爲法不能拿來做什麼事情，也不能出生他法，但有爲法可以拿來做事。譬如虛空無爲，只是在顯示眾生的第八識猶如虛空的無爲無作性。眾生的七識心都是在六塵上面有爲有作，可是如來藏在六塵當中絕對不會生起任何心行去造作，從來不會貪著或厭離，體性猶如虛空，所以虛空無爲就是顯示如來藏這種心性。而這個心性是一種所顯法，你不能拿它來做任何作用，你說：「我用虛空無爲來幫助我成道。」不可能！因爲虛空無爲無作用。也不能說：「我用虛空無爲來傷害別人。」也不行！因爲虛空無爲無作用，只是第八識心體顯示出來的**現象**。

又譬如擇滅無爲，經由修行見道以後再進一步修道，使自己有智慧，知所揀擇，在惡業上就不會再去造作，在善業上會努力去作。但是這個擇滅而有的無爲，它本身沒有作用，而是覺知心加上智慧去運作時顯示出擇滅無爲的**現象**，所以擇滅無爲只是一個現象，現象是不能拿來用的。覺知心配合智慧而修行清淨了，修道能夠產生作用，產生了使心清淨的作用而使覺知心變清淨了，自然而然不會造惡，就稱之爲非擇滅無爲，而這個無爲法也是無作用的。假使有人告訴你：「你證得的阿賴耶識是有作用的，所以是有爲法，那就是錯悟；我們證得佛地眞如是純無爲，才是眞正的開悟。」那麼如果是純無爲的，請問：「你的佛地眞如有沒有種子？」再請問：「你佛地眞如的種子能不能轉易？」問題就顯示出來了！如果你已證得的佛地眞如是純無爲，那麼純無爲顯然是沒有種子，因爲種子叫作功能差別，純無爲就不能有功能差別，那你如何修道？他假使說有種子，有種子就不是純無爲了，就與他所說自相矛盾了。

既是純無爲，即是不可改變的；不可改變的，他又將如何改變心田中的有漏有爲性種子而成佛？只能永遠當凡夫嘛！如果說：「我們證得佛地眞如以後，手被刀子割了，叫它不痛就不痛。」（其實他們根本就做不到，只是在籠罩你）請問：「那是有爲還是無爲？」（眾答：有為。）是有爲！自稱證得純無爲了，結果卻落在有爲裡面，這不是自相矛盾嗎？這就是自心顚倒。所以有爲與無爲的分際，明心了都還有時會顚倒（因爲這是從我們會裡面出去的人講的），明心了尚且會退失而顚倒，何況一般未悟的大法師與眾生們，怎能不顚倒呢？所以 佛還眞的必需要爲眾生說明有爲與無爲的分際，然後還要更詳細的說明：無爲是所顯法、是無作用法。你不能要求虛空無爲、眞如無爲產生什麼作用，也不能要求不動無爲會產生什麼作用，因爲那只是一個現象，顯示第八識的本來清淨現象，顯示轉依第八識心以後修道時顯現出來的覺知心清淨現象。既然不能有作用，那就無法用它的功能來幫助我們成佛了；所以我們還是同時要兼顧到有爲法這一面，不能只看重無爲法。

可是有爲法的方面是不是要一體排斥？不行！因爲有爲法還要分成兩個部分：無漏的有爲法、有漏的有爲法。譬如說，成佛時有一切種智，一切種智能不能拿來利益眾生？（眾答：可以。）可以啊！成佛以後有大圓鏡智、成所作智、妙觀察智、平等性智，這四種智慧是不是有爲法？（眾答：有為。）是有爲法啊！因爲凡是智慧都是在三界中作用的，而且智慧生起運作用來利益眾生時都是有爲的過程。但是這些智慧是無漏還是有漏？（眾答：無漏。）是無漏，你們都知道，所以佛地四智就是無漏性的有爲法。所以不能像他們那樣一味的排斥有爲法，假使一味的排斥有爲法，結果是一切智慧都無法修證；因爲六種無爲法中都沒有智慧，都只是所顯法，都無修道的功能或作用，所以成佛之道要從無漏性的有爲法上面去修行，不是從無漏性的無爲法上去修行，無爲法只是你要實證的境界而非法門。

諸佛三大無量數劫修行而成佛，都不離開無漏性的有爲法，藉著有爲法把有漏的有爲法斷除，把無漏的有爲法修證圓滿，才能成就佛地的四智圓明，才能成就佛地的一切種智，才能成就佛地的廣大無邊福德，要依靠這些無漏的有爲法而成就佛地的一切功德。可是無爲法也不能忽略，因爲這是成就佛道的立意處。眞實的無爲法，不管它是六無爲、八無爲、九無爲、十無爲，全部都要依一個實體而有——就是如來藏。而如來藏本身在三界中是無為性的，祂從來不會起有為有作的心行（不會去貪六塵、貪眷屬），從來都不貪。你的如來藏不會貪蕭平實的如來藏，你說：「我跟你學了一輩子，怎麼叫我都不要憶念你、把你忘掉？不可能啊！」然而那是你的意識心與意根的事，你的如來藏絕對不會貪我的如來藏，你的如來藏也不會貪我這個五陰，祂從來沒有有為有作的心行。所以若要談眞正的無為法，如來藏才是眞實無為法，並且一切的有為法都從這個無為法而生，所以經中會說：**無為法依有為法而顯現**，所以說**有為法住無為法中**。因此有為與無為的道理，其實很難懂。我們不斷寫書的目的，也就是要大家從這裡面理解，然後才會懂得佛道的修行方向，才會知道原來佛道的修行要從證悟如來藏下手，眾生所修的佛道就被從偏斜的路上拉回正道來，所以有為與無為的理解非常重要。

「『**是世間，是涅槃。**』」佛又說：這就是世間，這就是涅槃。可是世間與涅槃很難理解，不但佛門四眾普遍誤會了，連大法師們都誤會了。他們認為涅槃就是把世間壞滅了（五陰世間壞了）叫作涅槃。所以對他們而言，世間與涅槃是兩個法，因此他們認為一切法都滅了才叫作涅槃，卻又認定意識心是常住法、涅槃心，自語相違。可是自從我們出來弘法以後，說活著時就證涅槃，不是死了才證涅槃。我們說：「眾生本來常住涅槃，不是修行以後才有涅槃，是沒有修行就有涅槃。」他們聽了不能認同。我們的說法跟人家都不一樣，可是我們的說法跟經典、論典都一樣。這個說法，我以前沒讀過論典時就曾經講在《邪見與佛法》書中，可是過了幾年讀到《百論》，原來菩薩們早就講過了。

對當代大法師們而言，是要像阿羅漢滅了五陰世間才入涅槃；但是對菩薩而言，世間存在的當下就已經是涅槃；所以不必滅了五陰世間去入涅槃，是保持五陰而現觀涅槃中的實際理地。他們想要滅了五陰世間去入涅槃，結果是入不了涅槃，也看不見涅槃。可是這個道理從二乘法來說，以及從大乘法來講，是不太相同的，但無餘涅槃中的境界都一樣。所以，三乘法中對涅槃的知見、解脫的知見有所不同，就因爲在這種涅槃無爲法上面的不同，導致三乘賢聖有所差別，所以《金剛經》才會講：「一切賢聖皆以無爲法而有差別。」道理就在這裡。

「以難化之人，心如猿猴故；以若干種法制御其心，乃可調伏；譬如象馬狠悷不調，加諸楚毒乃至徹骨，然後調伏；如是剛強難化衆生，故以一切苦切之言，乃可入律。」維摩詰居士解釋說：「佛陀像這樣不斷的作詳細說明，從身口意邪行報，殺生報，也說明這是地獄報、這是畜生報，繼續不斷說明，乃至講到這就是世間、這就是涅槃。需要講這麼多的緣故，就是因爲難以度化之人總是『心如猿猴、意如奔馬』，無法制心一處，心不決定，所以必須要以種種的法來制伏如心猿意馬一般的心，詳細理解、思惟、現前觀察之後，心性才能調伏下來。這就譬如大象、野馬心性兇狠暴悷而不調柔，必須要以楚毒加身，才能調伏。甚至於有的大象、野馬楚毒加身仍不能調伏，得要用利鉤，一鉤下去就能刺到骨頭，徹骨徹心的痛，牠才願意調伏。」五濁時世的人們和象馬幾乎沒有差別，所以我們把正法的道理很詳細的委婉說明以後仍不接受，繼續毀謗說：「邪魔外道！蕭平實是十大外道之一，如來藏是外道的神我。」很有名的大山頭也是一樣私下在無根毀謗啊！既然我們不斷委婉出書說明仍不接受，他們甚至於寫文章、出書來毀謗，我們不得已，只好再出書一一辨正。

象馬用鉤索可以調伏，可是這些人你沒有辦法調伏他，只好一一辨正；辨正的結果就使他們身敗名裂，這叫作楚毒徹骨。可是象馬楚毒徹骨之後會調伏，而這些人楚毒徹骨時仍然不會調伏，你們說：到底是象馬難調伏？還是邪見之師難調伏？這就很清楚了。所以你看，慧廣法師寫文章來否定 佛講的眼見佛性，我們不是出了一本《眼見佛性》嗎？他還是不信受，還是繼續另闢新題、另寫文章在否定眼見佛性，所以我們跟著又會有文章要回應他，連載完了還是會結集出書。你看，像索達吉喇嘛說我們是邪說，我們就出了《眞假邪說》一書，證明到底誰的邪說才是眞的邪說，他現在不敢回應了；假使將來有回應，我們還是會加以辨正的。如今台灣密宗就拿他的《破除邪說論》在台灣印，然而，是哪裡印的？誰印的？都不敢具名：**書中既沒有名字，也沒有電話、地址，也沒有道場名號。**都不敢負責。這跟我們完全不一樣，我們的書籍都有列出來：時間、地點、電話、作者，並且每一次印出來是多少本，都清楚註記出來。有智慧的人從這裡就能判別：**這是誰印的都不知道，不敢負責，那麼誰對誰錯就很清楚了。**可是沒智慧的愚人，還是會繼續認定：**我們密宗受淫樂時全神貫注的覺知心才是眞實法，正覺同修會所證的如來藏是外道邪法。**所以由此看來，人類是比象馬更難調伏、更剛強。

大象那麼有力氣，還可以調伏以後，由一個小小的、沒力氣的人類來指揮牠。可是小身的人類卻很難調伏，別看一個人瘦瘦的、病歪歪的，他就是要繼續寫文章跟你亂罵到底。甚至於我們有一個同修主動去找慧廣法師論法，到後來他躲起來不敢見了，而我們這位同修都還不曾寫過文章發表，他就覺得壓力好大；可是壓力雖大而躲起來以後，卻繼續寫文章在網路上跟你瞎扯。你說，人類容易調伏嗎？很難啦！就因爲這個世界的人是這樣，所以稱爲五濁惡世、剛強難化衆生。「正因爲這個緣故，所以釋迦牟尼佛必須要用種種施設出來的許多苦切之言，才能使此地的剛強衆生進入律、法之中遵守戒律調伏其心，然後才有希望可以證道。」維摩詰就這樣爲　香積如來的弟子們說明。

【彼諸菩薩聞說是已，皆曰：「未曾有也！如世尊釋迦牟尼佛，隱其無量自在之力，乃以貧所樂法度脫衆生。斯諸菩薩亦能勞謙，以無量大悲、生是佛土。」維摩詰言：「此土菩薩於諸衆生大悲堅固，誠如所言；然其一世饒益衆生，多於彼國百千劫行。所以者何？此娑婆世界有十事善法，諸餘淨土之所無有；何等爲十？以布施攝貧窮，以淨戒攝毀禁，以忍辱攝瞋恚，以精進攝懈怠，以禪定攝亂意，以智慧攝愚癡；說除難法度八難者，以大乘法度樂小乘者，以諸善根濟無德者，常以四攝成就衆生。是爲十。」】

講記：前面講衆香國是如何勝妙，菩薩們如何的莊嚴以及清淨，如今卻又回過頭來說我們娑婆世界的修行是特別的迅速，也易於成就種種功德，不但在佛菩提聖教門中如此說，並且在淨土經典中也如是說。現在我們先來看這一段怎麼說：

眾香國來的菩薩們聽到 維摩詰菩薩說此地眾生之難度，所以 釋迦牟尼佛以種種法、種種方便善巧來攝受一切眾生，不像眾香國的 香積如來不必運用這麼多的方便善巧； 釋迦如來又故意隱藏佛地的威德，與諸眾生同事、利行而度眾生。眾香國的菩薩們聽到 維摩詰居士如此的眞實語，大家都說：「沒見過這樣的事情，實在太稀有了。如同世尊釋迦牟尼佛隱藏了祂的無量自在威德神力，而以貧於諸法、貧於善根的眾生所喜樂的方法，來度脫娑婆世界的五濁眾生。而娑婆世界的這些菩薩們也都能夠刻苦耐勞的用謙虛的心態，以他們的大悲心來出生在這個佛土。」這些菩薩們爲何這麼說呢？因爲他們在眾香國沒有辦法想像：在娑婆世界這樣生活困苦、眾生惡劣的環境下，會有菩薩願意來這裡投胎弘法度眾。

我們大家可以想想看：像極樂世界、琉璃光如來的世界，那種純一清淨的世界中，沒有這樣困苦的環境，也沒有這種具足五濁的眾生世界，那是多麼容易生活，多麼容易修行。假使你在極樂世界（不必住上千年），只要一、兩年就好，然後從那裡來看這個世界的五濁以及困苦，假使有一天想要迴心再來這個世界時，心中一定要掙扎一番在考慮說：「我以前發願要迴入娑婆，到底要不要實現諾言？」因爲這裡的生活程度以及條件實在差太多了！不說窮苦的人，光說你們上班族就好，每天朝九晚五謀取生活之資，得要節衣縮食才能布施有情、護持正法，連修行的時間也都不會很多。可是在極樂世界，你不必上班謀生，生活所需全部充滿具足，也不必事事都要聽命於先生、老婆，想要怎麼修行都沒有人會阻止你。不像在娑婆世界，太太修行，先生反對；先生修行，太太扯後腿；兩個人同時共修的很少，各處道場去看大部分是這樣，就只有我們這裡兩人同修的很多。

像這種世界，釋迦牟尼佛卻願意來這裡弘法度眾；假使在其他清淨世界，諸佛弘法度眾，以神通之力來來去去，很輕鬆啊！但是世尊當年弘法度眾都靠兩條腿走路，成佛之後從菩提迦耶走路去鹿野苑度五比丘，那也有大約兩百公里，因爲坐遊覽車走砂石路，也得要坐六、七個鐘頭，所以很辛苦；釋迦如來以人天至尊而辛苦的托缽走路兩百公里去度五比丘成立僧團，其他清淨世界的諸佛都不用這樣辛苦。你想祂願意這麼辛苦來度我們，把法弘傳遺留給我們，你說我們能不感恩戴德嗎？特別是你已經證得了實相心、得到了般若智慧。而這裡的菩薩們也肯發大心，基於大悲之心而願意再來這裡克勤克儉的爲眾生做事；並且還要被眾生當作普通人，說話還得要謙虛；菩薩在這裡不管證量多高，說話如果有一些不謙虛，就會被責備、攻擊，所以還得要很謙虛，所以生到這裡來度眾生很辛苦。

但是生到這裡來，雖然環境如此之差，就一定不好嗎？也不見得。眾香國來的菩薩們只看到這個表相：世尊隱其自在之力，以貧於福德、貧於智慧、貧於善根的眾生所喜樂的法門來度脫眾生；而菩薩們也要刻苦辛勞，並且還要謙虛，才能夠生在這個佛土度眾。他們看到這個表相而覺得不可思議之際，卻不知道菩薩們這樣做有什麼利益，他們還沒有想到。所以維摩詰菩薩就說：「這個娑婆國土的菩薩對於所有眾生們都有大悲心，並且不會因爲眾生的心性惡劣、忘恩負義，他們就退心了，利樂眾生的心一直都很堅固。就像是你們眾香國來的菩薩們所說一般並沒有錯誤，但是有一點是你們這些菩薩們所不瞭解的：生到娑婆世界來的菩薩們，以一生的時間來饒益眾生，多於你們眾香國菩薩百千劫利樂眾生的功德。」

諸位想想看：事實上是不是眞的如此？我們可以從眾香國的境界來思量看看，眾香國的人們心性善良，不會橫加羞辱，也不謗法破法，那你要如何修忍辱行及護法正行？你不能修，功德就不具足，不能快速增長；正因爲這裡有許多人破法，所以你能有護法的機會。護法的功德及福德最大，而且修起來也最快。可是你在眾香國，能等到哪一個出家人或在家人來破壞正法？你等上百、千劫也等不到一個。假使你想藉布施來成就大福德，在眾香國也極難可得，只剩下一件布施可以做，就是去供養三寶。但是在物資容易獲得的情況下，供養三寶時功德就隨著減小了。在我們這裡物資不容易取得，也有許多的貧窮人，你來供養三寶、布施貧窮，這個功德可就偉大了。所以在眾香國一世之中饒益眾生，功德極小；即使是以百千劫的長時間和資財來利樂眾生，也不如你們生到這裡來以一世時間來利樂眾生、弘揚正法、修行正法、護持正法。所以眾香國的菩薩們百千劫修行所累積的福德及三乘菩提的功德，遠不如我們在娑婆惡世修行一世。說實話，假使你這一天有修學正法，有利樂有情，有護持正法，做一天就勝過在眾香國修百千劫，因為那裡很難有這種機會。

如果你懂得從這個利益的觀點來設想，我想你在極樂世界或眾香國，還是會急著回到娑婆來，這樣才是聰明人。在《維摩詰經》裡面這麼說，在淨土三經中也說：在極樂世界修行百歲（等於此界三萬六千五百劫），不如此界持戒修行一天。你若想要去極樂世界常住的話，就應該先斟酌一下，是什麼時候去最佔便宜？如果是現在去：目前還沒有悟，熏習了了義正法，知見都建立了，生到那邊去再以發大乘菩提而非二乘菩提心的狀況下，並且有努力修三福淨業等等福德的情況下往生，可以上品中生。但是上品中生比起上品上生來，果報卻差很多，因為那裡的一天等於這裡一個大劫。大家可以想想看：如果明心了再往生，並且也勤修福業，一定可以上品上生；立刻見 佛，不必等花開（因爲是坐金剛台往生，所以不必等花開），聞 佛說法時馬上證得無生法忍，至少是初地，這才是佔便宜。

以這樣的情形來往生極樂，然後又可以很快回到娑婆來快速修道，那是最有智慧的人。什麼人最沒有智慧？就是：既沒有熏習大乘了義正法的知見，尚未親證，也沒有熏習，只修福德，這樣求生極樂，雖然發了大乘心，也只能得上品下生；生到極樂世界以後想要明心，就得好好的等了。《觀經》裡說的上品一生，果報差異是很大的，所以要很小心衡量。但是生到極樂世界之後，假使是上品中生，在那邊待一個晚上，等於這裡半個大劫，那是幾十億年？還是一、兩百億年？大家算算看吧！幾十億年後，你在這裡已經修行到很高的地步了，可是他還在那邊的蓮花裡邊，繼續聞熏苦、空、無我、無常、六波羅蜜、十二因緣，還在聽錄音帶，半個大劫聽完了才花開見 佛，還是悟不了，還得要等七天（我們這裡的七個大劫）以後才見 佛；見 佛聞法之後很努力修行，還要經一個小劫才得初地。

你們想想看：那裡的七天等於這裡七個大劫，我們這邊的一千佛已經都過去了，他才能見 佛。然後再過那邊的一小劫，這裡到底是多少劫？沒辦法算，才能修到初地。你如果想：「我很笨嘛！那我在同修會學，一世做不到，但有可能十世就能到初地。」讓你最會混吧！混一百世也該到初地了。你說：到底要怎麼樣才好？我告訴你：一定要求上品上生，悟了以後再去。上品上生至少可得初地，不必關在蓮花寶宮裡面聞法等候娑婆世界半個大劫的時間；你既然悟了，要是樂發菩薩心、肯修福德，上品上生是坐金剛台去的，沒有把你關在蓮苞裡面，想想看：這樣修行不是最快嗎？在那邊一切種智不斷進修，要拿個八地的證量回來，也不是很困難的事，因爲這是仰仗阿彌陀佛的願力。

到那時你回來了，可就不比現在了，套一句木偶戲形容武功極強的話：「金光沯沯滾！」就是這樣！所以，以未悟之身而生極樂世界，在那邊說：「我努力在修福，希望可以快點回到娑婆。」請問：「你修福時想要布施給誰？向誰布施？」沒有人需要你布施，你說：「我布施一碗齋飯好了。」人家應念即有，何必等你布施？他們也想布施修福，也想布施給你，你卻要布施給他，是不是得要兩個人先約好：「我先布施給你，你再布施給我，互相成就功德。」沒有人會這樣做。你說：「在這裏修福，孝養父母的福德好大。」對啊！福德很大，可是你去那邊，有誰作你的父母？你說是蓮花啊？好，那你要去供養蓮花嗎？所以在那邊修慧很快，環境很好，但是修福很困難，而修福是菩薩成就佛道非常重要的支撐力量。在那邊你也無法修忍辱行，那裡的人們瞋心種子永遠不會現行，因為那裡沒有惡劣的環境。如此這般，諸位自己想一想就知道了，而眾香國跟極樂世界是一樣的情況。

所以，在此世界修行一天勝過眾香國、勝過極樂世界百年修行，這道理是在哪裡？除了我剛剛補充的以外，維摩詰還說了十種：「**這娑婆世界有十種善法，其餘淨土沒有這些善法。第一、以布施攝貧窮，**」這就是剛剛我說的，眾香國沒有貧窮人，極樂世界也沒有貧窮人，你用布施要去攝受眾生，沒有人需要你攝受，因為生活資源應念即有（起一個念就有了），所以你要攝受貧窮的眾生，在那裡是作不到的。你想要度一個眾生將來成為你成佛時的弟子，你度不到一個人，因為那裡的人都是歸 阿彌陀佛度的，不歸你度，所以你要以布施來攝受貧窮，不可能。

第二，「**以淨戒攝毀禁，**」這也是在娑婆世界才能成就，你如果去眾香國，那世界的菩薩們都很清淨。你說：「**我持戒，不害眾生，所以有大功德。**」問題是那裡所有人都清淨、都不會害人，也都沒有恐懼之心，不需要你持戒來利樂他們，那你持戒的功德就很微小了。持戒有大福德，是因為眾生有恐懼，所以你持戒時就表示眾生可以信任你、依靠你，不會被你傷害，因此你有大福德。可是眾香國的人們沒有人會受傷害，不需要你持戒來作無畏布施；持戒的福德是來自布施給眾生無畏，那裡的眾生都沒有任何畏懼恐怖，那你持戒就沒有福德了。而這裡眾生會毀壞世間的種種禁戒，譬如詐欺強姦、燒殺擄掠，無惡不造，干犯國家法律；乃至持戒者有時也會毀戒，或因密宗邪見誘惑而淫人妻女，大違重戒；因為這些緣故，所以你持清淨戒時就等於布施給眾生無畏；大家知道你持了戒，對你就不必恐懼，所以你就獲得持戒的大福德，這就是娑婆世界在持戒上的果報。因此，持五戒可以保住人身，持聲聞戒一定可以生欲界天；除非犯戒，犯戒就失去人身，不能生天。因此在娑婆持戒福德很大，所以這裡持戒一天勝過在眾香國修行百年。

第三，「**以忍辱攝瞋恚**，」假使你在眾香國修六度波羅蜜，而那裡的眾生都不會害人，也不會粗言惡語辱罵人，沒有逆境可以讓你修忍辱行。那你忍辱這一度，要怎麼修？顯然你沒有機會修。在娑婆世界有眾生會對你惡劣，乃至你悟了以後出來弘法、利益眾生，愚癡眾生還會辱罵你是邪魔外道，這時你正好修忍辱行。你極力救他們回歸正道，但是其中有些惡劣的人卻不接受你的善心，反而寫書否定你、批判你，在網站隨便誣賴你是邪魔、外道！（前幾年龍樹後族老是罵我們是「蕭家班」，但如果我這一世成佛而俗姓是蕭，那麼依照**中國**佛教界的習慣，所有出家人都要改姓蕭了！能當上蕭家班的一分子其實也不賴，因爲多數是可以證悟般若的。如果我姓王，而我先成佛了，所有的中國出家弟子都得改姓王。但在古天竺的大乘與二乘法中，所有佛弟子都不改姓；在中國改姓釋的行爲，始於東晉道安法師；此前的出家人並不改姓，例如朱士行是受聲聞具足戒的出家人，仍然姓朱，與天竺的出家人一樣保留俗家姓氏。）言歸正傳，你很辛苦寫書把正法告訴他們，讓他們至少提升了十年、二十年的知見熏習，可是他們還會回過頭來無根毀辱你，只因爲他以前證悟聖僧的假象被間接拆穿了。

也有很有名的大法師在大陸，老是來信要我們的書，我們也一直寄送給他，他也從中得到很多法益，還用我們書中講的正法在弘揚，可是當有人說：「師父！你說的法跟蕭平實一樣，那他的書也可以讀了？」「不可以！」「爲什麼？」「他是邪魔外道！」娑婆眾生就是這樣。我聽到這個消息，只是微笑一下。有人問說：「那麼書還要不要寄？」我說：「還是繼續寄送，你不必生氣，只要他把正見弘傳出去，眾生能眞的得利就行了。**除非**他把書丟掉不讀，或者一一讀過而永遠讀不懂，沒有能力吸收法義。」這樣表示你的忍辱行成功了！你可以用這個來檢驗，它就像一面鏡子。假使你生氣了說：「不要再寄給他，這麼可惡！」那你修行就很差了。

正因為這裡有這種眾生，所以一次又一次、一生又一生，到最後你會認為這是理所當然的，你徹底接受了，不再會生氣，你的忍辱行就修成了。但這是要一次又一次、一世又一世，不斷的遭受眾生給你的羞辱，不斷讓眾生對你忘恩負義，而你能夠安忍，並且樂在其中，那你的忍辱度就成功了。這樣想來，我們真的要感恩這個世界有這麼多惡劣眾生，否則你要如何修忍辱行？你都沒有機會修。你如果說：「**我到眾香國去好了，那裡日子真好過，可以在那裡修六度萬行。**」假設有人故意在那裡橫行霸道，也不會被羞辱，那你要怎麼修忍辱？正是這個地方可以修忍辱，以忍辱來攝瞋恚，讓你的瞋恨種子不斷出現，而你一次又一次把它轉變，到最後習慣而不生氣了，因為你不斷的認為眾生本來就這樣，後來就變成理所當然了，瞋恚的種子消滅掉了。所以，你在這裡以忍辱來攝瞋恚，修一天就勝過在眾香國一百年，因為即使一百年也找不到一個人有機會讓你修忍辱。

維摩詰居士又說：「第四種，**以精進攝懈怠，**」在眾香國或極樂世界都一樣，那種純一清淨國土，你想要遇見讓你懈怠的環境也還真的等不到，你沒有這種機會遇到。但在這裡有啊！出了正覺講堂，馬路上你看看，什麼樣的享樂環境都有；可是你若去到眾香國、去到極樂世界，你說：「**我真想唱歌，到卡拉ＯＫ店裡去唱**

好了。」我告訴你，你用五神通找遍了整個極樂世界，都找不到一家卡拉ＯＫ店。你想喝酒？對不起，那邊沒有酒給你喝；什麼好飲料都有，就是沒有酒；你在那邊無法刻意修精進行，因爲沒有誘惑。也許有人說：「**我們在那邊就是一定會精進，因爲沒有那一種五欲境界讓我們貪著。**」沒有錯！但是當你後來離開那個世界時，你以爲自己眞的很精進，回到娑婆來的時候卻精進不起來了；就好像溫室培養出來的花朵，離開了溫室，太陽一曬就枯掉了，風稍微吹一吹就斷掉了。同樣的道理，從那邊來到這裡一看：也有酒廊，也有卡拉ＯＫ。還有什麼？我不知道，反正好像有很多享樂的地方，結果呢？去看看那是什麼東西，一看就被粘住了，結果就開始懈怠了。

你如果是在這裡修的，當你達到精進時，那些可都影響不了你。這就好像一個譬喻：假使有個花花公子玩夠了五欲，後來他出家了，不論是哪一隻美麗的「老虎」都叼不走他；可是如果年少時不更人事就出家了，後來成爲名聞的大師了，有一天遇見一隻「老虎」，就把他叼走了，而且那隻「老虎」也不必很漂亮。台灣佛教界就已經常常有這種現象了，不必說到大陸寺廟了。所以假使有個花花公子來學法，悟後出家了，我會對他很安心，因爲他看多了、玩夠了。同樣的道理，你在娑婆花花世界中是五花八門，什麼樣的享樂境界都有，你習慣了說：「這個不是我要的，我就是因爲不要那些東西，才要來學佛。學佛了以後怎麼可以再回去那些境界中呢？」這表示能引發你懈怠的因素對你都沒有影響了，這樣就表示你的精進度已經修行成功了。所以在這裡有種種誘惑的情況下，而你可以精進的修行一天不受誘惑，已經遠勝過眾香國、極樂世界修一百年，因爲你在那邊一百劫中，都等不到一個誘惑你的境界，沒有讓你懈怠的機會，你的精進度就無法成就。

第五個法，「以禪定攝亂意，」假使生到極樂世界去，需不需要再修禪定？不需要嗎？有沒有人認爲要？有沒有？第二、第三講堂呢？請舉一下手，有沒有人認爲要？怎麼沒有人舉手呢？你們是不是上班太忙了？淨土三經都沒有讀好。淨土經裡面明明說：那些菩薩有的在誦經、有的在經行、有的在地上打坐、有的在空中打坐修禪定……。有沒有？忘了嗎？原來你們修淨土的，不如我這個修禪的懂淨土。所以如果在這裡你沒有修禪定，去到那裡，到了該修禪定的時候還是得要修；在這裡沒有修解脫道，去到那邊還得要修；在這裡沒有修般若，去到那邊還得要修。什麼時候修呢？在蓮花裡面聽「錄音帶」，聽到心性變清淨了就放你出來修，這是淨土經中講的。出了蓮花以後在那邊修禪定將會很快，但是那個禪定會像溫室的花朵，因為那邊是在不受打擾的環境下修成的。你說：「我禪定很好，可以趕快回到娑婆來。」結果回到娑婆來以後，繼續在禪定上想要示現時，這裡也吵，那裡也吵，事情又多得不得了，讓你沒有辦法定下心來，因為你是溫室的花朵。可是在這裡，是在很吵的環境中、很繁忙的生活步調中、五欲遍佈的情境中，而你能把禪定修行成功，把亂意給攝住了，這樣你的定功是很紮實的，再怎麼亂的環境下都無法影響到你的定力；你若想要得到這種禪定的境界，就得在娑婆修。

打一個比方，譬如很多人修定，每天打坐，用七支坐法很努力修，終於有些成績了；可是下座之後不到十分鐘，定力全部不見了；什麼一心不亂，都沒有了。但是你如果能在動中修，不管它外境多麼吵雜，你在動中照樣修起來，能夠制心一處，去到哪裡照樣都是制心一處；就像我們修無相念佛一樣動中修，不論去到哪裡都是淨念相繼的。如果那個淨念相繼是要在沒有人打擾的環境裡面，坐在那邊不受打擾修成的，等他出了寺院，看他的淨念還在不在？早就不在了！所以，以禪定來攝亂意，還是這個世界比較容易成就，因為你是在種種嚴苛的環境中來修，所以不會退失，這就是娑婆世界修行一天勝過眾香國百年的道理。

第六種、「**以智慧攝愚癡**；」這愚癡有兩種：一種是世間人的愚癡，另一種是二乘人的愚癡。世間人的愚癡是把世間法當作不壞法，也就是說他們把意識當作常住不壞的實相，由於這個緣故就會與世間法相應；因爲意識心永遠在世間法中，意識心依靠六塵才能存在，所以祂不離六塵，那當然會住在世間法中。所以他們即使在佛法中很努力修行，依舊斷不了我見；包括印順派的法師、居士們落入斷滅見的同時，又都認定生滅性的意識粗心、細心作爲常住心，來聯繫三世因果，都不能遠離世間法，因此他們一向都有世間人的愚癡，所以他們才會認同學術觀點的相似佛法，不認同教徒實證觀點的佛法；所以嚴格說來他們不是佛教徒，他們是世間研究佛學學問的人，只是假藉僧衣來獲取佛教徒的四事供養。

眞正的僧寶一定持教徒觀點、實證觀點，而不認同做學問式的學術觀點，所以那些人都是屬於世間人的愚癡所攝。這與二乘菩提的親證者（譬如聲聞法中證得初果、二果乃至四果以及辟支佛果的人，都是二乘愚癡者），因爲好樂涅槃一心取滅；他們不瞭解涅槃其實是在活著時就已經涅槃了，他們都不懂。你們明心之後現前觀察，現在就可以觀察你的如來藏已經就是不生滅、不來不去、不垢不淨的，那就是涅槃；從來沒有生死，不正是涅槃嗎？本來就不落於生死中，不正是涅槃嗎？正是涅槃啊！可是你現在死了沒有？捨報了沒有？都沒有！你還在，就現觀無餘涅槃中的無境界境界了。當你把自己全部滅掉，只剩下如來藏自身獨存時，就是阿羅漢們所入的無餘涅槃境界。而涅槃的境界，你在當下就可以現觀了，不必等到死了才入涅槃。然而阿羅漢們入了涅槃以後仍然不知道涅槃中的境界，這就是二乘人的愚癡。你是證悟的菩薩，有解脫慧也有般若慧，可是二乘聖人的解脫慧不如你，他們也沒有般若慧，實相法界的內涵都不瞭解；所以你明心之後可以攝受二乘愚癡的聖人，也可以攝受世間法中的凡夫愚癡人，這就是以智慧攝愚癡。

但是假使你去極樂世界、去眾香國，你說：「我來弘揚解脫之道。」其實都用不著你。以極樂世界來說，二乘根性的人往生是屬於中品三生（造惡的人往生才是下品往生，是大乘根性人而造惡業，所以下品三生），中品上生的人，等到他們到達極樂世界時隨即聞　佛說法，當時就成爲阿羅漢，還要聽你演說解脫道嗎？中品的中生、下生也一樣，他們都可以證解脫道，不需要你來爲他們說法，自有　彌陀世尊爲他們說法，那你以智慧要攝他們的愚癡就攝受不了。又如上品生人，也不需要你以智慧來攝受他們，自然有　佛攝受。那你說：「不然我就用智慧來攝受下品生的大乘根性人，那總可以吧！」有時也可以啊！但是你要攝受他們，要用那裡的一個大劫或幾個小劫才能度一個人成就，那你攝取佛土要攝取多久？看來你成佛的機會很渺茫。所以，以智慧來攝受愚癡人，還是得要在這個世界。

譬如說眾香國，他們那裡沒有二乘根性的人，那你想要攝受他們修證解脫道，誰讓你攝受？你想要攝受他們修學佛菩提，香積如來已經在攝受說法了，也用不著你，你去那邊就只是學法。所以，以智慧來攝愚癡（包括攝受自己的愚癡），也都是這裡最容易，所以你在這裡修行一天，勝過眾香國一百年。今天晚上你來這裡聽我說法兩個小時，那是一天的十二分之一，聽了思惟一下，相當於眾香國修行多久？想一想：這一趟值回票價了。我們沒有收門票，但是你來講堂要付車票錢，這就值回票價了。所以，娑婆世界就有這第六個妙法：以智慧攝愚癡。

第七，「**說除難法度八難者**，」八難是學習佛法的八種難處：生地獄難、生餓鬼難、生畜生中難、生長壽天難、盲聾瘖啞難、生邊地難、世智辯聰難、不值佛法難。生於地獄中學佛法難，生於餓鬼中學佛法也一樣難，因為沒有菩薩會去餓鬼道度眾生；如果生到畜生道去，也很難學佛，因為很難遇到有菩薩去那裡度眾生。生天者學佛也難，除非能生到色究竟天及兜率天的內院去，否則生天者幾乎沒什麼機會學佛；天界的聖人大多是不說佛法的，大多屬於解脫道的七返人天者，以及二果人的生天繼續斷我執，並不為人說法；而菩薩們大多是在色究竟天及兜率天的內院中學佛，發大悲心的度眾菩薩則多是在人間弘法度人的，所以生天者都不容易學佛，所以說生天也是一難。生到欲界天中，往往人間已經有佛出生而又過去了，他們還不知道呢！等他們享樂結束而想起來時，往往出現在人間的佛已經過去了，因爲天人很長壽。生到長壽天中最不容易學佛了，在色界中最長壽的地方就是第四禪的無想天，無想天人如果壽不中夭，可以有五百大劫的生命。在那邊五百大劫生命中並不是一念不生，而是連覺知心都不存在，就像你睡覺無夢而睡五百大劫，很類似，因爲同樣是意識中斷而不在了。你願意在人間睡五百大劫一直醒不過來嗎？換句話說，童話故事那個睡美人假使要睡五百大劫，妳願意當嗎？如果不願意，就不要生無想天，因爲生無想天就等於睡覺中連作夢都沒有，五百大劫中都是如此，除非中夭者提前下墮。這五百大劫中連意識都不現行，那你說要怎麼學佛法？所以這個長壽天裡面要學佛法也是很難。

假使有幸生而爲人，又正好生在有了義正法的地方，可是不湊巧眼睛看不見，或者耳朵聽不見，或者不能講話，那要怎麼學佛法？這就像有位老菩薩垂垂老矣，以前參加過二次禪三還沒有悟，現在又報名，我應該要錄取他，因爲來日無多；可是沒辦法錄取他，因爲錄取以後要跟他小參時得要用擴音機，那該怎麼辦？聾啊！用助聽器也聽不見，該怎麼辦？而我們的勘驗又不是像以前那樣，我們標準很高，並不是找到眞心就算數了，所以聾就是很大的問題。若是加上盲、又加上沒辦法說話，像這樣子，生在有佛法的地方也無用處，學佛法也是很困難。

如果有人生在邊地，邊地有兩種：一種人是生於四大洲裡面的鬱單曰，另一種人是生在無佛法處。第一種人，壽命千歲，都不會中夭，而且完全是享樂的世界。花花公子去那邊最喜歡，因爲都沒有家屬之累，誰要是看中意了，玩一玩後各自分手，花花公子最喜歡了。可是他不會想到人生是苦，所以根本不會想要修學佛法，也沒有菩薩會去那裡度眾生，所以那裡沒有佛法，想學佛法很困難。假使生在閻浮提洲，萬一沒有福德而生到索馬利亞那一類的國家，正是生於無佛法處（不生於佛法中國），想要聽到「佛」這個聲音都聽不到，更別說修學佛法了，這就是生在邊地，修行也困難。

學佛另有一難：**世智辯聰難**。有一種人有福氣，生在有了義究竟正法的地方，可是因爲太聰明好辯了，所以不肯學；這種聰明人很多，世智辯聰（世間法的智慧很好，很會辯論，口才好得不得了），他對誰都不服氣，那誰會想要去度他呢？有人想：「**蕭平實應該去度他。**」不可能！因爲我不度這種人，因爲他的性障還很重，不是該證悟的人，他沒有機會得度，所以這種人也是很難學法的。

最後一種難學佛法，是因爲他沒有福德因緣生在有佛法的時節，就像以前有人修得第四禪，他想：「我先到天上去，因爲距離釋迦佛來人間的時候還有好幾萬年之久。」他捨壽上去了，他想：「閒著沒事，打坐一下。」打坐了一會兒心動了：「釋迦佛出現了嗎？」化現了化身到人間來看一看：「怎麼佛已經入滅了？」正法期、像法期、末法期都過去了，人間又沒有佛法了。這就是說，他總是生在無佛之世。所以有人證得非非想定以後，他知道佛即將降生人間了，卻又愚癡到不懂得要留在人間；他生到天界去，等到他想起要來人間親近於佛，佛已經過去了，所以生天者想要遇到佛法也不容易。阿含經講的，過去曾經有九十一劫都無佛出世，曾經有三十一劫都無佛出世，那是多久的時間？所以生在佛世也不容易，大多數的眾生都有這個學佛法的困難：就是不能值遇諸佛。

「**說除難法度八難者**，」佛在娑婆世界，爲眾生說明除難之法，來度化有八難情形的眾生。釋迦佛教化四種方法讓眾生離開八難，就可以有因緣學到佛法。第一是**離惡法**，遠離惡法而不造惡業，就不會生到三惡道中。假使不生於三惡道中就比較有機會遇到佛法，生於三惡道中是不太可能聽聞到佛法的，所以離開惡法、修於十善業道，就可以遠離三惡道，這樣就對治了三惡道緣。第三種是教導大家要**依止善法之師**：依止於善法的師長，可以使人建立正知見；建立了正知見以後，就不會想要藉著四禪中的無想定去往生到無想天，就離開了長壽天難。假使生到了四禪的其餘諸天（從初禪到四禪其餘諸天），如果有善心、善念，仍然可以來修學正法，可以隨時現個化身到人間來，也可以隨時現個化身去到彌勒內院，因為上界天都可以到下界天來，隨時可以有佛法聽聞，怕的是自己學法的心願不夠強。假使生到無想天去，五百個大劫都不知道自己存在，意識都不現起，等到現起時他就下墮了，那樣有什麼意義？善法之師會教導你遠離這種錯誤的貪著：不執著無想定就不會在未來世五百大劫遠離佛法。

也許有人想：「無想定，怎麼可能會有人貪著？」但有很多外道貪著，因為他不知道那是無想定，誤以為是涅槃。他們以為把意識滅了就會成為涅槃，可是他沒有斷身見，恐怕意識滅了以後會成為斷滅，不知道還有意根及如來藏存在；他不知道而恐怕斷滅，所以留著色界天身而把意識滅了，以為這樣就是涅槃，所以他們死時「入涅槃」就生到無想天去了。所以說，有很多外道執著無想天的境界。佛法修行人證得四禪以後，假使沒有善法之師教導，也會誤以為那是涅槃境界，就生到無想天中留著色界天身而把意識滅掉了，五百大劫都不聞佛法，賢劫中千佛過去了，未來星宿劫千佛也過去了，並且他是整整五百大劫都不值遇佛法，就這樣過去了；正因爲他不知道涅槃，被惡師邪教導所耽誤而導致這個果報。所以遇到善法之師、親近善法之師，就可以遠離長壽天難，因爲生長壽天沒有機會修學佛法。善法之師也會教導眾生不要貪求享樂的世界，那就不會因爲修福而執著於享樂，不會生到鬱單曰去。學佛八難中的這兩個難就修除掉了，因此說要依止善法之師，可以遠離這二難。

佛說第三個法可以對治盲聾瘖啞，就是**要發正願**，不要發錯誤的願。譬如有人常常發願：「**我要護持正法。**」這是正確的。可是常常有人說：「我要護持某某師父。」那他就錯了！護持某某師父、某某居士的願，在佛教界中常常可以看見，可是如果是發這個願並且去做了，而那個人的法錯了，問題就跟著來了：這位法師或居士是誤導眾生，以外道法取代佛法，那他一直護持下去，還發願說下一輩子要當什麼人(比如說慈濟人、佛光人)，但他們都是用意識來取代如來藏的破法者。已經有人告訴他：「他們都落在意識中，意識是生滅法，不是正法；只是他們的說法表相上看來似乎是正法而已，而他們否定如來藏，不承認如來藏，是謗菩薩藏的一闡提人。」而他發願下輩子要當慈濟人、佛光人，好啦！下輩子會有什麼果報呢？你明知那個法不對，還要繼續護持，那就是來世盲聾瘖啞的果報。所以發願千萬要發正願，要依法而不依人的發願。不發正願，就都錯了。

如果發願是說：「**我要護持正法。**」這問題就小多了，因爲錯誤的佛法在弘揚的過程當中，總有一天會有人出來說明那是錯誤的，那他發的願是護持正法，而不是護持某一個人，當有人舉證說明某人的法義錯誤時，他加以檢查，證明果然錯了，那他就可以沒有心理負擔的離開了，所以發正願很重要。發正願的其他意思可以依此類推，諸位都懂；而發正願以後就可以遠離來世盲聾瘖啞學法之難，這樣就對治八難了。

接著 佛陀教導我們要**修持善根**。善根很重要，是因爲它會導致我們每一世出生之後能否與佛法相應。如果一直努力修集善根，那麼在每一世出生之後，長大成人接觸到佛法時就會接受，對外道法就不會接受；聽不進去，因爲你有善根。假使沒有宿植善根（信、進、念、定、慧），學法就會有障礙；假使沒有善根，單靠行善而得到好的五色根果報（很聰明，口才也很好，講話也不會結結巴巴，辯才無礙，世智聰利），他將會只信大名聲的法師；當別人來爲他解說正確的佛法時，他總是有一大堆理由把你推翻；不論你說的多麼有道理，他就是不信，所以他就不可能學到眞正的佛法，想要學佛法就有困難，並且是最大的困難。即使好不容易被人家拉進佛法中來，他還是會告訴你：「你不要太相信經典啦！那個經典已經過了一千多年、二千多年了，又經過人家翻譯，到底正確還是不正確？」帶著疑心在學佛，怎麼學得上手呢？這就是世智辯聰的人很少修集善根，所以學佛法時難以值遇眞正的妙法，縱使值遇了也不相信。所以要遠離這個困難，就要多修集善根，修集五善根具足而發起五種善力了，就可以遠離這些學法之難。

修集善根還可以克服最後一個學法的困難——不值佛法難。善根不夠的人總是會生在無佛法之世。如果你的善根足夠，當這個世界沒有佛法時，就會生到另一個世界去，生到有佛法的地方；這裡若沒有佛法了，就會離開這個世界；你每一世總是不會空過，所以要多修植善根。所以想要對治八難，應該多修四法：**離惡法**、**依善師**、**發正願**、**植善根**。在這個世界可以修這四法來對治八難，可是你如果去極樂世界，這四法要怎麼修？在那邊沒有除八難的因緣，那你修學佛法的速度就會很緩慢。所以假使一千多年前、二千年前，有某祖師上品中生往生極樂，你都不必羨慕，因爲他現在還在蓮苞裡面聽著四聖諦、八正道、六度「錄音帶」

呢。好在你那時沒有跟著去，現在明心了，幾十年後往生，立刻見 佛得無生法忍，至少位在初地。當你得初地了，他還不曉得什麼時候才能離開蓮苞呢！因爲他要在裡面待半劫，等你在 彌勒座下親值聲聞法的龍華三會過去了，接著又開始進入大乘般若期、唯識種智期了，成爲大菩薩了，他還在那邊聽錄音帶呢。你想：需不需要羨慕他？眞的不需要。

其實是他應該羨慕你，假使他在蓮苞中已經知道二千年後的今天你明心了，即將往生極樂成爲上品上生了，即將證得初地了，他會懊惱死了，事實正是如此。所以當你能夠修習**離惡法**、**遇善師**、**植善根**、**發正願**四個法，你就可以永離八難，學佛法時都不會有任何的遮難。這是在娑婆世界才能遇到的妙法，所以這裡 世尊說除難法爲我們除掉八難。你若有如實去修，生生世世得大受用，想想看：別人也許在無佛的世界混了好幾劫，而你這幾劫當中每一世都有佛法可修，那你想：成佛的先後、利樂眾生的功德累積，差異會有多大？這些事情很少人去加以探究，總是渾渾噩噩地、漫無目標地學佛混日子。當你弄清楚了以後，你就會知道：我們在娑婆世界修，還是有這個快速證道的好處，但是有一個前提：要保證自己確實可以明心開悟、可以斷我見。這個前提很重要，否則在娑婆世界修行，要下墮更快。這是事實，因為末法時期邪師說法如恆河沙，一不小心幫助邪師破法、謗法，未來多世的果報就很慘了，偏偏這又是常常可以看見的事。因此想要在娑婆世界而且有因緣遇到正法，並且是了義而且究竟的正法，你在往世就必須要修這四法，這樣可以保證你世世遠離八難。而這除八難之法，在其他世界你聽不到、學不到，所以娑婆世界有這第七個殊勝之處。

第八、「**以大乘法度樂小乘者，**」我們這裡可以用大乘法來度喜歡修學小乘法的人。同修會中每新開一個禪淨班的新班，一定都會多多少少有一些樂小乘法者。但是當他學到兩年半課程結束以後，就會離開對小乘法的喜樂；因為兩年半共修下來以後，他已經知道自己所喜愛的小乘法，在我們正覺的法中統統具足，並且包括阿羅漢所無法了知的無餘涅槃中的境界，我們也可以幫他證得；那時他心裡面慶幸：「**好在我有留下來學到最後。**」想一想也確實如此，因為阿羅漢入滅了，阿羅漢已經不在了，而涅槃就是如來藏獨住而不生不滅；可是如來藏在哪裡？阿羅漢們從來不知道，所以可以畫上一個等號：等號的一邊是阿羅漢，另一邊是不知無餘涅槃境界。我們只要明心了就知道阿羅漢所不知的無餘涅槃境界，當然是要這個明心而不必單要阿羅漢的斷我執，這就是以大乘法度樂小乘者。但是你到了別的世界，那些清淨世界都不分爲三乘菩提，都是純說大乘，你將來要是因爲悲願而再往生到某一個世界去，偏偏遇到許多二乘人，你就沒有方便善巧可以度他們入大乘了；所以這個法是娑婆世界才有，因此在這裡修行一世，你就超過別的世界修一百大劫了。

第九個善法是「**以諸善根濟無德者，**」在這個世界，你修集種種的善根，可以救濟沒有德行的人，可是你在別的世界裡就沒有辦法；因爲在別的清淨世界，你想遇到一個沒有德行的人，極難可得，因爲他們都是心地善良才有資格生到眾香國、生到琉璃世界。譬如說，你想要生到琉璃世界面見藥師如來，得要有一個條件，就是一心不亂，所以想往生那裡也不容易，必須有無相念佛的淨念相繼功夫或是一念不生的功夫。可是如果能有那個功夫而生到那裡去，那些人都是與定相應的，至少已經把性障伏住了，你要去那邊找一個沒有德行的人還眞不容易找，如何能「濟無德者」？可是你在娑婆世界沒有德行的人到處都有，你就可以用善根來救濟他們，以你的善根爲他們廣設方便，使他們藉著你的善根而漸漸的迴入佛法之中，這樣的功德很大。你若到了純一清淨世界，像眾香國、極樂世界、琉璃世界（譬如是沒有道德的人生到極樂世界，都還在蓮苞裡面等；等他性障消除了而離開蓮花了），他們都不會有不良的心行，你的善根要用來救濟誰？一百劫也等不到一個人可以讓你救濟。但在娑婆世界，你的善根可就大有用途了，今天度某甲、明天度某乙、下個月度張三，明年度李四，你可以一直度下去，只要你有那個願力就可以做得到。這只有娑婆世界才有，所以在其他清淨世界的諸佛都不需要說這個法，因爲說了也沒有用，都用不上；但在這裡就可以，學了馬上就可以用，功德容易成就。

第十，「**常以四攝成就衆生。**」四攝，諸位都知道是布施、愛語、利行、同事。你在別的清淨世界修布施行很難，想用柔軟語來攝受衆生也用不上，因爲大家都說柔軟語，他們本來就不需要你用柔軟語來攝受他們。利行，在那邊是大家都修學佛法，不需要爲了弘揚佛法、修學佛法去做很多義工、去奉獻財物，那你要向誰利行？至於同事就更不存在了，你不需要說：「**我們來衆香國，大家努力來共同做義工，同事一番。**」那裡不需要你去做義工。去極樂世界做義工好嗎？可是極樂世界沒有義工可以給你做，你要跟誰同事？只有同修，沒有同事，四攝法都不成就，不能實行，那你能夠用四攝法來成就誰修學佛法呢？沒有！

但是四攝法在娑婆世界非常好用，當你用四攝法來攝受衆生時，衆生就會很喜歡親近你，很容易得度。從這裡來看，這娑婆世界有這十種善法是其他世界所無，而你可以具足這十事善法來修行，不斷的而且快速的累積福德、修集功德，所以你在這裡修行（除非是修一天然後睡三天，整整一世什麼都修不成功），你如果每天有修行，修一世就勝過眾香國世界中修一百劫。那你想：「這個世界雖然這麼困苦艱難，我們在這裡修，看來是不比眾香國差，而且顯然是比去那裏修行還會更好。」因為你縱使發大心要利樂眾生，那邊也沒有眾生可以讓你來利樂；維摩詰菩薩把這個道理說得很清楚，眾香國來的菩薩們當然就知道這個世界修行雖然有弊，但是也有大利；只要你的因緣夠好，比如說宿植善根，就會生於有佛之世，而且能與善知識、善法之師相遇，就可以得到正法的果證；在這種前提下，娑婆世界中的修行顯然遠勝於眾香國，所以假使遇到眾香國來的菩薩們，你也不必自慚形穢。可是，他們聽了 維摩詰菩薩這麼說以後，他們還是想：「我們淨土世界畢竟還是比較好。」所以就提出疑問：（下一輯中繼續演示）

佛教正覺同修會〈修學佛道次第表〉

第一階段

* 以憶佛及拜佛方式修習動中定力。
* 學第一義佛法及禪法知見。
* 無相拜佛功夫成就。
* 具備一念相續功夫—動靜中皆能看話頭。
* 努力培植福德資糧，勤修三福淨業。

第二階段

* 參話頭，參公案。
* 開悟明心，一片悟境。
* 鍛鍊功夫求見佛性。
* 眼見佛性〈餘五根亦如是〉親見世界如幻，成就如幻觀。
* 學習禪門差別智。
* 深入第一義經典。
* 修除性障及隨分修學禪定。
* 修證十行位陽焰觀。

第三階段

* 學一切種智真實正理—楞伽經、解深密經、成唯識論…。
* 參究末後句。
* 解悟末後句。
* 透牢關—親自體驗所悟末後句境界，親見實相，無得無失。
* 救護一切眾生迴向正道。護持了義正法，修證十迴向位如夢觀。
* 發十無盡願，修習百法明門，親證猶如鏡像現觀。
* 修除五蓋，發起禪定。持一切善法戒。親證猶如光影現觀。
* 進修四禪八定、四無量心、五神通。進修大乘種智，求證猶如谷響現觀。

佛菩提二主要道次第概要表——二道並修，以外無別佛法

佛菩提道——大菩提道

資糧位（外門廣修六度萬行）

十信位修集信心——一劫乃至一萬劫

初住位修集布施功德（以財施爲主）。

二住位修集持戒功德。

三住位修集忍辱功德。

四住位修集精進功德。

五住位修集禪定功德。

六住位修集般若功德（熏習般若中觀及斷我見，加行位也）。

見道位（內門廣修六度萬行）

七住位明心般若正觀現前，親證本來自性清淨涅槃。

八住位於一切法現觀般若中道。漸除性障。

十住位眼見佛性，世界如幻觀成就。

一至十行位，於廣行六度萬行中，依般若中道慧，現觀陰處界猶如陽焰，至第十行滿心位，陽焰觀成就。

一至十迴向位熏習一切種智；修除性障，唯留最後一分思惑不斷。第十迴向滿心位成就菩薩道如夢觀。

遠波羅蜜多

初地：第十迴向位滿心時，成就道種智一分（八識心王一一親證後，領受五法、三自性、七種第一義、七種性自性、二種無我法）復由勇發十無盡願，成通達位菩薩。復又永伏性障而不具斷，能證慧解脫而不取證，由大願故留惑潤生。此地主修法施波羅蜜多及百法明門。證「猶如鏡像」現觀，故滿初地心。

二地：初地功德滿足以後，再成就道種智一分而入二地；主修戒波羅蜜多及一切種智。滿心位成就「猶如光影」現觀，戒行自然清淨。

解脫道：二乘菩提

→ 斷三縛結，成初果解脫

→ 薄貪瞋癡，成二果解脫

→ 斷五下分結，成三果解脫

入地前的四加行令煩惱障現行悉斷，成四果解脫，留惑潤生。分段生死已斷，煩惱障習氣種子開始斷除，兼斷無始無明上煩惱。

近波羅蜜多　　大波羅蜜多　　圓滿波羅蜜多

修道位　　究竟位

心、五神通。能成就俱解脫果而不取證，留惑潤生。滿心位成就「猶如谷響」現觀及無漏妙定意生身。

四地：由三地再證道種智一分故入四地。主修精進波羅蜜多，於此土及他方世界廣度有緣，無有疲倦。進修一切種智，滿心位成就「如水中月」現觀。

五地：由四地再證道種智一分故入五地。主修禪定波羅蜜多及一切種智，斷除下乘涅槃貪。滿心位成就「變化所成」現觀。

六地：由五地再證道種智一分故入六地。此地主修般若波羅蜜多——依道種智現觀十二因緣一一有支及意生身化身，皆自心眞如變化所現，「非有似有」，成就細相觀，不由加行而自然證得滅盡定，成俱解脫大乘無學。

七地：由六地「非有似有」現觀，再證道種智一分故入七地。此地主修一切種智及方便波羅蜜多，由重觀十二有支一一支中之流轉門及還滅門一切細相，成就方便善巧，念念隨入滅盡定。滿心位證得「如犍闥婆城」現觀。

七地滿心斷除故意保留之最後一分思惑時，煩惱障所攝色、受、想三陰有漏習氣種子全部斷盡。 →

八地：由七地極細相觀成就故再證道種智一分而入八地。此地主修一切種智及願波羅蜜多。至滿心位純無相觀任運恆起，故於相土自在，滿心位復證「如實覺知諸法相意生身」故。

九地：由八地再證道種智一分故入九地。主修力波羅蜜多及一切種智，成就四無礙，滿心位證得「種類俱生無行作意生身」。

十地：由九地再證道種智一分故入此地。此地主修一切種智——智波羅蜜多。滿心位起大法智雲，及現起大法智雲所含藏種種功德，成受職菩薩。

等覺：由十地道種智成就故入此地。此地應修一切種智，圓滿等覺地無生法忍；於百劫中修集極廣大福德，以之圓滿三十二大人相及無量隨形好。

煩惱障所攝行、識二陰無漏習氣種子任運漸斷，所知障所攝上煩惱任運漸斷。 →

妙覺：示現受生人間已斷盡煩惱障一切習氣種子，並斷盡所知障一切隨眠，永斷變易生死無明，成就大般涅槃，四智圓明。人間捨壽後，報身常住色究竟天利樂十方地上菩薩；以諸化身利樂有情，永無盡期，成就究竟佛道。

斷盡變易生死
成就大般涅槃

圓滿成就究竟佛果

佛子蕭平實　謹製
（二〇〇九、〇二　修訂）
（二〇一一、〇二　增補）

佛教正覺同修會 共修現況 及 招生公告　2016/1/16

一、共修現況：（請在共修時間來電，以免無人接聽。）

台北正覺講堂 103 台北市承德路三段 277 號九樓 捷運淡水線圓山站旁
Tel..總機 02-25957295（晚上）（分機：九樓辦公室 10、11；知客櫃檯 12、13。 十樓知客櫃檯 15、16；書局櫃檯 14。 五樓辦公室 18；知客櫃檯 19。二樓辦公室 20；知客櫃檯 21。）
Fax..25954493

第一講堂 台北市承德路三段 277 號九樓

禪淨班：週一晚上班、週三晚上班、週四晚上班、週五晚上班、週六下午班、週六上午班（皆須報名建立學籍後始可參加共修，欲報名者詳見本公告末頁）

增上班：瑜伽師地論詳解：每月第一、三、五週之週末 17.50～20.50 平實導師講解（僅限已明心之會員參加）

禪門差別智：每月第一週日全天　平實導師主講（事冗暫停）。

佛藏經詳解　平實導師主講。已於 2013/12/17 開講，歡迎已發成佛大願的菩薩種性學人，攜眷共同參與此殊勝法會聽講。詳解 釋迦世尊於《佛藏經》中所開示的眞實義理，更爲今時後世佛子四眾，闡述佛陀演說此經的本懷。眞實尋求佛菩提道的有緣佛子，親承聽聞如是勝妙開示，當能如實理解經中義理，亦能了知於大乘法中：如何是諸法實相？善知識、惡知識要如何簡擇？如何才是清淨持戒？如何才能清淨說法？於此末法之世，眾生五濁益重，不知佛、不解法、不識僧，唯見表相，不信眞實，貪著五欲，諸方大師不淨說法，各各將導大量徒眾趣入三塗，如是師徒俱堪憐憫。是故，平實導師以大慈悲心，用淺白易懂之語句，佐以實例、譬喻而爲演說，普令聞者易解佛意，皆得契入佛法正道，如實了知佛法大藏。

此經中，對於實相念佛多所著墨，亦指出念佛要點：以實相爲依，念佛者應依止淨戒、依止清淨僧寶，捨離違犯重戒之師僧，應受學清淨之法，遠離邪見。本經是現代佛門大法師所厭惡之經典：一者由於大法師們已全都落入意識境界而無法親證實相，故於此經中所說實相全無所知，都不樂有人聞此經名，以免讀後提出問疑時無法回答；二者現代大乘佛法地區，已經普被藏密喇嘛教滲透，許多有名之大法師們大多已曾或繼續在修練雙身法，都已失去聲聞戒體及菩薩戒體，成爲地獄種姓人，已非眞正出家之人，本質只是身著僧衣而住在寺院中的世俗人。這些人對於此經都是讀不懂的，也是極爲厭惡的；他們尚不樂見此經之印行，何況流通與講解？今爲救護廣大學佛人，兼欲護持佛教血脈永續常傳，特選此經宣講之。每逢週二 18.50~20.50 開示，不限制聽講資格。會外人士需憑身分證件換證入內聽講（此是大樓管理處之安全規定，敬請見諒）。桃園、台中、台南、高雄等地講堂，亦於每週二晚上播放平實導師所講本經之 DVD，不必出示身分證件即可入內聽講，歡迎各地善信同霑法益。

第二講堂 台北市承德路三段 267 號十樓。

禪淨班：週一晚上班、週六下午班。

進階班：週三晚上班、週四晚上班、週五晚上班（禪淨班結業後轉入共修）。

佛藏經詳解：平實導師講解。每週二 18.50~20.50（影像音聲即時傳輸）。本會學員憑上課證進入聽講，會外學人請以身分證件換證進入聽講（此爲大樓管理處安全管理規定之要求，敬請諒解）。

第三講堂 台北市承德路三段 277 號五樓。

進階班：週一晚上班、週三晚上班、週四晚上班、週五晚上班。

佛藏經詳解：平實導師講解。每週二 18.50~20.50（影像音聲即時傳輸）。本會學員憑上課證進入聽講，會外學人請以身分證件換證進入聽講（此爲大樓管理處安全管理規定之要求，敬請諒解）。

第四講堂 台北市承德路三段 267 號二樓。

進階班：週一晚上班、週三晚上班、週四晚上班、週五晚上班（禪淨班結業後轉入共修）。

佛藏經詳解：平實導師講解。每週二 18.50~20.50（影像音聲即時傳輸）。本會學員憑上課證進入聽講，會外學人請以身分證件換證進入聽講（此爲大樓管理處安全管理規定之要求，敬請諒解）。

第五、第六講堂 爲**開放式講堂**，不需以身分證件換證即可進入聽講，台北市承德路三段 267 號地下一樓、地下二樓。已規劃整修完成，每逢週二晚上講經時段開放給會外人士自由聽經，請由大樓側面梯階逕行進入聽講。**聽講者請尊重講者的著作權及肖像權，請勿錄音錄影，以免違法；若有錄音錄影被查獲者，將依法處理。**

正覺祖師堂 大溪鎮美華里信義路 650 巷坑底 5 之 6 號（台 3 號省道 34 公里處 妙法寺對面斜坡道進入）電話 03-3886110 傳眞 03-3881692 本堂供奉 克勤圓悟大師，專供會員每年四月、十月各二次精進禪三共修，兼作本會出家菩薩掛單常住之用。除禪三時間以外，每逢單月第一週之週日 9:00~17:00 開放會內、外人士參訪，當天並提供午齋結緣。教內共修團體或道場，得另申請其餘時間作團體參訪，務請事先與常住確定日期，以便安排常住菩薩接引導覽，亦免妨礙常住菩薩之日常作息及修行。

桃園正覺講堂（第一、第二講堂）：桃園市介壽路 286、288 號 10 樓（陽明運動公園對面）電話：03-3749363（請於共修時聯繫，或與台北聯繫）

禪淨班：週一晚上班、週三晚上班、週四晚上班、週五晚上班。

進階班：週六上午班、週五晚上班。

佛藏經詳解：平實導師講解。每週二晚上，以台北正覺講堂所錄 DVD 放映；歡迎會外學人共同聽講，不需出示身分證件。

新竹正覺講堂 新竹市東光路 55 號二樓之一　電話 03-5724297（晚上）

第一講堂：

禪淨班：週一晚上班、週五晚上班、週六上午班。

進階班：週三晚上班、週四晚上班（由禪淨班結業後轉入共修）。

佛藏經詳解：平實導師講解。每週二晚上，以台北正覺講堂所錄 DVD 放映。歡迎會外學人共同聽講，不需出示身分證件。

第二講堂：

禪淨班：週三晚上班、週四晚上班。

佛藏經詳解：每週二晚上與第一講堂同時播放佛藏經詳解 DVD。

台中正覺講堂 04-23816090（晚上）

第一講堂 台中市南屯區五權西路二段 666 號 13 樓之四（國泰世華銀行樓上。鄰近縣市經第一高速公路前來者，由五權西路交流道可以快速到達，大樓旁有停車場，對面有素食館）。

禪淨班：週三晚上班、週四晚上班。

進階班：週一晚上班、週六上午班（由禪淨班結業後轉入共修）。

增上班：單週週末以台北增上班課程錄成 DVD 放映之，限已明心之會員參加。

佛藏經詳解：平實導師講解。每週二晚上，以台北正覺講堂所錄 DVD 放映。歡迎會外學人共同聽講，不需出示身分證件。

第二講堂 台中市南屯區五權西路二段 666 號 4 樓

禪淨班：週一晚上班、週三晚上班、週六上午班。

進階班：週五晚上班（由禪淨班結業後轉入共修）。

佛藏經詳解：每週二晚上與第一講堂同時播放佛藏經詳解 DVD。

第三講堂、第四講堂：台中市南屯區五權西路二段 666 號 4 樓。

嘉義正覺講堂 嘉義市友愛路 288 號八樓之一　電話：05-2318228

第一講堂：

禪淨班：週一晚上班、週四晚上班、週五晚上班。

進階班：週三晚上班（由禪淨班結業後轉入共修）。

佛藏經詳解：平實導師講解。每週二晚上，以台北正覺講堂所錄 DVD 放映。歡迎會外學人共同聽講，不需出示身分證件。

第二講堂 嘉義市友愛路 288 號八樓之二。

台南正覺講堂

第一講堂 台南市西門路四段 15 號 4 樓。06-2820541（晚上）

禪淨班：週一晚上班、週三晚上班、週四晚上班、週五晚上班、週六下午班。

增上班：單週週末下午，以台北增上班課程錄成 DVD 放映之，限已明心之會員參加。

佛藏經詳解：平實導師講解。每週二晚上，以台北正覺講堂所錄 DVD 放映。歡迎會外學人共同聽講，不需出示身分證件。

第二講堂 台南市西門路四段 15 號 3 樓。

佛藏經詳解：每週二晚上與第一講堂同時播放佛藏經詳解 DVD。

第三講堂 台南市西門路四段 15 號 3 樓。

進階班：週三晚上班、週四晚上班、週六上午班（由禪淨班結業後轉入共修）。

佛藏經詳解：每週二晚上與第一講堂同時播放佛藏經詳解 DVD。

高雄正覺講堂 高雄市新興區中正三路 45 號五樓 07-2234248（晚上）

第一講堂（五樓）：

禪淨班：週一晚上班、週三晚上班、週四晚上班、週五晚上班、週六上午班。

增上班：單週週末下午，以台北增上班課程錄成 DVD 放映之，限已明心之會員參加。

佛藏經詳解：平實導師講解。每週二晚上，以台北正覺講堂所錄 DVD 放映。歡迎會外學人共同聽講，不需出示身分證件。

第二講堂（四樓）：

進階班：週三晚上班、週四晚上班、週六上午班（由禪淨班結業後轉入共修）。

佛藏經詳解：每週二晚上與第一講堂同時播放佛藏經詳解 DVD。

第三講堂（三樓）：

進階班：週四晚上班（由禪淨班結業後轉入共修）。

香港正覺講堂 ☆**已遷移新址**☆

九龍觀塘，成業街 10 號，電訊一代廣場 27 樓 E 室。

（觀塘地鐵站 B1 出口，步行約 4 分鐘）。電話：(852) 23262231

英文地址：Unit E, 27th Floor, TG Place, 10 Shing Yip Street, Kwun Tong, Kowloon

禪淨班：雙週六下午班 14:30-17:30，已經額滿。

雙週日下午班 14:30-17:30，2016 年 4 月底前尚可報名。

進階班：雙週五晚上班（由禪淨班結業後轉入共修）。

增上班：單週週末上午，以台北增上班課程錄成 DVD 放映之，限已明心之會員參加。

妙法蓮華經詳解：平實導師講解。雙週六 19:00-21:00，以台北正覺講堂所錄 DVD 放映；歡迎會外學人共同聽講，不需出示身分證件。

美國洛杉磯正覺講堂　☆已遷移新址☆

825 S. Lemon Ave Diamond Bar, CA 91798 U.S.A.
Tel. (909) 595-5222（請於週六 9:00~18:00 之間聯繫）
Cell. (626) 454-0607

禪淨班：每逢週末 15：30~17：30 上課。

進階班：每逢週末上午 10：00~12：00 上課。

佛藏經詳解：平實導師講解。每週六下午 13：00~15：00，以台北正覺講堂所錄 DVD 放映。歡迎各界人士共享第一義諦無上法益，不需報名。

二、招生公告　本會台北講堂及全省各講堂，每逢四月、十月下旬開新班，每週共修一次（每次二小時。開課日起三個月內仍可插班）；但美國洛杉磯共修處之禪淨班得隨時插班共修。各班共修期間皆爲二年半，欲參加者請向本會函索報名表（各共修處皆於共修時間方有人執事，非共修時間請勿電詢或前來洽詢、請書），或直接從本會官方網站(http://www.enlighten.org.tw/newsflash/class)或成佛之道網站下載報名表。共修期滿時，若經報名禪三審核通過者，可參加四天三夜之禪三精進共修，有機會明心、取證如來藏，發起般若實相智慧，成爲實義菩薩，脫離凡夫菩薩位。

三、新春禮佛祈福 農曆年假期間停止共修：自農曆新年前七天起停止共修與弘法，正月 8 日起回復共修、弘法事務。新春期間正月初一～初七 9.00～17.00 開放台北講堂、正月初一~初三開放新竹講堂、台中講堂、台南講堂、高雄講堂，以及大溪禪三道場（正覺祖師堂），方便會員供佛、祈福及會外人士請書。美國洛杉磯共修處之休假時間，請逕詢該共修處。

密宗四大派修雙身法，是外道性力派的邪法；又以生滅的識陰作爲常住法，是常見外道，是假的藏傳佛教。

西藏覺囊巴以他空見弘揚第八識如來藏勝法，才是真藏傳佛教

佛教正覺同修會　弘法行事表

2017/03/31

1、**禪淨班**　以無相念佛及拜佛方式修習動中定力，實證一心不亂功夫。傳授解脫道正理及第一義諦佛法，以及參禪知見。共修期間：二年六個月。每逢四月、十月開新班，詳見招生公告表。

2、**《佛藏經》**詳解　平實導師主講。已於 2013/12/17 開講，歡迎已發成佛大願的菩薩種性學人，攜眷共同參與此殊勝法會聽講。詳解 釋迦世尊於《佛藏經》中所開示的眞實義理，更爲今時後世佛子四眾，闡述 佛陀演說此經的本懷。眞實尋求佛菩提道的有緣佛子，親承聽聞如是勝妙開示，當能如實理解經中義理，亦能了知於大乘法中：如何是諸法實相？善知識、惡知識要如何簡擇？如何才是清淨持戒？如何才能清淨說法？於此末法之世，眾生五濁益重，不知佛、不解法、不識僧，唯見表相，不信眞實，貪著五欲，諸方大師不淨說法，各各將導大量徒眾趣入三塗，如是師徒俱堪憐憫。是故，平實導師以大慈悲心，用淺白易懂之語句，佐以實例、譬喻而爲演說，普令聞者易解佛意，皆得契入佛法正道，如實了知佛法大藏。每逢週二 18.50~20.50 開示，不限制聽講資格。會外人士需憑身分證件換證入內聽講（此是大樓管理處之安全規定，敬請見諒）。桃園、新竹、台中、台南、高雄等地講堂，亦於每週二晚上播放平實導師講經之 DVD，不必出示身分證件即可入內聽講，歡迎各地善信同霑法益。

有某道場專弘淨土法門數十年，於教導信徒研讀《佛藏經》時，往往告誡信徒曰：「**後半部不許閱讀。**」由此緣故坐令信徒失去提升念佛層次之機緣，師徒只能低品位往生淨土，令人深覺愚癡無智。由有多人建議故，平實導師開始宣講《佛藏經》，藉以轉易如是邪見，並提升念佛人之知見與往生品位。此經中，對於實相念佛多所著墨，亦指出念佛要點：**以實相爲依，念佛者應依止淨戒、依止清淨僧寶，捨離違犯重戒之師僧，應受學清淨之法，遠離邪見。**本經是現代佛門大法師所厭惡之經典：**一者由於大法師們已全都落入意識境界而無法親證實相，故於此經中所說實相全無所知，都不樂有人聞此經名，以免讀後提出問疑時無法回答；二者現代大乘佛法地區，已經普被藏密喇嘛教滲透，許多有名之大法師們大多已曾或繼續在修練雙身法，都已失去聲聞戒體及菩薩戒體，成爲地獄種姓人，已非眞正出家之人，本質上只是身著僧衣而住在寺院中的世俗人。**這些人對於此經都是讀不懂的，也是極爲厭惡的；他們尚不樂見此經之印行，何況流通與講解？今爲救護廣大學佛人，兼欲護持佛教血脈永續常傳，特選此經宣講之，主講者平實導師。

3、**瑜伽師地論**詳解　詳解論中所言凡夫地至佛地等 17 師之修證境界與理論，從凡夫地、聲聞地……宣演到諸地所證一切種智之眞實正理。由平實導師開講，每逢一、三、五週之週末晚上開示，僅限已明心之會員參加。

4、**精進禪三**　主三和尚：平實導師。於四天三夜中，以克勤圓悟大師及大慧宗杲之禪風，施設機鋒與小參、公案密意之開示，幫助會員剋期取證，親證不生不滅之眞實心——人人本有之如來藏。每年四月、十月各舉辦二個梯次；平實導師主持。僅限本會會員參加禪淨班共修期滿，報名審核通過者，方可參加。並選擇會中定力、慧力、福德三條件皆已具足之已明心會員，給以指引，令得眼見自己無形無相之佛性遍佈山河大地，眞實而無障礙，得以肉眼現觀世界身心悉皆如幻，具足成就如幻觀，圓滿十住菩薩之證境。

5、**大法鼓經**詳解　詳解末法時代大乘佛法修行之道。佛教正法消毒妙藥塗於大鼓而以擊之，凡有眾生聞之者，一切邪見鉅毒悉皆消殞；此經即是大法鼓之正義，凡聞之者，所有邪見之毒悉皆滅除，見道不難；亦能發起菩薩無量功德，是故諸大菩薩遠從諸方佛土來此娑婆聞修此經。

本經破「有」而顯涅槃，以此名爲眞法；若墮在「有」中，皆名「非法」；若人如是宣揚佛法，名爲擊大法鼓；如是依「法」而捨「非法」，據以建立山門而爲眾說法，方可名爲法鼓山。此經中說，以「此經」爲菩薩道之本，以證得「此經」之正知見及法門作爲度人之「法」，方名眞實佛法，否則盡名「非法」。本經中對法與非法、有與涅槃，有深入之闡釋，歡迎教界一切善信（不論初機或久學菩薩），一同親沐 如來聖教，共沾法喜。由平實導師詳解。不限制聽講資格。

6、**不退轉法輪經**詳解　本經所說妙法極爲甚深難解，時至末法，已然無有知者；而其甚深絕妙之法，流傳至今依舊多人可證，顯示佛學眞是義學而非玄談，其中甚深極妙令人拍案稱絕之第一義諦妙義，平實導師將會加以解說。待《大法鼓經》宣講完畢時繼續宣講此經。

7、**阿含經**詳解　選擇重要之阿含部經典，依無餘涅槃之實際而加以詳解，令大眾得以現觀諸法緣起性空，亦復不墮斷滅見中，顯示經中所隱說之涅槃實際—如來藏—確實已於四阿含中隱說；令大眾得以聞後觀行，確實斷除我見乃至我執，證得**見到**眞現觀，乃至**身證**……等眞現觀；已得大乘或二乘見道者，亦可由此聞熏及聞後之觀行，除斷我所之貪著，成就慧解脫果。由平實導師詳解。不限制聽講資格。

8、**解深密經**詳解　重講本經之目的，在於令諸已悟之人明解大乘法道之成佛次第，以及悟後進修一切種智之內涵，確實證知三種自性性，並得據此證解七眞如、十眞如等正理。每逢週二 18.50~20.50 開示，由平實導師詳解。將於《大法鼓經》講畢後開講。不限制聽講資格。

9、**成唯識論**詳解　詳解一切種智眞實正理，詳細剖析一切種智之微細深妙廣大正理；並加以舉例說明，使已悟之會員深入體驗所證如來藏之微密行相；及證驗見分相分與所生一切法，皆由如來藏—阿賴耶識—直接或展轉而生，因此證知一切法無我，證知無餘涅槃之本際。將於增上班《瑜伽師地論》講畢後，由平實導師重講。僅限已明心之會員參加。

10、**精選如來藏系經典**詳解　精選如來藏系經典一部，詳細解說，以此完全印證會員所悟如來藏之眞實，得入不退轉住。另行擇期詳細解說之，由平實導師講解。僅限已明心之會員參加。

11、**禪門差別智**　藉禪宗公案之微細淆訛難知難解之處，加以宣說及剖析，以增進明心、見性之功德，啓發差別智，建立擇法眼。每月第一週日全天，由平實導師開示，僅限破參明心後，復又眼見佛性者參加（事冗暫停）。

12、**枯木禪**　先講智者大師的《小止觀》，後說《釋禪波羅蜜》，詳解四禪八定之修證理論與實修方法，細述一般學人修定之邪見與岔路，及對禪定證境之誤會，消除枉用功夫、浪費生命之現象。已悟般若者，可以藉此而實修初禪，進入大乘通教及聲聞教的三果心解脫境界，配合應有的大福德及後得無分別智、十無盡願，即可進入初地心中。親教師：平實導師。未來緣熟時將於大溪正覺寺開講。不限制聽講資格。

註：本會例行年假，自 2004 年起，改爲每年農曆新年前七天開始停息弘法事務及共修課程，農曆正月 8 日回復所有共修及弘法事務。新春期間（每日 9.00~17.00）開放台北講堂，方便會員禮佛祈福及會外人士請書。大溪區的正覺祖師堂，開放參訪時間，詳見〈正覺電子報〉或成佛之道網站。本表得因時節因緣需要而隨時修改之，不另作通知。

佛教正覺同修會　贈閱書籍 目錄　2015/09/29

1.**無相念佛**　平實導師著　回郵 10 元
2.**念佛三昧修學次第**　平實導師述著　回郵 25 元
3.**正法眼藏—護法集**　平實導師述著　回郵 35 元
4.**真假開悟簡易辨正法&佛子之省思**　平實導師著　回郵 3.5 元
5.**生命實相之辨正**　平實導師著　回郵 10 元
6.**如何契入念佛法門**(附:印順法師否定極樂世界)平實導師著　回郵 3.5 元
7.**平實書箋**—答元覽居士書　平實導師著　回郵 35 元
8.**三乘唯識**—如來藏系經律彙編　平實導師編　回郵 80 元
（精裝本　長 27 ㎝　寬 21 ㎝　高 7.5 ㎝　重 2.8 公斤）
9.**三時繫念全集**—修正本　回郵掛號 40 元（長 26.5 ㎝×寬 19 ㎝）
10.**明心與初地**　平實導師述　回郵 3.5 元
11.**邪見與佛法**　平實導師述著　回郵 20 元
12.**菩薩正道**—回應義雲高、釋性圓…等外道之邪見　正燦居士著 回郵 20 元
13.**甘露法雨**　平實導師述　回郵 20 元
14.**我與無我**　平實導師述　回郵 20 元
15.**學佛之心態**—修正錯誤之學佛心態始能與正法相應 孫正德老師著 回郵35元
附錄:平實導師著**《略說八、九識並存…等之過失》**
16.**大乘無我觀**—《悟前與悟後》別說　平實導師述著　回郵 20 元
17.**佛教之危機**—中國台灣地區現代佛教之真相（附錄：公案拈提六則）
平實導師著　回郵 25 元
18.**燈 影**—燈下黑（覆「求教後學」來函等）平實導師著　回郵 35 元
19.**護法與毀法**—覆上平居士與徐恒志居士網站毀法二文
張正圜老師著　回郵 35 元
20.**淨土聖道**—兼評選擇本願念佛　正德老師著 由正覺同修會購贈 回郵 25 元
21.**辨唯識性相**—對「紫蓮心海《辯唯識性相》書中否定阿賴耶識」之回應
正覺同修會 台南共修處法義組 著　回郵 25 元
22.**假如來藏**—對法蓮法師《如來藏與阿賴耶識》書中否定阿賴耶識之回應
正覺同修會 台南共修處法義組 著　回郵 35 元
23.**入不二門**—公案拈提集錦 第一輯（於平實導師公案拈提諸書中選錄約二十則，
合輯爲一冊流通之）平實導師著　回郵 20 元
24.**真假邪說**—西藏密宗索達吉喇嘛《破除邪說論》真是邪說
釋正安法師著　回郵 35 元
25.**真假開悟**—真如、如來藏、阿賴耶識間之關係　平實導師述著　回郵 35 元
26.**真假禪和**—辨正釋傳聖之謗法謬說　孫正德老師著　回郵 30 元

27.**眼見佛性**—駁慧廣法師眼見佛性的含義文中謬說

游正光老師著 回郵 25 元

28.**普門自在**—公案拈提集錦 第二輯（於平實導師公案拈提諸書中選錄約二十則，合輯爲一冊流通之）平實導師著 回郵 25 元

29.**印順法師的悲哀**—以現代禪的質疑為線索 恒毓博士著 回郵 25 元

30.**識蘊真義**—現觀識蘊內涵、取證初果、親斷三縛結之具體行門。

—依《成唯識論》及《唯識述記》正義，略顯安慧《大乘廣五蘊論》之邪謬

平實導師著 回郵 35 元

31.**正覺電子報** 各期紙版本 免附回郵 每次最多函索三期或三本。

（已無存書之較早各期，不另增印贈閱）

32.**現代人應有的宗教觀** 蔡正禮老師 著 回郵 3.5 元

33.**遠惑趣道**—正覺電子報般若信箱問答錄 第一輯 回郵 20 元

34.**遠惑趣道**—正覺電子報般若信箱問答錄 第二輯 回郵 20 元

35.**確保您的權益**—器官捐贈應注意自我保護 游正光老師 著 回郵 10 元

36.**正覺教團電視弘法三乘菩提 DVD 光碟（一）**

由正覺教團多位親教師共同講述錄製 DVD 8 片，MP3 一片，共 9 片。有二大講題：一爲「三乘菩提之意涵」，二爲「學佛的正知見」。內容精闢，深入淺出，精彩絕倫，幫助大眾快速建立三乘法道的正知見，免被外道邪見所誤導。有志修學三乘佛法之學人不可不看。（製作工本費 100 元，回郵 25 元）

37.**正覺教團電視弘法 DVD 專輯（二）**

總有二大講題：一爲「三乘菩提之念佛法門」，一爲「學佛正知見（第二篇）」，由正覺教團多位親教師輪番講述，內容詳細闡述如何修學念佛法門、實證念佛三昧，以及學佛應具有的正確知見，可以幫助發願往生西方極樂淨土之學人，得以把握往生，更可令學人快速建立三乘法道的正知見，免於被外道邪見所誤導。有志修學三乘佛法之學人不可不看。（一套 17 片，工本費 160 元。回郵 35 元）

38.**佛藏經** 燙金精裝本 每冊回郵 20 元。正修佛法之道場欲大量索取者，請正式發函並蓋用大印寄來索取（2008.04.30 起開始敬贈）

39.**喇嘛性世界**—揭開假藏傳佛教譚崔瑜伽的面紗 張善思 等人合著

由正覺同修會購贈 回郵 20 元

40.**假藏傳佛教的神話**—性、謊言、喇嘛教 張正玄教授編著 回郵 20 元

由正覺同修會購贈 回郵 20 元

41.**隨 緣**—理隨緣與事隨緣 平實導師述 回郵 20 元。

42.**學佛的覺醒** 正枝居士 著 回郵 25 元

43.**導師之真實義** 蔡正禮老師 著 回郵 10 元

44.**淺談達賴喇嘛之雙身法**—兼論解讀「密續」之達文西密碼

吳明芷居士 著 回郵 10 元

45.**魔界轉世** 張正玄居士 著 回郵 10 元

46.**一貫道與開悟** 蔡正禮老師 著 回郵 10 元

47.**博愛**—愛盡天下女人　正覺教育基金會 編印　回郵 10 元

48.**意識虛妄經教彙編**—實證解脫道的關鍵經文　正覺同修會編印　回郵 25 元

49.**邪箭囈語**—破斥藏密外道多識仁波切《破魔金剛箭雨論》之邪說
陸正元老師著　上、下冊回郵各 30 元

50.**真假沙門**—依 佛聖教闡釋佛教僧寶之定義
蔡正禮老師著　俟正覺電子報連載後結集出版

51.**真假禪宗**—藉評論釋性廣《印順導師對變質禪法之批判
及對禪宗之肯定》以顯示真假禪宗
附論一：凡夫知見 無助於佛法之信解行證
附論二：世間與出世間一切法皆從如來藏實際而生而顯
余正偉老師著　俟正覺電子報連載後結集出版　回郵未定

52.**假鋒虛焰金剛乘**—揭示顯密正理，兼破索達吉師徒《般若鋒兮金剛焰》。
釋正安 法師著　俟正覺電子報連載後結集出版

★ 上列贈書之郵資，係台灣本島地區郵資，大陸、港、澳地區及外國地區，請另計酌增（大陸、港、澳、國外地區之郵票不許通用）。尚未出版之書，請勿先寄來郵資，以免增加作業煩擾。

★ 本目錄若有變動，唯於後印之書籍及「成佛之道」網站上修正公佈之，不另行個別通知。

函索書籍請寄：佛教正覺同修會　103 台北市承德路 3 段 277 號 9 樓
台灣地區函索書籍者請附寄郵票，無時間購買郵票者可以等值現金抵用，但不接受郵政劃撥、支票、匯票。大陸地區得以人民幣計算，國外地區請以美元計算（請勿寄來當地郵票，在台灣地區不能使用）。欲以掛號寄遞者，請另附掛號郵資。

親自索閱：正覺同修會各共修處。　★請於共修時間前往取書，餘時無人在道場，請勿前往索取；共修時間與地點，詳見書末正覺同修會共修現況表（以近期之共修現況表爲準）。

註：正智出版社發售之局版書，請向各大書局購閱。若書局之書架上已經售出而無陳列者，請向書局櫃台指定洽購；若書局不便代購者，請於正覺同修會共修時間前往各共修處請購，正智出版社已派人於共修時間送書前往各共修處流通。 郵政劃撥購書及 大陸地區 購書，請詳別頁正智出版社發售書籍目錄最後頁之說明。

成佛之道 網站：http://www.a202.idv.tw　正覺同修會已出版之結緣書籍，多已登載於 成佛之道 網站，若住外國、或住處遙遠，不便取得正覺同修會贈閱書籍者，可以從本網站閱讀及下載。　書局版之《宗通與說通》亦已上網，台灣讀者可向書局洽購，售價 300 元。《狂密與眞密》第一輯~第四輯，亦於 2003.5.1.全部於本網站登載完畢；台灣地區讀者請向書局洽購，每輯約 400 頁，售價 300 元（網站下載紙張費用較貴，容易散失，難以保存，亦較不精美）。

＊＊假藏傳佛教修雙身法，非佛教＊＊

正智出版社 籌募弘法基金發售書籍目錄 2017/04/22

1.**宗門正眼**—公案拈提 第一輯 重拈 平實導師著 500元

因重寫內容大幅度增加故，字體必須改小，並增爲576頁 主文546頁。比初版更精彩、更有內容。初版《禪門摩尼寶聚》之讀者，可寄回本公司免費調換新版書。免附回郵，亦無截止期限。（2007年起，每冊附贈本公司精製公案拈提〈超意境〉CD一片。市售價格280元，多購多贈。）

2.**禪淨圓融** 平實導師著 200元（第一版舊書可換新版書。）

3.**真實如來藏** 平實導師著 400元

4.**禪—悟前與悟後** 平實導師著 上、下冊，每冊250元

5.**宗門法眼**—公案拈提 第二輯 平實導師著 500元

（2007年起，每冊附贈本公司精製公案拈提〈超意境〉CD一片）

6.**楞伽經詳解** 平實導師著 全套共10輯 每輯250元

7.**宗門道眼**—公案拈提 第三輯 平實導師著 500元

（2007年起，每冊附贈本公司精製公案拈提〈超意境〉CD一片）

8.**宗門血脈**—公案拈提 第四輯 平實導師著 500元

（2007年起，每冊附贈本公司精製公案拈提〈超意境〉CD一片）

9.**宗通與說通**—成佛之道 平實導師著 主文381頁 全書400頁售價300元

10.**宗門正道**—公案拈提 第五輯 平實導師著 500元

（2007年起，每冊附贈本公司精製公案拈提〈超意境〉CD一片）

11.**狂密與真密 一～四輯** 平實導師著 西藏密宗是人間最邪淫的宗教，本質不是佛教，只是披著佛教外衣的印度教性力派流毒的喇嘛教。此書中將西藏密宗密傳之男女雙身合修樂空雙運所有祕密與修法，毫無保留完全公開，並將全部喇嘛們所不知道的部分也一併公開。內容比大辣出版社喧騰一時的《西藏慾經》更詳細。並且函蓋藏密的所有祕密及其錯誤的中觀見、如來藏見……等，藏密的所有法義都在書中詳述、分析、辨正。每輯主文三百餘頁 每輯全書約400頁 售價每輯300元

12.**宗門正義**—公案拈提 第六輯 平實導師著 500元

（2007年起，每冊附贈本公司精製公案拈提〈超意境〉CD一片）

13.**心經密意**—心經與解脫道、佛菩提道、祖師公案之關係與密意 平實導師述 300元

14.**宗門密意**—公案拈提 第七輯 平實導師著 500元

（2007年起，每冊附贈本公司精製公案拈提〈超意境〉CD一片）

15.**淨土聖道**—兼評「選擇本願念佛」 正德老師著 200元

16.**起信論講記** 平實導師述著 共六輯 每輯三百餘頁 售價各250元

17.**優婆塞戒經講記** 平實導師述著 共八輯 每輯三百餘頁 售價各250元

18.**真假活佛**—略論附佛外道盧勝彥之邪說（對前岳靈犀網站主張「盧勝彥是證悟者」之修正） 正犀居士（岳靈犀）著 流通價140元

19.**阿含正義**—唯識學探源 平實導師著 共七輯 每輯300元

20.**超意境** CD 以平實導師公案拈提書中超越意境之頌詞，加上曲風優美的旋律，錄成令人嚮往的超意境歌曲，其中包括正覺發願文及平實導師親自譜成的黃梅調歌曲一首。詞曲雋永，殊堪翫味，可供學禪者吟詠，有助於見道。內附設計精美的彩色小冊，解說每一首詞的背景本事。每片 280 元。【每購買公案拈提書籍一冊，即贈送一片。】

21.**菩薩底憂鬱** CD 將菩薩情懷及禪宗公案寫成新詞，並製作成超越意境的優美歌曲。 1.主題曲〈菩薩底憂鬱〉，描述地後菩薩能離三界生死而迴向繼續生在人間，但因尚未斷盡習氣種子而有極深沈之憂鬱，非三賢位菩薩及二乘聖者所知，此憂鬱在七地滿心位方才斷盡；本曲之詞中所說義理極深，昔來所未曾見；此曲係以優美的情歌風格寫詞及作曲，聞者得以激發嚮往諸地菩薩境界之大心，詞、曲都非常優美，難得一見；其中勝妙義理之解說，已印在附贈之彩色小冊中。 2.以各輯公案拈提中直示禪門入處之頌文，作成各種不同曲風之超意境歌曲，值得玩味、參究；聆聽公案拈提之優美歌曲時，請同時閱讀內附之印刷精美說明小冊，可以領會超越三界的證悟境界；未悟者可以因此引發求悟之意向及疑情，真發菩提心而邁向求悟之途，乃至因此真實悟入般若，成真菩薩。 3.正覺總持咒新曲，總持佛法大意；總持咒之義理，已加以解說並印在隨附之小冊中。本 CD 共有十首歌曲，長達 63 分鐘。每盒各附贈二張購書優惠券。每片 280 元。

22.**禪意無限** CD 平實導師以公案拈提書中偈頌寫成不同風格曲子，與他人所寫不同風格曲子共同錄製出版，幫助參禪人進入禪門超越意識之境界。盒中附贈彩色印製的精美解說小冊，以供聆聽時閱讀，令參禪人得以發起參禪之疑情，即有機會證悟本來面目而發起實相智慧，實證大乘菩提般若，能如實證知般若經中的真實意。本 CD 共有十首歌曲，長達 69 分鐘，每盒各附贈二張購書優惠券。每片 280 元。

23.**我的菩提路**第一輯　釋悟圓、釋善藏等人合著　售價 300 元

24.**我的菩提路**第二輯　郭正益、張志成等人合著　售價 300 元

25.**我的菩提路**第三輯　王美伶等人合著　預定 2017/6/30 發行　售價 300 元

26.**鈍鳥與靈龜**—考證後代凡夫對大慧宗杲禪師的無根誹謗。

平實導師著 共 458 頁 售價 350 元

27.**維摩詰經講記** 平實導師述 共六輯 每輯三百餘頁 售價各 250 元

28.**真假外道**—破劉東亮、杜大威、釋證嚴常見外道見　正光老師著　200 元

29.**勝鬘經講記**—兼論印順《勝鬘經講記》對於《勝鬘經》之誤解。

平實導師述　共六輯　每輯三百餘頁　售價 250 元

30.**楞嚴經講記** 平實導師述 共 15 輯，每輯三百餘頁 售價 300 元

31.**明心與眼見佛性**—駁慧廣〈蕭氏「眼見佛性」與「明心」之非〉文中謬說

正光老師著　共 448 頁　售價 300 元

32.**見性與看話頭** 黃正倖老師 著，本書是禪宗參禪的方法論。

內文 375 頁，全書 416 頁，售價 300 元。

33.**達賴真面目**—玩盡天下女人 白正偉老師 等著 中英對照彩色精裝大本 800 元
34.**喇嘛性世界**—揭開假藏傳佛教譚崔瑜伽的面紗　張善思 等人著　200 元
35.**假藏傳佛教的神話**—性、謊言、喇嘛教　正玄教授編著　200 元
36.**金剛經宗通**　平實導師述　共九輯　每輯售價 250 元。
37.**空行母**—性別、身分定位，以及藏傳佛教。
珍妮．坎貝爾著 呂艾倫 中譯 售價 250 元
38.**末代達賴**—性交教主的悲歌　張善思、呂艾倫、辛燕編著 售價 250 元
39.**霧峰無霧**—給哥哥的信　辨正釋印順對佛法的無量誤解
游宗明 老師著　售價 250 元
40.**第七意識與第八意識？**—穿越時空「超意識」
平實導師述　每冊 300 元
41.**黯淡的達賴**—失去光彩的諾貝爾和平獎
正覺教育基金會編著　每冊 250 元
42.**童女迦葉考**—論呂凱文〈佛教輪迴思想的論述分析〉之謬。
平實導師 著 定價 180 元
43.**人間佛教**—實證者必定不悖三乘菩提
平實導師 述，定價 400 元
44.**實相經宗通**　平實導師述　共八輯　每輯 250 元
45.**真心告訴您(一)**—達賴喇嘛在幹什麼？
正覺教育基金會編著　售價 250 元
46.**中觀金鑑**—詳述應成派中觀的起源與其破法本質
孫正德老師著　分為上、中、下三冊，每冊 250 元
47.**佛法入門**—迅速進入三乘佛法大門，消除久學佛法漫無方向之窘境。
○○居士著　將於正覺電子報連載後出版。售價 250 元
48.**藏傳佛教要義**—《狂密與真密》之簡體字版　平實導師 著 上、下冊
僅在大陸流通　每冊 300 元
49.**法華經講義**　平實導師述　共二十五輯　每輯 300 元
已於 2015/05/31 起開始出版，每二個月出版一輯
50.**西藏「活佛轉世」制度**—附佛、造神、世俗法
許正豐、張正玄老師合著　定價 150 元
51.**廣論三部曲**　郭正益老師著　定價 150 元
52.**真心告訴您(二)**—達賴喇嘛是佛教僧侶嗎？
—補祝達賴喇嘛八十大壽
正覺教育基金會編著　售價 300 元
53.**廣論之平議**—宗喀巴《菩提道次第廣論》之平議　正雄居士著
約二或三輯　俟正覺電子報連載後結集出版　書價未定
54.**末法導護**—對印順法師中心思想之綜合判攝　正慶老師著　書價未定
55.**菩薩學處**—菩薩四攝六度之要義　陸正元老師著　出版日期未定。
56.**八識規矩頌**詳解　○○居士 註解　出版日期另訂　書價未定。

57.**印度佛教史**—法義與考證。依法義史實評論印順《印度佛教思想史、佛教史地考論》之謬說　正偉老師著　出版日期未定　書價未定

58.**中國佛教史**—依中國佛教正法史實而論。○○老師 著　書價未定。

59.**中論正義**—釋龍樹菩薩《中論》頌正理。

孫正德老師著　出版日期未定　書價未定

60.**中觀正義**—註解平實導師《中論正義頌》。

○○法師（居士）著　出版日期未定　書價未定

61.**佛藏經講記**　平實導師述　出版日期未定　書價未定

62.**阿含經講記**—將選錄四阿含中數部重要經典全經講解之，講後整理出版。

平實導師述　約二輯　每輯300元　出版日期未定

63.**寶積經講記**　平實導師述　每輯三百餘頁 優惠價300元 出版日期未定

64.**解深密經講記**　平實導師述 約四輯　將於重講後整理出版

65.**成唯識論略解**　平實導師著　五～六輯　每輯300元　出版日期未定

66.**修習止觀坐禪法要講記**　平實導師述　每輯三百餘頁

將於正覺寺建成後重講、以講記逐輯出版　出版日期未定

67.**無門關**—《無門關》公案拈提　平實導師著　出版日期未定

68.**中觀再論**—兼述印順《中觀今論》謬誤之平議。正光老師著 出版日期未定

69.**輪迴與超度**—佛教超度法會之真義。

○○法師（居士）著　出版日期未定　書價未定

70.**《釋摩訶衍論》平議**—對偽稱龍樹所造《釋摩訶衍論》之平議

○○法師（居士）著　出版日期未定　書價未定

71.**正覺發願文**註解—以真實大願為因 得證菩提

正德老師著　出版日期未定　書價未定

72.**正覺總持咒**—佛法之總持　正圜老師著　出版日期未定　書價未定

73.**涅槃**—論四種涅槃　平實導師著　出版日期未定　書價未定

74.**三自性**—依四食、五蘊、十二因緣、十八界法，說三性三無性。

作者未定　出版日期未定

75.**道品**—從三自性說大小乘三十七道品　作者未定　出版日期未定

76.**大乘緣起觀**—依四聖諦七真如現觀十二緣起 作者未定　出版日期未定

77.**三德**—論解脫德、法身德、般若德。　作者未定　出版日期未定

78.**真假如來藏**—對印順《如來藏之研究》謬說之平議　作者未定 出版日期未定

79.**大乘道次第**　作者未定　出版日期未定　書價未定

80.**四緣**—依如來藏故有四緣。　作者未定　出版日期未定

81.**空之探究**—印順《空之探究》謬誤之平議　作者未定 出版日期未定

82.**十法義**—論阿含經中十法之正義　作者未定　出版日期未定

83.**外道見**—論述外道六十二見　作者未定　出版日期未定

正智出版社有限公司書籍介紹

禪淨圓融：言淨土諸祖所未曾言，示諸宗祖師所未曾示；禪淨圓融，另闢成佛捷徑，兼顧自力他力，闡釋淨土門之速行易行道，亦同時揭櫫聖教門之速行易行道；令廣大淨土行者得免緩行難證之苦，亦令聖道門行者得以藉著淨土速行道而加快成佛之時劫。乃前無古人之超勝見地，非一般弘揚禪淨法門典籍也，先讀爲快。平實導師著 200元。

宗門正眼—公案拈提第一輯：繼承克勤圜悟大師碧巖錄宗旨之禪門鉅作。先則舉示當代大法師之邪說，消弭當代禪門大師鄉愿之心態，摧破當今禪門「世俗禪」之妄談；次則旁通教法，表顯宗門正理；繼以道之次第，消弭古今狂禪；後藉言語及文字機鋒，直示宗門入處。悲智雙運，禪味十足，數百年來難得一睹之禪門鉅著也。平實導師著 500元（原初版書《禪門摩尼寶聚》，改版後補充爲五百餘頁新書，總計多達二十四萬字，內容更精彩，並改名爲《宗門正眼》，讀者原購初版《禪門摩尼寶聚》皆可寄回本公司免費換新，免附回郵，亦無截止期限）（2007年起，凡購買公案拈提第一輯至第七輯，每購一輯皆贈送本公司精製公案拈提〈超意境〉CD一片，市售價格280元，多購多贈）。

禪─悟前與悟後：本書能建立學人悟道之信心與正確知見，圓滿具足而有次第地詳述禪悟之功夫與禪悟之內容，指陳參禪中細微淆訛之處，能使學人明自眞心、見自本性。若未能悟入，亦能以正確知見辨別古今中外一切大師究係眞悟？或屬錯悟？便有能力揀擇，捨名師而選明師，後時必有悟道之緣。一旦悟道，遲者七次人天往返，便出三界，速者一生取辦。學人欲求開悟者，不可不讀。　平實導師著。上、下冊共500元，單冊250元。

眞實如來藏：如來藏眞實存在，乃宇宙萬有之本體，並非印順法師、達賴喇嘛等人所說之「唯有名相、無此心體」。如來藏是涅槃之本際，是一切有智之人竭盡心智、不斷探索而不能得之生命實相；是古今中外許多大師自以為悟而當面錯過之生命實相。如來藏即是阿賴耶識，乃是一切有情本自具足、不生不滅之眞實心。當代中外大師於此書出版之前所未能言者，作者於本書中盡情流露、詳細闡釋。眞悟者讀之，必能增益悟境、智慧增上；錯悟者讀之，必能檢討自己之錯誤，免犯大妄語業；未悟者讀之，能知參禪之理路，亦能以之檢查一切名師是否眞悟。此書是一切哲學家、宗教家、學佛者及欲昇華心智之人必讀之鉅著。　平實導師著　售價400元。

宗門法眼—**公案拈提**第二輯：列舉實例，闡釋土城廣欽老和尚之悟處；並直示這位不識字的老和尚妙智橫生之根由，繼而剖析禪宗歷代大德之開悟公案，解析當代密宗高僧卡盧仁波切之錯悟證據，並例舉當代顯宗高僧、大居士之錯悟證據（凡健在者，爲免影響其名聞利養，皆隱其名）。藉辨正當代名師之邪見，向廣大佛子指陳禪悟之正道，彰顯宗門法眼。悲勇兼出，強捋虎鬚；慈智雙運，巧探驪龍；摩尼寶珠在手，直示宗門入處，禪味十足；若非大悟徹底，不能爲之。禪門精奇人物，允宜人手一冊，供作參究及悟後印證之圭臬。本書於2008年4月改版，增寫為大約500頁篇幅，以利學人研讀參究時更易悟入宗門正法，以前所購初版首刷及初版二刷舊書，皆可免費換取新書。平實導師著 500元（2007年起，凡購買公案拈提第一輯至第七輯，每購一輯皆贈送本公司精製公案拈提〈超意境〉CD一片，市售價格280元，多購多贈）。

宗門道眼—**公案拈提**第三輯：繼宗門法眼之後，再以金剛之作略、慈悲之胸懷、犀利之筆觸，舉示寒山、拾得、布袋三大士之悟處，消弭當代錯悟者對於寒山大士……等之誤會及誹謗。亦舉出民初以來與虛雲和尚齊名之蜀郡鹽亭袁煥仙夫子——南懷瑾老師之師，其「悟處」何在？並蒐羅許多眞悟祖師之證悟公案，顯示禪宗歷代祖師之睿智，指陳部分祖師、奧修及當代顯密大師之謬悟，作爲殷鑑，幫助禪子建立及修正參禪之方向及知見。假使讀者閱此書已，一時尚未能悟，亦可一面加功用行，一面以此宗門道眼辨別眞假善知識，避開錯誤之印證及歧路，可免大妄語業之長劫慘痛果報。欲修禪宗之禪者，務請細讀。平實導師著 售價500元（2007年起，凡購買公案拈提第一輯至第七輯，每購一輯皆贈送本公司精製公案拈提〈超意境〉CD一片，市售價格280元，多購多贈）。

楞伽經詳解：本經是禪宗見道者印證所悟眞僞之根本經典，亦是禪宗見道者悟後起修之依據經典；故達摩祖師於印證二祖慧可大師之後，將此經典連同佛鉢祖衣一併交付二祖，令其依此經典佛示金言、進入修道位，修學一切種智。由此可知此經對於眞悟之人修學佛道，是非常重要之一部經典。此經能破外道邪說，亦破佛門中錯悟名師之謬說，亦破禪宗部分祖師之狂禪：不讀經典、一向主張「一悟即成究竟佛」之謬執。並開示愚夫所行禪、觀察義禪、攀緣如禪、如來禪等差別，令行者對於三乘禪法差異有所分辨；亦糾正禪宗祖師古來對於如來禪之誤解，嗣後可免以訛傳訛之弊。此經亦是法相唯識宗之根本經典，禪者悟後欲修一切種智而入初地者，必須詳讀。 平實導師著，全套共十輯，已全部出版完畢，每輯主文約320頁，每冊約352頁，定價250元。

宗門血脈—**公案拈提**第四輯：末法怪象—許多修行人自以爲悟，每將無念靈知認作眞實；崇尚二乘法諸師及其徒眾，則將**外於如來藏之緣起性空**—無因論之無常空、斷滅空、一切法空—錯認爲佛所說之般若空性。這兩種現象已於當今海峽兩岸及美加地區顯密大師之中普遍存在；人人自以爲悟，心高氣壯，便敢寫書解釋祖師證悟之公案，大多出於意識思惟所得，言不及義，錯誤百出，因此誤導廣大佛子同陷大妄語之地獄業中而不能自知。彼等書中所說之悟處，其實處處違背第一義經典之聖言量。彼等諸人不論是否身披袈裟，都非佛法宗門血脈，或雖有禪宗法脈之傳承，亦只徒具形式；猶如螟蛉，非眞血脈，未悟得根本眞實故。禪子欲知佛、祖之眞血脈者，請讀此書，便知分曉。平實導師著，主文452頁，全書464頁，定價500元（2007年起，凡購買公案拈提第一輯至第七輯，每購一輯皆贈送本公司精製公案拈提〈超意境〉CD一片，市售價格280元，多購多贈）。

宗通與說通：古今中外，錯誤之人如麻似粟，每以常見外道所說之靈知心，認作眞心；或妄想虛空之勝性能量爲眞如，或錯認物質四大元素藉冥性（靈知心本體）能成就吾人色身及知覺，或認初禪至四禪中之了知心爲不生不滅之涅槃心。此等皆非通宗者之見地。復有錯悟之人一向主張「宗門與教門不相干」，此即尚未通達宗門之人也。其實宗門與教門互通不二，宗門所證者乃是眞如與佛性，教門所說者乃說宗門證悟之眞如佛性，故教門與宗門不二。本書作者以宗教二門互通之見地，細說「宗通與說通」，從初見道至悟後起修之道、細說分明；並將諸宗諸派在整體佛教中之地位與次第，加以明確之教判，學人讀之即可了知佛法之梗概也。欲擇明師學法之前，允宜先讀。平實導師著，主文共381頁，全書392頁，只售成本價300元。

宗門正道——**公案拈提**第五輯：修學大乘佛法有二果須證解脫果及大菩提果。二乘人不證大菩提果，唯證解脫果；此果之智慧，名爲聲聞菩提、緣覺菩提。大乘佛子所證二果之菩提果爲佛菩提，故名大菩提果，其慧名爲一切種智函蓋二乘解脫果。然此大乘二果修證，須經由禪宗之宗門證悟方能相應。而宗門證悟極難，自古已然；其所以難者，咎在古今佛教界普遍存在三種邪見：1.以修定認作佛法，2.以無因論之緣起性空—否定涅槃本際如來藏以後之一切法空作爲佛法，3.以常見外道邪見（離語言妄念之靈知性）作爲佛法。如是邪見，或因自身正見未立所致，或因邪師之邪教導所致，或因無始劫來虛妄熏習所致。若不破除此三種邪見，永劫不悟宗門眞義、不入大乘正道，唯能外門廣修菩薩行。平實導師於此書中，有極爲詳細之說明，有志佛子欲摧邪見、入於內門修菩薩行者，當閱此書。主文共496頁，全書512頁。售價500元（2007年起，凡購買公案拈提第一輯至第七輯，每購一輯皆贈送本公司精製公案拈提〈超意境〉CD一片，市售價格280元，多購多贈）。

狂密與眞密：密教之修學，皆由有相之觀行法門而入，其最終目標仍不離顯教經典所說第一義諦之修證；若離顯教第一義經典、或違背顯教第一義經典，即非佛教。西藏密教之觀行法，如灌頂、觀想、遷識法、寶瓶氣、大聖歡喜雙身修法、喜金剛、無上瑜伽、大樂光明、樂空雙運等，皆是印度教兩性生生不息思想之轉化，自始至終皆以如何能運用交合淫樂之法達到全身受樂爲其中心思想，純屬欲界五欲的貪愛，不能令

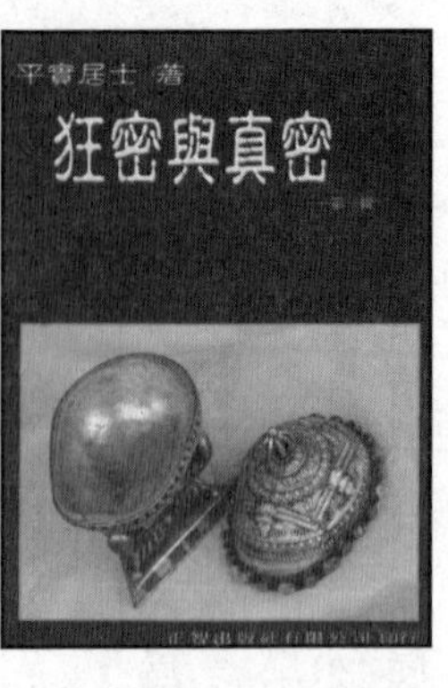

人超出欲界輪迴，更不能令人斷除我見；何況大乘之明心與見性，更無論矣！故密宗之法絕非佛法也。而其明光大手印、大圓滿法教，又皆同以常見外道所說離語言妄念之無念靈知心錯認爲佛地之眞如，不能直指不生不滅之眞如。西藏密宗所有法王與徒眾，都尚未開頂門眼，不能辨別眞僞，以依人不依法、依密續不依經典故，不肯將其上師喇嘛所說對照第一義經典，純依密續之藏密祖師所說爲準，因此而誇大其證德與證量，動輒謂彼祖師上師爲究竟佛、爲地上菩薩；如今台海兩岸亦有自謂其師證量高於釋迦文佛者，然觀其師所述，猶未見道，仍在觀行即佛階段，尚未到禪宗相似即佛、分證即佛階位，竟敢標榜爲究竟佛及地上法王，誑惑初機學人。凡此怪象皆是狂密，不同於眞密之修行者。近年狂密盛行，密宗行者被誤導者極眾，動輒自謂已證佛地眞如，自視爲究竟佛，陷於大妄語業中而不知自省，反謗顯宗眞修實證者之證量粗淺；或如義雲高與釋性圓…等人，於報紙上公然誹謗眞實證道者爲「騙子、無道人、人妖、癩蛤蟆…」等，造下誹謗大乘勝義僧之大惡業；或以外道法中有爲有作之甘露、魔術……等法，誑騙初機學人，狂言彼外道法爲眞佛法。如是怪象，在西藏密宗及附藏密之外道中，不一而足，舉之不盡，學人宜應慎思明辨，以免上當後又犯毀破菩薩戒之重罪。密宗學人若欲遠離邪知邪見者，請閱此書，即能了知密宗之邪謬，從此遠離邪見與邪修，轉入眞正之佛道。

平實導師著 共四輯 每輯約400頁（主文約340頁）每輯售價300元。

宗門正義—公案拈提第六輯：佛教有六大危機，乃是藏密化、世俗化、膚淺化、學術化、宗門密意失傳、悟後進修諸地之次第混淆；其中尤以宗門密意之失傳，爲當代佛教最大之危機。由宗門密意失傳故，易令世尊本懷普被錯解，易令世尊正法被轉易爲外道法，以及加以淺化、世俗化，是故宗門密意之廣泛弘傳與具緣佛弟子，極爲重要。然而欲令宗門密意之廣泛弘傳予具緣之佛弟子者，必須同時配合錯誤知見之解析、普令佛弟子知之，然後輔以公案解析之直示入處，方能令具緣之佛弟子悟入。而此二者，皆須以公案拈提之方式爲之，方易成其功、竟其業，是故平實導師續作宗門正義一書，以利學人。全書500餘頁，售價500元（2007年起，凡購買公案拈提第一輯至第七輯，每購一輯皆贈送本公司精製公案拈提〈超意境〉CD一片，市售價格280元，多購多贈）。

心經密意—心經與解脫道、佛菩提道、祖師公案之關係與密意。二乘菩提所證之解脫道，實依第八識心之斷除煩惱障現行而立解脫之名；大乘菩提所證之佛菩提道，實依親證第八識如來藏之涅槃性、清淨自性、及其中道性而立般若之名；禪宗祖師公案所證之眞心，即是此第八識如來藏；是故三乘佛法所修所證之三乘菩提，皆依此如來藏心而立名也。此第八識心，即是《心經》所說之心也。證得此如來藏已，即能漸入大乘佛菩提道，亦可因證知此心而了知二乘無學所不能知之無餘涅槃本際，是故《心經》之密意，與三乘佛菩提之關係極爲密切、不可分割，三乘佛法皆依此心而立名故。今者平實導師以其所證解脫道之無生智及佛菩提之般若種智，將《心經》與解脫道、佛菩提道、祖師公案之關係與密意，以演講之方式，用淺顯之語句和盤托出，發前人所未言，呈三乘菩提之眞義，令人藉此《心經密意》一舉而窺三乘菩提之堂奧，迴異諸方言不及義之說；欲求眞實佛智者、不可不讀！主文317頁，連同跋文及序文…等共384頁，售價300元。

宗門密意—公案拈提第七輯：佛教之世俗化，將導致學人以信仰作為學佛，則將以感應及世間法之庇祐，作為學佛之主要目標，不能了知學佛之主要目標為親證三乘菩提。大乘菩提則以般若實相智慧為主要修習目標，以二乘菩提解脫道為附帶修習之標的；是故學習大乘法者，應以禪宗之證悟為要務，能親入大乘菩提之實相般若智慧中故，般若實相智慧非二乘聖人所能知故。此書則以台灣世俗化佛教之三大法師，說法似是而非之實例，配合眞悟祖師之公案解析，提示證悟般若之關節，令學人易得悟入。平實導師著，全書五百餘頁，售價500元（2007年起，凡購買公案拈提第一輯至第七輯，每購一輯皆贈送本公司精製公案拈提〈超意境〉CD一片，市售價格280元，多購多贈）。

淨土聖道—兼評日本本願念佛：佛法甚深極廣，般若玄微，非諸二乘聖僧所能知之，一切凡夫更無論矣！所謂一切證量皆歸淨土是也！是故大乘法中「聖道之淨土、淨土之聖道」，其義甚深，難可了知；乃至眞悟之人，初心亦難知也。今有正德老師眞實證悟後，復能深探淨土與聖道之緊密關係，憐憫眾生之誤會淨土實義，亦欲利益廣大淨土行人同入聖道，同獲淨土中之聖道門要義，乃振奮心神、書以成文，今得刊行天下。主文279頁，連同序文等共301頁，總有十一萬六千餘字，正德老師著，成本價200元。

起信論講記：詳解大乘起信論**心生滅門**與**心眞如門**之眞實意旨，消除以往大師與學人對起信論所說**心生滅門**之誤解，由是而得了知眞心如來藏之非常非斷中道正理；亦因此一講解，令此論以往隱晦而被誤解之眞實義，得以如實顯示，令大乘佛菩提道之正理得以顯揚光大；初機學者亦可藉此正論所顯示之法義，對大乘法理生起正信，從此得以眞發菩提心，眞入大乘法中修學，世世常修菩薩正行。平實導師演述，共六輯，都已出版，每輯三百餘頁，售價250元。

優婆塞戒經講記：本經詳述在家菩薩修學大乘佛法，應如何受持菩薩戒？對人間善行應如何看待？對三寶應如何護持？應如何正確地修集此世後世證法之福德？應如何修集後世「行菩薩道之資糧」？並詳述第一義諦之正義：五蘊非我非異我、自作自受、異作異受、不作不受……等深妙法義，乃是修學大乘佛法、行菩薩行之在家菩薩所應當了知者。出家菩薩今世或未來世登地已，捨報之後多數將如華嚴經中諸大菩薩，以在家菩薩身而修行菩薩行，故亦應以此經所述正理而修之，配合《楞伽經、解深密經、楞嚴經、華嚴經》等道次第正理，方得漸次成就佛道；故此經是一切大乘行者皆應證知之正法。平實導師講述，每輯三百餘頁，售價各250元；共八輯，已全部出版。

真假活佛—略論附佛外道盧勝彥之邪說：人人身中都有眞活佛，永生不滅而有大神用，但眾生都不了知，所以常被身外的西藏密宗假活佛籠罩欺瞞。本來就眞實存在的眞活佛，才是眞正的密宗無上密！諾那活佛因此而說禪宗是大密宗，但藏密的所有活佛都不知道、也不曾實證自身中的眞活佛。本書詳實宣示眞活佛的道理，舉證盧勝彥的「佛法」不是眞佛法，也顯示盧勝彥是假活佛，直接的闡釋第一義佛法見道的眞實正理。眞佛宗的所有上師與學人們，都應該詳細閱讀，包括盧勝彥個人在內。正犀居士著，優惠價140元。

阿含正義—唯識學探源：廣說四大部《阿含經》諸經中隱說之眞正義理，一一舉示佛陀本懷，令阿含時期初轉法輪根本經典之眞義，如實顯現於佛子眼前。並提示末法大師對於阿含眞義誤解之實例，一一比對之，證實唯識增上慧學確於原始佛法之阿含諸經中已隱覆密意而略說之，證實 世尊確於原始佛法中已曾密意而說第八識如來藏之總相；亦證實 世尊在四阿含中已說此藏識是名色十八界之因、之本—證明如來藏是能生萬法之根本心。佛子可據此修正以往受諸大師（譬如西藏密宗應成派中觀師：印順、昭慧、性廣、大願、達賴、宗喀巴、寂天、月稱、……等人）誤導之邪見，建立正見，轉入正道乃至親證初果而無困難；書中並詳說三果所證的**心解脫**，以及四果**慧解脫**的親證，都是如實可行的具體知見與行門。全書共七輯，已出版完畢。平實導師著，每輯三百餘頁，售價300元。

超意境ＣＤ：以平實導師公案拈提書中超越意境之頌詞，加上曲風優美的旋律，錄成令人嚮往的超意境歌曲，其中包括正覺發願文及平實導師親自譜成的黃梅調歌曲一首。詞曲雋永，殊堪翫味，可供學禪者吟詠，有助於見道。內附設計精美的彩色小冊，解說每一首詞的背景本事。每片280元。【每購買公案拈提書籍一冊，即贈送一片。】

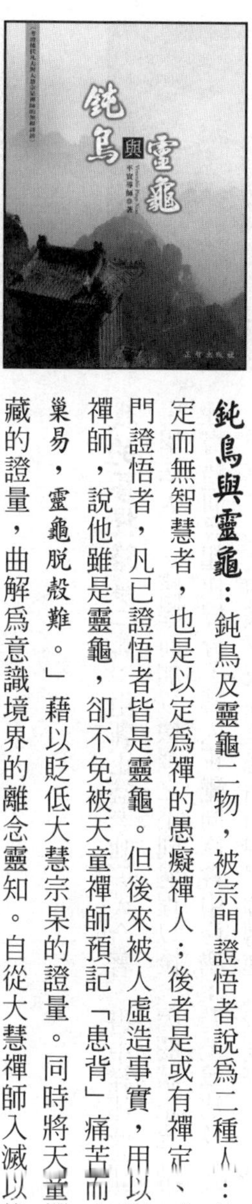

鈍鳥與靈龜：鈍鳥及靈龜二物，被宗門證悟者說為二種人：前者是精修禪定而無智慧者，也是以定為禪的愚癡禪人；後者是或有禪定、或無禪定的宗門證悟者，凡已證悟者皆是靈龜。但後來被人虛造事實，用以嘲笑大慧宗杲禪師，說他雖是靈龜，卻不免被天童禪師預記「患背」痛苦而亡：「鈍鳥離巢易，靈龜脫殼難。」藉以貶低大慧宗杲的證量。同時將天童禪師實證如來藏的證量，曲解為意識境界的離念靈知。自從大慧禪師入滅以後，錯悟凡夫對他的不實毀謗就一直存在著，不曾止息，並且捏造的假事實也隨著年月的增加而越來越多，終至編成「鈍鳥與靈龜」的假公案、假故事。本書是考證大慧與天童之間的不朽情誼，顯現這件假公案的虛妄不實；更見大慧宗杲面對惡勢力時的正直不阿，亦顯示大慧對天童禪師的至情深義，將使後人對大慧宗杲的誣謗至此而止，不再有人誤犯毀謗賢聖的惡業。書中亦舉證宗門的所悟確以第八識如來藏為標的，詳讀之後必可改正以前被錯悟大師誤導的參禪知見，日後必定有助於實證禪宗的開悟境界，得階大乘真見道位中，即是實證般若之賢聖。全書459頁，售價350元。

我的菩提路第一輯：凡夫及二乘聖人不能實證的佛菩提證悟，末法時代的今天仍然有人能得實證，由正覺同修會釋悟圓、釋善藏法師等二十餘位實證如來藏者所寫的見道報告，已爲當代學人見證宗門正法之絲縷不絕，證明大乘義學的法脈仍然存在，爲末法時代求悟般若之學人照耀出光明的坦途。由二十餘位大乘見道者所繕，敘述各種不同的學法、見道因緣與過程，參禪求悟者必讀。全書三百餘頁，售價300元。

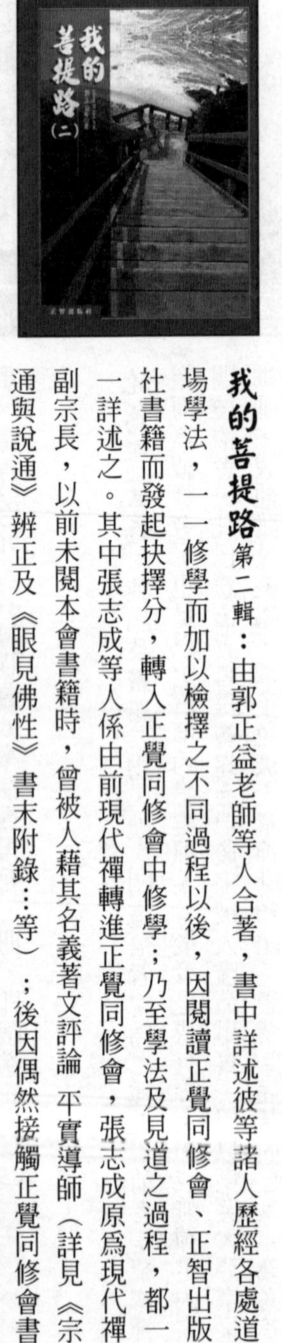

我的菩提路第二輯：由郭正益老師等人合著，書中詳述彼等諸人歷經各處道場學法，一一修學而加以檢擇之不同過程以後，因閱讀正覺同修會、正智出版社書籍而發起抉擇分，轉入正覺同修會中修學；乃至學法及見道之過程，都一一詳述之。其中張志成等人係由前現代禪轉進正覺同修會，張志成原爲現代禪副宗長，以前未閱本會書籍時，曾被人藉其名義著文評論 平實導師（詳見《宗通與說通》辨正及《眼見佛性》書末附錄…等）；後因偶然接觸正覺同修會書籍，深覺以前聽人評論平實導師之語不實，於是投入極多時間閱讀本會書籍、深入思辨，詳細探索中觀與唯識之關聯與異同，認爲正覺之法義方是正法，深覺相應；亦解開多年來對佛法的迷雲，確定應依八識論正理修學方是正法。乃不顧面子，毅然前往正覺同修會面見平實導師懺悔，並正式學法求悟。今已與其同修王美伶（亦爲前現代禪傳法老師），同樣證悟如來藏而證得法界實相，生起實相般若眞智。此書中尚有七年來本會第一位眼見佛性者之見性報告一篇，一同供養大乘佛弟子。全書共四百頁，售價300元。

我的菩提路第三輯：由王美伶老師等人合著。自從正覺同修會成立以來，每年夏初、冬初都舉辦精進禪三共修，藉以助益會中同修們得以證悟明心發起般若實相智慧；凡已實證而被平實導師印證者，皆書具見道報告用以證明佛法之眞實可證而非玄學，證明佛法並非純屬思想、理論而無實質，是故每年都能有人證明正覺同修會的「實證佛教」主張並非虛語。特別是眼見佛性一法，自古以來中國禪宗祖師實證者極寡，較之明心開悟的證境更難令人信受；至2017年初，正覺同修會中的證悟明心者已近五百人，然而其中眼見佛性者至今唯十餘人爾，可謂難能可貴，是故明心後欲冀眼見佛性者實屬不易。黃正倖老師是懸絕七年無人見性後的第一人，她於2009年的見性報告刊於本書的第二輯中，爲大眾證明佛性確實可以眼見；其後七年之中求見性者都屬解悟佛性而無人眼見，幸而又經七年後的2016冬初，以及2017夏初的禪三，復有三人眼見佛性，希冀鼓舞四眾佛子求見佛性之大心，今則具載一則於書末，顯示求見佛性之事實經歷，供養現代佛教界欲得見性之四眾弟子。全書四百頁，售價300元，預定2017年6月30日發行。

維摩詰經講記：本經係 世尊在世時，由等覺菩薩維摩詰居士藉疾病而演說之大乘菩提無上妙義，所說函蓋甚廣，然極簡略，是故今時諸方大師與學人讀之悉皆錯解，何況能知其中隱含之深妙正義，是故普遍無法爲人解說；若強爲人說，則成依文解義而有諸多過失。今由平實導師公開宣講之後，詳實解釋其中密意，令維摩詰菩薩所說大乘不可思議解脫之深妙正法得以正確宣流於人間，利益當代學人及與諸方大師。書中詳實演述大乘佛法深妙不共二乘之智慧境界，顯示諸法之中絕待之實相境界，建立大乘菩薩妙道於永遠不敗不壞之地，以此成就護法偉功，欲冀永利娑婆人天。已經宣講圓滿整理成書流通，以利諸方大師及諸學人。全書共六輯，每輯三百餘頁，售價各250元。

真假外道：本書具體舉證佛門中的常見外道知見實例，並加以教證及理證上的辨正，幫助讀者輕鬆而快速的了知常見外道的錯誤知見，進而遠離佛門內外的常見外道知見，因此即能改正修學方向而快速實證佛法。游正光老師著。成本價200元。

勝鬘經講記：如來藏爲三乘菩提之所依，若離如來藏心體及其含藏之一切種子，即無三界有情及一切世間法，亦無二乘菩提緣起性空之出世間法；本經詳說無始無明、一念無明皆依如來藏而有之正理，藉著詳解煩惱障與所知障間之關係，令學人深入了知二乘菩提與佛菩提相異之妙理；聞後即可了知佛菩提之特勝處及三乘修道之方向與原理，邁向攝受正法而速成佛道的境界中。平實導師講述，共六輯，每輯三百餘頁，售價各250元。

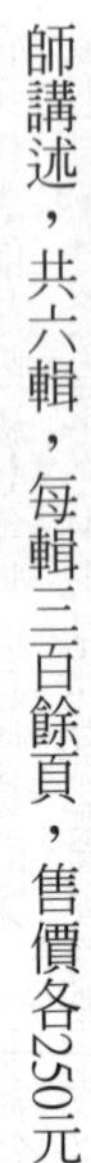

楞嚴經講記：楞嚴經係密教部之重要經典，亦是顯教中普受重視之經典；經中宣說明心與見性之內涵極爲詳細，將一切法都會歸如來藏及佛性—妙眞如性；亦闡釋佛菩提道修學過程中之種種魔境，以及外道誤會涅槃之狀況，旁及三界世間之起源。然因言句深澀難解，法義亦復深妙寬廣，學人讀之普難通達，是故讀者大多誤會，不能如實理解佛所說之明心與見性內涵，亦因是故多有悟錯之人引爲開悟之證言，成就大妄語罪。今由平實導師詳細講解之後，整理成文，以易讀易懂之語體文刊行天下，以利學人。全書十五輯，全部出版完畢。每輯三百餘頁，售價每輯300元。

明心與眼見佛性：本書細述明心與眼見佛性之異同，同時顯示了中國禪宗破初參明心與重關眼見佛性二關之間的關聯；書中又藉法義辨正而旁述其他許多勝妙法義，讀後必能遠離佛門長久以來積非成是的錯誤知見，令讀者在佛法的實證上有極大助益。也藉慧廣法師的謬論來教導佛門學人回歸正知正見，遠離古今禪門錯悟者所墮的意識境界，非唯有助於斷我見，也對未來的開悟明心實證第八識如來藏有所助益，是故學禪者都應細讀之。游正光老師著　共448頁

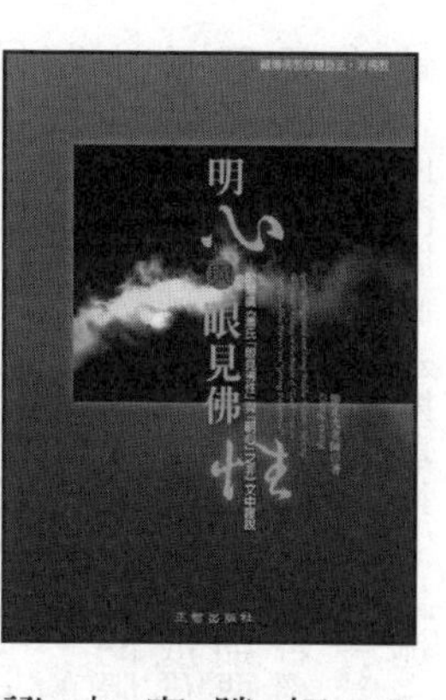

售價300元。

菩薩底憂鬱CD將菩薩情懷及禪宗公案寫成新詞，並製作成超越意境的優美歌曲。1.主題曲〈菩薩底憂鬱〉，描述地後菩薩能離三界生死而迴向繼續生在人間，但因尚未斷盡習氣種子而有極深沈之憂鬱，非三賢位菩薩及二乘聖者所知，此憂鬱在七地滿心位方才斷盡；本曲之詞中所說義理極深，昔來所未曾見；此曲係以優美的情歌風格寫詞及作曲，聞者得以激發嚮往諸地菩薩境界之大心，詞、曲都非常優美，難得一見；其中勝妙義理之解說，已印在附贈之彩色小冊中。2.以各輯公案拈提中直示禪門入處之頌文，作成各種不同曲風之超意境歌曲，值得玩味、參究；聆聽公案拈提之優美歌曲時，請同時閱讀內附之印刷精美說明小冊，可以領會超越三界的證悟境界；未悟者可以因此引發求悟之意向及疑情，眞發菩提心而邁向求悟之途，乃至因此眞實悟入般若，成眞菩薩。3.正覺總持咒新曲，總持佛法大意；總持咒之義理，已加以解說並印在隨附之小冊中。本CD共有十首歌曲，長達63分鐘，附贈二張購書優惠券。每片280元。

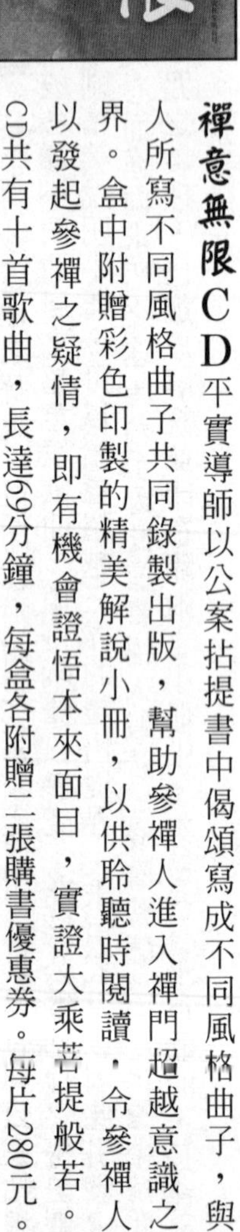

禪意無限CD平實導師以公案拈提書中偈頌寫成不同風格曲子，與他人所寫不同風格曲子共同錄製出版，幫助參禪人進入禪門超越意識之境界。盒中附贈彩色印製的精美解說小冊，以供聆聽時閱讀，令參禪人得以發起參禪之疑情，即有機會證悟本來面目，實證大乘菩提般若。本CD共有十首歌曲，長達69分鐘，每盒各附贈二張購書優惠券。每片280元。

金剛經宗通：三界唯心，萬法唯識，是成佛之修證內容，是諸地菩薩之所修；般若則是成佛之道（實證三界唯心、萬法唯識）的入門，若未證悟實相般若，即無成佛之可能，必將永在外門廣行菩薩六度，永在凡夫位中。然而實相般若的發起，全賴實證萬法的實相；若欲證知萬法的眞相，則必須探究萬法之所從來，則須實證自心如來—金剛心如來藏，然後現觀這個金剛心的金剛性、眞實性、如如性、清淨性、涅槃性、能生萬法的自性性、本住性，名爲證眞如；進而現觀三界六道唯是此金剛心所成，人間萬法須藉八識心王和合運作方能現起。如是實證《華嚴經》的「三界唯心、萬法唯識」以後，由此等現觀而發起實相般若智慧，繼續進修第十住位的如幻觀、第十行位的陽焰觀、第十迴向位的如夢觀，再生起增上意樂而勇發十無盡願，方能滿足三賢位的實證，轉入初地；自知成佛之道而無偏倚，從此按部就班、次第進修乃至成佛。第八識自心如來是般若智慧之所依，般若智慧的修證則要從實證金剛心自心如來開始；《金剛經》則是解說自心如來之經典，是一切三賢位菩薩所應進修之實相般若經典。這一套書，是將平實導師宣講的《金剛經宗通》內容，整理成文字而流通之；書中所說義理，迴異古今諸家依文解義之說，指出大乘見道方向與理路，有益於禪宗學人求開悟見道，及轉入內門廣修六度萬行。講述完畢後結集出版，總共9輯，每輯約三百餘頁，售價各250元。

空行母—性別、身分定位，以及藏傳佛教：本書作者爲蘇格蘭哲學家，因爲嚮往佛教深妙的哲學內涵，於是進入當年盛行於歐美的假藏傳佛教密宗，擔任卡盧仁波切的翻譯工作多年以後，被邀請成爲卡盧的空行母（又名佛母、明妃），開始了她在密宗裡的實修過程；後來發覺在密宗雙身法中的修行，其實無法使自己成佛，也發覺密宗對女性岐視而處處貶抑，並剝奪女性在雙身法中擔任一半角色時應有的身分定位。當她發覺自己只是雙身法中被喇嘛利用的工具，沒有獲得絲毫應有的尊重與基本定位時，發現了密宗的父權社會控制女性的本質；於是作者傷心地離開了卡盧仁波切與密宗，但是卻被恐嚇不許講出她在密宗裡的經歷，也不許她說出自己對密宗的教義與教制下對女性剝削的本質，否則將被咒殺死亡。後來她去加拿大定居，十餘年後方才擺脫這個恐嚇陰影，下定決心將親身經歷的實情及觀察到的事實寫下來並且出版，公諸於世。出版之後，她被流亡的達賴集團人士大力攻訐，誣指她爲精神狀態失常、說謊……等。但有智之士並未被達賴集團的政治操作及各國政府政治運作吹捧達賴的表相所欺，使她的書銷售無阻而又再版。正智出版社鑑於作者此書是親身經歷的事實，所說具有針對「藏傳佛教」而作學術研究的價值，也有使人認清假藏傳佛教剝削佛母、明妃的男性本位實質，因此洽請作者同意中譯而出版於華人地區。珍妮·坎貝爾女士著，呂艾倫 中譯，每冊250元。

霧峰無霧—給哥哥的信：本書作者藉兄弟之間信件往來論義，略述佛法大義；並以多篇短文辨義，舉出釋印順對佛法的無量誤解證據，並一一給予簡單而清晰的辨正，令人一讀即知。久讀、多讀之後即能認清楚釋印順的六識論見解，與眞實佛法之牴觸是多麼嚴重；於是在久讀、多讀之後，於不知不覺之間提升了對佛法的極深入理解，正知正見就在不知不覺間建立起來了。當三乘佛法的正知見建立起來之後，對於三乘菩提的見道條件便將隨之具足，於是聲聞解脫道的見道也就水到渠成；接著大乘見道的因緣也將次第成熟，未來自然也會有親見大乘菩提之道的因緣，悟入大乘實相般若也將自然成功，自能通達般若系列諸經而成實義菩薩。作者居住於南投縣霧峰鄉，自喻見道之後不復再見霧峰之霧，故鄉原野美景一一明見，於是立此書名爲《霧峰無霧》；讀者若欲撥霧見月，可以此書爲緣。游宗明 老師著 售價250元。

假藏傳佛教的神話—性、謊言、喇嘛教：本書編著者是由一首名叫「阿姊鼓」的歌曲為緣起，展開了序幕，揭開假藏傳佛教—喇嘛教—的神祕面紗。其重點是蒐集、摘錄網路上質疑「喇嘛教」的帖子，以揭穿「假藏傳佛教的神話」為主題，串聯成書，並附加彩色插圖以及說明，讓讀者們瞭解西藏密宗及相關人事如何被操作為「神話」的過程，以及神話背後的眞相。作者：張正玄教授。售價200元。

達賴真面目—玩盡天下女人：假使您不想戴綠帽子，請記得詳細閱讀此書；假使您不想讓好朋友戴綠帽子，請您將此書介紹給您的好朋友。假使您想保護家中的女性，也想要保護好朋友的女眷，請記得將此書送給家中的女性和好友的女眷都來閱讀。本書為印刷精美的大本彩色中英對照精裝本，為您揭開達賴喇嘛的眞面目，內容精彩不容錯過，為利益社會大眾，特別以優惠價格嘉惠所有讀者。編著者：白志偉等。大開版雪銅紙彩色精裝本。售價800元。

喇嘛性世界—揭開假藏傳佛教譚崔瑜伽的面紗：這個世界中的喇嘛，號稱來自世外桃源的香格里拉，穿著或紅或黃的喇嘛長袍，散布於我們的身邊傳教灌頂，吸引了無數的人嚮往學習；這些喇嘛虔誠地為大眾祈福，手中拿著寶杵（金剛）與寶鈴（蓮花），口中唸著咒語：「唵．嘛呢．叭咪．吽……」，咒語的意思是說：「我至誠歸命金剛杵上的寶珠伸向蓮花寶穴之中」！「喇嘛性世界」是什麼樣的「世界」呢？本書將為您呈現喇嘛世界的面貌。當您發現眞相以後，您將會唸：「噢！喇嘛．性．世界，譚崔性交嘛！」作者：張善思、呂艾倫。售價200元。

末代達賴——性交教主的悲歌：簡介從藏傳僞佛教（喇嘛教）的修行核心——性力派男女雙修，探討達賴喇嘛及藏傳僞佛教的修行內涵。書中引用外國知名學者著作、世界各地新聞報導，包含：歷代達賴喇嘛的祕史、達賴六世修雙身法的事蹟，以及《時輪續》中的性交灌頂儀式……等；達賴喇嘛書中開示的雙修法、達賴喇嘛的黑暗政治手段；達賴喇嘛所領導的寺院爆發喇嘛性侵兒童；新聞報導《西藏生死書》作者索甲仁波切性侵女信徒、澳洲喇嘛秋達公開道歉、美國最大假藏傳佛教組織領導人邱陽創巴仁波切的性氾濫；等等事件背後眞相的揭露。作者：張善思、呂艾倫、辛燕。售價250元。

第七意識與第八意識？——穿越時空「超意識」：「三界唯心，萬法唯識」是佛教中應該實證的聖教，也是《華嚴經》中明載而可以實證的法界實相。唯心者，三界一切境界、一切諸法唯是一心所成就，即是每一個有情的第八識如來藏，不是意識心。唯識者，即是人類各各都具足的八識心王——眼識、耳鼻舌身意識、意根、阿賴耶識，第八阿賴耶識又名如來藏，人類五陰相應的萬法，莫不由八識心王共同運作而成就，故說萬法唯識。依聖教量及現量、比量，都可以證明意識是二法因緣生，是由第八識藉意根與法塵二法爲因緣而出生，又是夜夜斷滅不存之生滅心，即無可能反過來出生第七識意根、第八識如來藏，當知不可能從生滅性的意識心中，細分出恆審思量的第七識意根，更無可能細分出恆而不審的第八識如來藏。本書是將演講內容整理成文字，細說如是內容，並已在〈正覺電子報〉連載完畢，今彙集成書以廣流通，欲幫助佛門有緣人斷除意識我見，跳脫於識陰之外而取證聲聞初果；嗣後修學禪宗時即得不墮外道神我之中，得以求證第八識金剛心而發起般若實智。平實導師 述，每冊300元。

黯淡的達賴—失去光彩的諾貝爾和平獎：本書舉出很多證據與論述，詳述達賴喇嘛不爲世人所知的一面，顯示達賴喇嘛並不是眞正的和平使者，而是假借諾貝爾和平獎的光環來欺騙世人；透過本書的說明與舉證，讀者可以更清楚的瞭解，達賴喇嘛是結合暴力、黑暗、淫欲於喇嘛教裡的集團首領，其政治行爲與宗教主張，早已讓諾貝爾和平獎的光環染污了。本書由財團法人正覺教育基金會寫作、編輯，由正覺出版社印行，每冊250元。

童女迦葉考—論呂凱文〈佛教輪迴思想的論述分析〉之謬：童女迦葉是佛世率領五百大比丘遊行於人間的歷史事實，是以童貞行而依止菩薩戒弘化於人間的大菩薩，不依別解脫戒（聲聞戒）來弘化於人間。這是大乘佛教與聲聞佛教同時存在於佛世的歷史明證，證明大乘佛教不是從聲聞法中分裂出來的部派佛教的產物，卻是聲聞佛教分裂出來的部派佛教聲聞凡夫僧所不樂見的史實；於是古今聲聞法中的凡夫都欲加以扭曲而作詭說，更是末法時代高聲大呼「大乘非佛說」的六識論聲聞凡夫極力想要扭曲的佛教史實之一，於是想方設法扭曲迦葉菩薩爲聲聞僧，以及扭曲迦葉童女爲比丘僧等荒謬不實之論著便陸續出現，古時聲聞僧寫作的《分別功德論》是最具體之事例，現代之代表作則是呂凱文先生的〈佛教輪迴思想的論述分析〉論文。鑑於如是假藉學術考證以籠罩大眾之不實謬論，未來仍將繼續造作及流竄於佛教界，繼續扼殺大乘佛教學人法身慧命，必須舉證辨正之，遂成此書。平實導師 著，每冊180元。

人間佛教—實證者必定不悖三乘菩提：「大乘非佛說」的講法似乎流傳已久，卻只是日本人企圖擺脫中國正統佛教的影響，而在明治維新時期才開始提出來的說法；台灣佛教、大陸佛教的淺學無智之人，由於未曾實證佛法而迷信日本人錯誤的學術考證，錯認爲這些別有用心的日本佛學考證的講法爲天竺佛教的眞實歷史；甚至還有更激進的反對佛教者提出「釋迦牟尼佛並非眞實存在，只是後人捏造的假歷史人物」，竟然也有少數人願意跟著「學術」的假光環而信受不疑，於是開始有一些佛教界人士造作了反對中國佛教而推崇南洋小乘佛教的行爲，使佛教的信仰者難以檢擇，導致一般大陸人士開始轉入基督教的盲目迷信中。在這些佛教及外教人士之中，也就有一分人根據此邪說而大聲主張「大乘非佛說」的謬論，這些人以「人間佛教」的名義來抵制中國正統佛教，公然宣稱中國的大乘佛教是由聲聞部派佛教的凡夫僧所創造出來的。這樣的說法流傳於台灣及大陸佛教界凡夫僧之中已久，卻非眞正的佛教歷史中曾經發生過的事，只是繼承六識論的聲聞法中凡夫僧依自己的意識境界立場，純憑臆想而編造出來的妄想說法，卻已經影響許多無智之凡夫僧俗信受不移。本書則是從佛教的經藏法義實質及實證的現量內涵本質立論，證明大乘佛法本是佛說，是從《阿含正義》尚未說過的不同面向來討論「人間佛教」的議題，證明「大乘眞佛說」。閱讀本書可以斷除六識論邪見，迴入三乘菩提正道發起實證的因緣；也能斷除禪宗學人學禪時普遍存在之錯誤知見，對於建立參禪時的正知見有很深的著墨。平實導師 述，內文488頁，全書528頁，定價400元。

見性與看話頭：黃正倖老師的《見性與看話頭》於《正覺電子報》連載完畢，今集結出版。書中詳說禪宗看話頭的詳細方法，並細說看話頭與眼見佛性的關係，以及眼見佛性者求見佛性前必須具備的條件。本書是禪宗實修者追求明心開悟時參禪的方法書，也是求見佛性者作功夫時必讀的方法書，內容兼顧眼見佛性的理論與實修之方法，是依實修之體驗配合理論而詳述，條理分明而且極爲詳實、周全、深入。本書內文375頁，全書416頁，售價300元。

中觀金鑑——詳述應成派中觀的起源與其破法本質：學佛人往往迷於中觀學派之不同學說，被應成派與自續派所迷惑；修學般若中觀二十年後自以爲實證般若中觀了，卻仍不曾入門，甫聞實證般若中觀者之所說，則茫無所知，迷惑不解；隨後信心盡失，不知如何實證佛法；凡此，皆因惑於這二派中觀學說所致。自續派中觀所說同於常見，以意識境界立爲第八識如來藏之境界，應成派所說則同於斷見，但又同立意識爲常住法，故亦具足斷常二見。今者孫正德老師有鑑於此，乃將起源於密宗的應成派中觀學說，追本溯源，詳考其來源之外，亦一一舉證其立論內容，詳加辨正，令密宗雙身法祖師以識陰境界而造之應成派中觀學說本質，詳細呈現於學人眼前，令其維護雙身法之目的無所遁形。若欲遠離密宗此二大派中觀謬說，欲於三乘菩提有所進道者，允宜具足閱讀並細加思惟，反覆讀之以後將可捨棄邪道返歸正道，則於般若之實證即有可能，證後自能現觀如來藏之中道境界而成就中觀。本書分上、中、下三冊，每冊250元，已全部出版完畢。

真心告訴您(一)——達賴喇嘛在幹什麼？ 這是一本報導篇章的選集，更是「破邪顯正」的暮鼓晨鐘。「破邪」是戳破假象，說明達賴喇嘛及其所率領的密宗四大派法王、喇嘛們，弘傳的佛法是仿冒的佛法；他們是假藏傳佛教，是坦特羅(譚崔性交)外道法和藏地崇奉鬼神的苯教混合成的「喇嘛教」，推廣的是以所謂「無上瑜伽」的男女雙身法冒充佛法的假佛教，詐財騙色誤導眾生，常常造成信徒家庭破碎、家中兒少失怙的嚴重後果。「顯正」是揭櫫眞相，指出眞正的藏傳佛教只有一個，就是覺囊巴，傳的是 釋迦牟尼佛演繹的第八識如來藏妙法，稱爲他空見大中觀。正覺教育基金會即以此古今輝映的如來藏正法正知見，在眞心新聞網中逐次報導出來，將箇中原委「眞心告訴您」，如今結集成書，與想要知道密宗眞相的您分享。售價250元。

實相經宗通：學佛之目的在於實證一切法界背後之實相，禪宗稱之爲本來面目或本地風光，佛菩提道中稱之爲實相法界；此實相法界即是金剛藏，又名佛法之祕密藏，即是能生有情五陰、十八界及宇宙萬有（山河大地、諸天、三惡道世間）的第八識如來藏，又名阿賴耶識心，即是禪宗祖師所說的眞如心，此心即是三界萬有背後的實相。證得此第八識心時，自能瞭解般若諸經中隱說的種種密意，即得發起實相般若——實相智慧。每見學佛人修學佛法二十年後仍對實相般若茫然無知，亦不知如何入門，茫無所趣；更因不知三乘菩提的互異互同，是以越是久學者對佛法越覺茫然，都肇因於尚未瞭解佛法的全貌，亦未瞭解佛法的修證內容即是第八識心所致。本書對於修學佛法者所應實證的實相境界提出明確解析，並提示趣入佛菩提道的入手處，有心親證實相般若的佛法實修者，宜詳讀之，於佛菩提道之實證即有下手處。平實導師述著，共八輯，全部出版完畢，每輯成本價250元。

法華經講義：此書爲平實導師始從2009/7/21演述至2014/1/14之講經錄音整理所成。世尊一代時教，總分五時三教，即是華嚴時、聲聞緣覺教、般若教、種智唯識教、法華時；依此五時三教區分爲藏、通、別、圓四教。本經是最後一時的圓教經典，圓滿收攝一切法教於本經中，是故最後的圓教聖訓中，特地指出無有三乘菩提，其實唯有一佛乘；皆因眾生愚迷故，方便區分爲三乘菩提以助眾生證道。世尊於此經中特地說明如來示現於人間的唯一大事因緣，便是爲有緣眾生「開、示、悟、入」諸佛的所知所見——第八識如來藏妙眞如心，並於諸品中隱說「妙法蓮花」如來藏心的密意。然因此經所說甚深難解，眞義隱晦，古來難得有人能窺堂奧；平實導師以知如是密意故，特爲末法佛門四眾演述《妙法蓮華經》中各品蘊含之密意，使古來未曾被古德註解出來的「此經」密意，如實顯示於當代學人眼前。乃至〈藥王菩薩本事品〉、〈妙音菩薩品〉、〈觀世音菩薩普門品〉、〈普賢菩薩勸發品〉中的微細密意，亦皆一併詳述之，開前人所未曾言之密意，示前人所未見之妙法。最後乃至以〈法華大意〉而總其成，全經妙旨貫通始終，而依佛旨圓攝於一心如來藏妙心，厥爲曠古未有之大說也。平實導師述　已於2015/5/31起出版第一輯，每兩個月出版一輯，共有25輯。每輯300元。

西藏「活佛轉世」制度—附佛、造神、世俗法：歷來關於喇嘛教活佛轉世的研究，多針對歷史及文化兩部分，於其所以成立的理論基礎，較少系統化的探討。尤其是此制度是否依據「佛法」而施設？是否合乎佛法眞實義？現有的文獻大多含糊其詞，或人云亦云，不曾有明確的闡釋與如實的見解。因此本文先從活佛轉世的由來，探索此制度的起源、背景與功能，並進而從活佛的尋訪與認證之過程，發掘活佛轉世的特徵，以確認「活佛轉世」在佛法中應具足何種果德。定價150元。

真心告訴您(二)—達賴喇嘛是佛教僧侶嗎？補祝達賴喇嘛八十大壽：這是一本針對當今達賴喇嘛所領導的喇嘛教，冒用佛教名相、於師徒間或師兄姊間，實修男女邪淫，而從佛法三乘菩提的現量與聖教量，揭發其謊言與邪術，證明達賴及其喇嘛教是仿冒佛教的外道，是「假藏傳佛教」。藏密四大派教義雖有「八識論」與「六識論」的表面差異，然其實修之內容，皆共許「無上瑜伽」四部灌頂爲究竟「成佛」之法門，也就是共以男女雙修之邪淫法爲「即身成佛」之密要，雖美其名曰「欲貪爲道」之「金剛乘」，並誇稱其成就超越於（應身佛）釋迦牟尼佛所傳之顯教般若乘之上；然詳考其理論，則或以意識離念時之粗細心爲第八識如來藏，或以中脈裡的明點爲第八識如來藏，或如宗喀巴與達賴堅決主張第六意識爲常恆不變之眞心者，分別墮於外道之常見與斷見中；全然違背　佛說能生五蘊之如來藏的實質。售價300元。

修習止觀坐禪法要講記：修學四禪八定之人，往往錯會禪定之修學知見，欲以無止盡之坐禪而證禪定境界，卻不知修除性障之行門才是修證四禪八定不可或缺之要素，故智者大師云「性障初禪」；性障不除，初禪永不現前，云何修證二禪等？又：行者學定，若唯知數息，而不解六妙門之方便善巧者，欲求一心入定，極難可得，智者大師名之為「事障未來」：障礙未到地定之修證。又禪定之修證，不可違背二乘菩提及第一義法，否則縱使具足四禪八定，亦不能實證涅槃而出三界。此諸知見，智者大師於《修習止觀坐禪法要》中皆有闡釋。作者平實導師以其第一義之見地及禪定之實證證量，曾加以詳細解析。將俟正覺寺竣工啓用後重講，不限制聽講者資格；講後將以語體文整理出版。欲修習世間定及增上定之學者，宜細讀之。平實導師述著。

解深密經講記：本經係 世尊晚年第三轉法輪，宣說地上菩薩所應熏修之唯識正義經典，經中所說義理乃是大乘一切種智增上慧學，以阿陀那識—如來藏—阿賴耶識為主體。禪宗之證悟者，若欲修證初地無生法忍乃至八地無生法忍者，必須修學《楞伽經、解深密經》所說之八識心王一切種智；此二經所說正法，方是眞正成佛之道；印順法師否定如來藏之後所說萬法緣起性空之法，是以誤會後之二乘解脫道取代大乘眞正成佛之道，亦已墮於斷滅見中，不可謂為成佛之道也。平實導師曾於本會郭故理事長往生時，於喪宅中從初七至第十七，宣講圓滿，作為郭老之往生佛事功德，迴向郭老早證八地、速返娑婆住持正法；茲為今時後世學人故，將擇期重講《解深密經》，以淺顯之語句講畢後將會整理成文，用供證悟者進道；亦令諸方未悟者，據此經中佛語正義，修正邪見，依之速能入道。平實導師述著，全書輯數未定，每輯三百餘頁，將於未來重講完畢後逐輯出版。

佛法入門：學佛人往往修學二十年後仍不知如何入門，茫無所入漫無方向，不知如何實證佛法；更因不知三乘菩提的互異互同之處，導致越是久學者越覺茫然，都是肇因於尚未瞭解佛法的全貌所致。本書對於佛法的全貌提出明確的輪廓，並說明三乘菩提的異同處，讀後即可輕易瞭解佛法全貌，數日內即可明瞭三乘菩提入門方向與下手處。○○菩薩著 出版日期未定。

阿含講記—小乘解脫道之修證：數百年來，南傳佛法所說證果之不實，所說解脫道之虛妄，所弘解脫道法義之世俗化，皆已少人知之；從南洋傳入台灣與大陸之後，所說法義虛謬之事，亦復少人知之；今時台灣全島印順系統之法師居士，多不知南傳佛法數百年來所說解脫道之義理已然偏斜、已然世俗化、已非眞正之二乘解脫正道，猶極力推崇與弘揚。彼等南傳佛法近代所謂之證果者多非眞實證果者，譬如阿迦曼、葛印卡、帕奧禪師、一行禪師……等人，悉皆未斷我見故。近年更有台灣南部大願法師，高抬南傳佛法之二乘修證行門為「捷徑究竟解脫之道」者，然而南傳佛法縱使眞修實證，得成阿羅漢，至高唯是二乘菩提解脫之道，絕非究竟解脫，無餘涅槃中之實際尚未得證故，法界之實相尚未了知故，習氣種子待除故，一切種智未實證故，焉得謂為「究竟解脫」？即使南傳佛法近代眞有實證之阿羅漢，尚且不及三賢位中之七住明心菩薩本來自性清淨涅槃智慧境界，不知此賢位菩薩所證之無餘涅槃實際，仍非大乘佛法中之見道者，何況普未實證聲聞果乃至未斷我見之人？謬充證果已屬逾越，更何況是誤會二乘菩提之後，以未斷我見之凡夫知見所說之二乘菩提解脫偏斜法道，焉可高抬為「究竟解脫」？而且自稱「捷徑之道」？又妄言解脫之道即是成佛之道，完全否定般若實智、否定三乘菩提所依之如來藏心體，此理大大不通也！平實導師為令修學二乘菩提欲證解脫果者，普得迴入二乘菩提正見、正道中，是故選錄四阿含諸經中，對於二乘解脫道法義有具足圓滿說明之經典，預定未來十年內將會加以詳細講解，令學佛人得以了知二乘解脫道之修證理路與行門，庶免被人誤導之後，未證言證，干犯道禁，成大妄語，欲升反墮。本書首重斷除我見，以助行者斷除我見而實證初果為著眼之目標，若能根據此書內容，配合平實老師所著《識蘊眞義》《阿含正義》內涵而作實地觀行，實證初果非為難事，行者可以藉此三書自行確認聲聞初果為實際可得現觀成就之事。此書中除依二乘經典所說加以宣示外，亦依斷除我見等之證量，及大乘法中道種智之證量，對於意識心之體性加以細述，令諸二乘學人必定得斷我見、常見，免除三縛結之繫縛。次則宣示斷除我執之理，欲令升進而得薄貪瞋痴，乃至斷五下分結…等。平實導師述，共二冊，每冊三百餘頁。每輯300元。

總經銷： 飛鴻 國際行銷股份有限公司

231 新北市新店市中正路 501 之 9 號 2 樓

Tel.02－82186688（五線代表號） Fax.02-82186458、82186459

零售：1.**全台連鎖經銷書局：**

三民書局、誠品書局、何嘉仁書店

敦煌書店、紀伊國屋、金石堂書局、建宏書局

2.**台北市：**佛化人生 羅斯福路 3 段 325 號 6 樓之 4 台電大樓對面

3.**新北市：**春大地書店 **蘆洲**中正路 117 號

4.**桃園市縣：**誠品書局 **桃園市**中正路 20 號遠東百貨地下室一樓

金石堂 **桃園市**大同路 24 號 金石堂 **桃園**八德市介壽路 1 段 987 號

諾貝爾圖書城 **桃園市**中正路 56 號地下室 御書堂 **龍潭**中正路 123 號

墊腳石文化書店 **中壢市**中正路 89 號

5.**新竹市縣：**大學書局 **新竹**建功路 10 號 誠品書局 **新竹**東區信義街 68 號

誠品書局 新竹東區中央路 229 號 5 樓 誠品書局 **新竹**東區力行二路 3 號

墊腳石文化書店 **新竹**中正路 38 號

6.**台中市：** 瑞成書局、各大連鎖書店。

詠春書局 **台中市**永春東路 884 號 文春書局 **霧峰**中正路 1087 號

7.**彰化市縣：**心泉佛教流通處 **彰化市**南瑤路 286 號

員林鎮：墊腳石圖書文化廣場 中山路 2 段 49 號（04-8338485）

8.**台南市：**博大書局 **新營**三民路 128 號

藝美書局 **善化**中山路 436 號 宏欣書局 **佳里**光復路 214 號

9.**高雄市：**各大連鎖書店、**瑞成**書局

政大書城 **三民區**明仁路 161 號 政大書城 **苓雅區**光華路 148-83 號

明儀書局 **三民區**明福街 2 號 明儀書局 三多四路 63 號

青年書局 青年一路 141 號

10.**宜蘭縣市：**金隆書局 宜蘭市中山路 3 段 43 號

宋太太梅鋪 羅東鎮中正北路 101 號（039-534909）

11.**台東市：**東普佛教文物流通處 台東市博愛路 282 號

12.**其餘鄉鎮市經銷書局：**請電詢總經銷**飛鴻**公司。

13.**大陸地區請洽：**

香港：樂文書店

旺角店 :香港九龍旺角西洋菜街 62 號 3 樓

電話 :(852) 2390 3723 email: luckwinbooks@gmail.com

銅鑼灣店 :香港銅鑼灣駱克道 506 號 2 樓

電話 :(852) 2881 1150 email: luckwinbs@gmail.com

廈門：廈門外圖臺灣書店有限公司

地址：廈門市思明區湖濱南路809 號 廈門外圖書城3 樓 郵編：361004

電話：0592-5061658（臺灣地區請撥打 86-592-5061658）

E-mail：JKB118＠188.COM

14.**美國：世界日報圖書部**：紐約圖書部　電話 7187468889#6262
洛杉磯圖書部　電話 3232616972#202

15.**國內外地區網路購書**：

正智出版社 書香園地　http://books.enlighten.org.tw/
（書籍簡介、直接聯結下列網路書局購書）

三民 網路書局　http://www.Sanmin.com.tw
誠品 網路書局　http://www.eslitebooks.com
博客來 網路書局　http://www.books.com.tw
金石堂 網路書局　http://www.kingstone.com.tw
飛鴻 網路書局　http://fh6688.com.tw

附註：1.請儘量向各經銷書局購買：郵政劃撥需要十天才能寄到（本公司在您劃撥後第四天才能接到劃撥單，次日寄出後第四天您才能收到書籍，此八天中一定會遇到週休二日，是故共需十天才能收到書籍）若想要早日收到書籍者，請劃撥完畢後，將劃撥收據貼在紙上，旁邊寫上您的姓名、住址、郵區、電話、買書詳細內容，直接傳真到本公司 02-28344822，並來電 02-28316727、28327495 確認是否已收到您的傳真，即可提前收到書籍。 2.因台灣每月皆有五十餘種宗教類書籍上架，書局書架空間有限，故唯有新書方有機會上架，通常每次只能有一本新書上架；本公司出版新書，大多上架不久便已售出，若書局未再叫貨補充者，書架上即無新書陳列，則請直接向書局櫃台訂購。 3.若書局不便代購時，可於晚上共修時間向正覺同修會各共修處請購（共修時間及地點，詳閱共修現況表。每年例行年假期間請勿前往請書，年假期間請見共修現況表）。 4.郵購：郵政劃撥帳號 19068241。 5.正覺同修會會員購書都以八折計價（戶籍台北市者爲一般會員，外縣市爲護持會員）都可獲得優待，欲一次購買全部書籍者，可以考慮入會，節省書費。入會費一千元（第一年初加入時才需要繳），年費二千元。 **6.尚未出版之書籍，請勿預先郵寄書款與本公司，謝謝您！** 7.若欲一次購齊本公司書籍，或同時取得正覺同修會贈閱之全部書籍者，請於正覺同修會共修時間，親到各共修處請購及索取；**台北市讀者**請洽：103 台北市承德路三段 267 號 10 樓（捷運淡水線 圓山站旁）請書時間：週一至週五爲 18.00~21.00，第一、三、五週週六爲 10.00~21.00，雙週之週六爲 10.00~18.00 請購處專線電話：25957295-分機 14（於請書時間方有人接聽）。

敬告大陸讀者：

大陸讀者購書、索書捷徑（尚未在大陸出版的書籍，以下二個途徑都可以購得，電子書另包括結緣書籍）：

1.廈門外國圖書公司：廈門市思明區湖濱南路 809 號 廈門外圖書城 3F
郵編：361004　電話：0592-5061658　網址：JKB118@188.COM

2.電子書：正智出版社有限公司及正覺同修會在台灣印行的各種局版書、結緣書，已有『**正覺電子書**』陸續上線中，提供讀者於手機、平板電腦上購書、下載、閱讀正智出版社、正覺同修會及正覺教育基金會所出版之電子書，詳細訊息敬請參閱『正覺電子書』專頁：http://books.enlighten.org.tw/ebook

關於平實導師的書訊，請上網查閱：
成佛之道　http://www.a202.idv.tw
正智出版社 書香園地　http://books.enlighten.org.tw/

中國網採訪佛教正覺同修會、正覺教育基金會訊息：

http://big5.china.com.cn/gate/big5/fangtan.china.com.cn/2014-06/19/content_32714638.htm

http://pinpai.china.com.cn/

★ 正智出版社有限公司售書之稅後盈餘，全部捐助財團法人正覺寺籌備處、佛教正覺同修會、正覺教育基金會，供作弘法及購建道場之用；懇請諸方大德支持，功德無量。

★ 聲　明 ★

本社於 2015/01/01 開始調整本目錄中部分書籍之售價，以因應各項成本的持續增加。

＊ 喇嘛教修外道雙身法、墮識陰境界，非佛教 ＊

＊ 弘揚如來藏他空見的覺囊派才是真正藏傳佛教 ＊

售後服務—換書啓事（免附回郵） 2012/09/24

《楞嚴經講記》第 14 輯初版首刷本免費調換新書啓事：本講記第 14 輯出版前因 平實導師諸事繁忙，未將之重新閱讀而只改正校對時發現的錯別字，故未能發覺十年前所說法義有部分錯誤，於第 15 輯付印前重閱時才發覺第 14 輯中有部分錯誤尚未改正。今已重新審閱修改並已重印完成，煩請所有讀者將以前所購第 14 輯初版首刷本，寄回本社免費換新（初版二刷本無錯誤），本社將於寄回新書時同時附上您寄書回來換新時所付的郵資，並在此向所有讀者致上最誠懇的歉意。

《心經密意》初版書免費調換二版新書啓事：本書係演講錄音整理成書，講時因時間所限，省略部分段落未講。後於再版時補寫增加 13 頁，維持原價流通之。茲爲顧及初版讀者權益，自 2003/9/30 開始免費調換新書，原有初版一刷、二刷書籍，皆可寄來本來公司換書。

《宗門法眼》已經增寫改版爲 464 頁新書，2008 年 6 月中旬出版。讀者原有初版之第一刷、第二刷書本，都可以寄回本社免費調換改版新書。改版後之公案及錯悟事例維持不變，但將內容加以增說，較改版前更具有廣度與深度，將更能助益讀者參究實相。

換書者免附回郵，亦無截止期限；舊書請寄：111 台北郵政 73-151 號信箱 或 103 台北市承德路三段 267 號 10 樓 正智出版社有限公司。舊書若有塗鴨、殘缺、破損者，仍可換取新書；但缺頁之舊書至少應仍有五分之三頁數，方可換書。所有讀者不必顧念本公司是否有盈餘之問題，都請踴躍寄來換書；本公司成立之目的不是營利，只要能眞實利益學人，即已達到成立及運作之目的。若以郵寄方式換書者，免附回郵；並於寄回新書時，由本社附上您寄來書籍時耗用的郵資。造成您不便之處，再次致上萬分的歉意。

正智出版社有限公司 啓

國家圖書館出版品預行編目資料

維摩詰經講記／平實導師述. － 初版. －
臺北市：正智，2008.07- [民 97]
冊； 公分
ISBN 978-986-83908-0-5（第 1 輯：平裝）
ISBN 978-986-83908-1-2（第 2 輯：平裝）
ISBN 978-986-83908-2-9（第 3 輯：平裝）
ISBN 978-986-83908-4-3（第 4 輯：平裝）
ISBN 978-986-83908-6-7（第 5 輯：平裝）
ISBN 978-986-83908-7-4（第 6 輯：平裝）
1.經集部
221.721 97012836

——第五輯

著述者：平實導師
音文轉換：劉惠莉
校　對：章乃鈞 陳介源 蘇振慶 蔡禮政 劉惠莉
出版者：正智出版社有限公司
電話：〇二28327495 28316727（白天）
傳眞：〇二28344822
111台北郵政73-151號信箱
郵政劃撥帳號：一九〇六八二四一
正覺講堂：總機〇二25957295（夜間）
總經銷：飛鴻國際行銷股份有限公司
231新北市新店區中正路501-9號2樓
電話：〇二82186688（五線代表號）
傳眞：〇二82186458 82186459
初版首刷：二〇〇八年七月三十日 二千冊
初版五刷：二〇一七年四月 二千冊
定　價：二五〇元